소비의 정치 경제학

광고 문화

소비의 정치 경제학

광고 문화

셧 잘리 지음 / 윤선희 옮김

광고 문화: 소비의 정치 경제학

지은이 / 셧 잴리
옮긴이 / 윤선희
펴낸이 / 한기철
책임 편집 / 이리라 · 편집 및 제작 / 이수정 · 편집 / 이소영

1996년 4월 20일 1판 1쇄 박음
1996년 4월 30일 1판 1쇄 펴냄

펴낸 곳 / 도서출판 한나래
등록 / 1991. 2. 25. 제22 - 80호
주소 / 서울시 송파구 신천동 11 - 9, 한신오피스텔 1419호
전화 / 02) 420 - 7385~6 · 팩스 / 02) 420 - 8474

필름 출력 / DTP HOUSE · 인쇄 / 상지사 · 제책 / 성용제책
공급처 / 한국출판협동조합 [전화: 02) 716 - 5621, 팩스: 02) 716 - 2995]

The Codes of Advertising
Fetishism and the political economy of meaning in the consumer society
by Sut Jhally
(St. Martin's Press, 1987)

Published by Han-narae Publishing Co.
Printed in Seoul

광고 문화 — 소비의 정치 경제학 / Sut Jhally 지음, 윤선희 옮김.
— 서울: 한나래, 1996.
270p.: 23cm(한나래 언론 문화 총서, 18)

원제: *The Codes of Advertising.*

KDC: 326.14
DDC: 659.1042
ISBN: 89-85367-41-2 94330

1. Advertising - Social aspects. 2. Symbolism in advertising. 3. Mass media. I. Jhally, Sut. II. 윤선희, 옮김. III. Title — The Codes of Advertising.

차례

일러두기

· 한글 표기를 원칙으로 하되, 필요에 따라 외국어와 한자를 병기하였다.

· 한글 맞춤법은 '한글 맞춤법' 및 '표준어 규정'(1988), '표준어 모음'(1990)을 적용하였으나 혼란이 있는 경우는 출판사의 원칙을 따랐다.

· 외국어의 우리말 표기는 개정된 '외래어 표기법'(1986)을 원칙으로 하되, 그 중 일부는 현지 발음에 따랐다.

· 사용된 기호는 다음과 같다.

논문, 신문, 영화 등: <　　>

책이름: ≪　　≫

옮긴이 주: [　　]

옮긴이의 말

20세기를 마무리하는 현재, 비판적 시각에서 커뮤니케이션을 연구하는 학자들 사이에서 가장 관심 있는 학문적 의제 가운데 하나는 문화 연구와 정치 경제학을 통합한 총체적 시각일 것이다. 이들 학자 가운데 다수는 문화 연구와 정치 경제학을 각각 자신의 진영으로 삼아 서로를 공방하며 자기 진영의 정당성을 주장해 왔다. 문화 연구가 개별 텍스트에 치중하다 보니 전체의 맥락 *context* 을 무시했다는 것이 정치 경제학자들의 주장이고, 한편 정치 경제학이 총체성이라는 이름으로 개별적 자율성과 다원성을 억압했다는 것이 문화 연구자들의 주장이다. 정치 경제학과 문화 연구 학파는 이렇게 상대 진영을 서로 공방하면서 장기적인 소모전을 계속해 오고 있다.

여기 소개할 셧 잘리 Sut Jhally 의 ≪광고 문화 *The Codes of Advertising*≫는 문화와 정치 경제의 접합점을 의외로 가까운 데서 찾고 있다. 즉, 일상 생활에 가장 가깝게 다가오고 있는 광고로부터 도출해 내고 있다. 물론 잘리의 연구는 단순한 광고 비평이나 광고의 제작 기법에 관한 글이 아니다. 그는 광고가 어떻게 현대 사회의 중요한 부분으로 부상하게 되었는지, 광고의 내부 메커니즘이 수용자에게 어떤 영향을 미치는지를 정치 경제학적, 문화 인류학적, 정신 분석학적 기반에서 논의하고 있다. 그가 개발한 이론적 틀과 실증적 연구는 문화 연구와 정치 경제학의 방대한 이론을 포괄하고 있지만, 그는 철저히 모더니즘의 입장에서 포스트모더니즘의 문화 현상을 설명하고 있다. 즉, 잘리는 마르크스에 충실한 해석으로 현대 사회의 문화적 의미, 광고의 기호학을 설명하고 있다. 많은 학자들이(문화 연구나 정치 경제학 진영 모두에서) 마르크스의 이론을 경제(토대) 결정론으로 못 박고 이를 섣부르게 수호하거나 비판하는 학문 풍토 속에서, 잘리의 고전에 충실한 해석과 포괄적 개념 틀의 개발은 단연 돋보인다고 할 수 있다. 그는 마르크스에 대한 잘못된 해석으로 모더니즘의 희망을 버리고 염세주의에 빠진 포스트모던 학자(예를 들어 보드리야르)의 피상성을 경계한다. 마르크스 이론에 문화적 의미가 결핍된 것이 아니라 제대로 발견되지 못했을 뿐이라는 신념을 가지고 그는 마르크스의 개념 틀을 이용하여 광고의 기호를 풀어 나가는 작업을 진행한다.

이 책의 제1장은 현대 사회에서 광고가 가장 중요한 사회화 기구라는 전제에서 출발한다. 광고는 문화 산업으로서뿐만 아니라, 자아 정체성과 인간 관계의 가장 중요한 요인으로 작용하고 있다. 광고의 중요성은 바로 그 상징성에 있다. 광고의 상징성이 허구를 뜻하는 것은 아니며, 이런 의미에서 정통 마르크스주의 *orthodox Marxism* 의 '허위 의식'론과는 맥을 달리하고 있다. 광고의 상징성은 원시 시대부터 존재한 재화의 사회적 관계를 전제로 하고 있다. 원시 시대부터 재화는 통제권을 행사해 왔는데, 이는 물질성이 아니라 상징성을 기반으로 한 것이다. 원시 사회에서나 자본주의 사회에서나 똑같이 재화는 상징성을 갖고 있기 때문에 의사 소통의 수단이 된다. 재화의 상징성이 원시 사회에서는 단지 종교와 마법 등을 통해서 형성되었다면, 현대 사회에서는 광고를 통해서 형성된다. 광고는 문화적 의미에서 원시 종교나 마법과 다름없으며, 오히려 더욱 경직된 마술과 마법을 행사하는 것이 현대 사회의 광고라고 잘리는 주장한다.

잘리가 마르크스 정치 경제학으로부터 현대 사회의 문화적 의미를 설명하기 위해 도출한 개념이 제2장에서 논의하고 있는 물신주의이다. 잘리는 마르크스 이론에서 다소 모호하게 성격지어진 물신주의의 개념을 문화 인류학과 정신 분석학 이론을 동원하여 보다 분명하게 정의하고 있다. 그러나 잴리는 광고에 나타난 물신주의를 마르크스 이론에 충실하게 재해석하고 있다. 잴리는, 광고가 정보를 제공한다고 주장하지만, 실제로 광고가 어떤 본질적인 정보, 수용자가 사용할 수 있는 정보를 제공하지 않음으로써 상품 물신주의와 신비화를 조장한다고 설명한다. 상품이 어떻게 생산되었으며, 누가 생산했는가는 상품의 의미를 정의하고 소비자의 사용 가치를 정의하는 중요한 요소임에도 불구하고, 상품 생산에 관한 정보가 광고에는 삭제되어 있다. 이로써 생산물의 인간적 요소, 사물의 사회 관계를 이해할 수 없게 되고, 상품은 그 자체가 자율성을 가진 듯이 신비화되고 물신주의가 조장된다.

물신주의는 자본주의 시장에서 교환을 통해 발생한다. 전 자본주의 사회에서 노동의 산물은 항상 사회적인 데 반하여, 자본주의에서는 교환을 통해서만 상품이 사회적 의미를 띤다. 즉, 자본주의에서 생산물은 다른 상품과의 관계를 통해서만 사회적이 되는 것이다. 전 자본주의 사회에서는 공동체를 기반으로 한 노동으로 재화가 생산되므로, 노동의 생산물에 사회적 관계가 명시적으로 드러난다. 이에 비해 자본주의에서는 노동의 생산 과정이 상품에 객관적으로 드러나지 않기 때문에, 상품이 시장에서 교환될 때 비로소 사회적 관계를 맺게 된다. 상품이 본질적으로 사회적임에도 불구하고, 마치 그 자체가 자율성을 가진 듯이 자연적이고 영원한 것처럼 비치는 데서 물신주의가 형성된다.

물신주의가 발생하는 또 하나의 측면은 임노동 관계 구조이다. 임노동자에 대한 착취가 은폐되고 신비화되면서 물신주의가 발생하게 된다. 착취의 신비화 과정은 필요 노동과 잉여 노동의 착취가 가시적으로 드러나지 않고 일반화된 교환 체제 속에서 은폐되기 때문에 발생한다. 전 자본주의 사회에서는 노예와 농노에 대한 물리적인 억압과 처벌로 필요 노동과 잉여 노동의 착취가 가시적으로 드러났다. 이에 비해 자본주의에서는 착취의 물리적 과정이 은폐되고, 일반화된 상품이 시장에서 교환되면서 착취가 실현된다. 가시적인 착취 행위가 은폐되면서 자본주의에서 잉여는 노동의 산물이 아니고 그 자체로 발생한 듯이 나타나 물신주의가 형성된다. 예를 들어, 시장에 나온 사소한 상품 하나도 세계적 규모의 생산, 분배, 소비 측면을 포함하고 있지만, 이 사실이 은폐되어 상품의 사회적 성격은 우리 눈앞에 나타나지 않는다. 상품은 누가 어떤 조건에서 만들었는지를 숨기면서 외양으로만 우리 눈앞에 모습을 드러낸다. 상품은 생산 과정에 대한 정보, 즉 공장에서의 실제 생산 관계, 노동 조건, 임금 수준과 노동자 복지, 노동 조합 활동 여부, 소비자 조사, 상품의 환경적 효과와 천연 자원의 재생 여부 등 상품에 내재한 의미를 의사 소통하지 않으며, 광고에서 이런 정보를 체계적으로 은폐한다.

광고는 생산 과정에 대한 정보, 상품의 본래적 성격을 은폐한 채, 빈 껍데기의 외양만을 쓴 교환의 공허한 공간을 상징으로 메워 놓은 것이다. 사회적 관계를 기반으로 한 노동의 산물인 상품이 그 본래의 성격을 상실하고, 광고의 상징을 통해서만 성격지어지는 것이다. 자본주의 사회 관계에서는 사람과 사물, 생산자와 상품의 유기적 통일체가 파괴되면서, 광고가 상징을 통해 빈 자리를 메우게 되고, 이를 통해 광고가 현대 사회에서 막대한 힘을 발휘하게 된다.

상품의 물신주의와 광고의 상징주의 같은 문화적 영역이 마르크스의 고전적 정치 경제학의 개념 틀로 재해석되는 것이 제3장의 상징주의 정치 경제 부분이다. 잴리는 사용 가치와 교환 가치, 절대 잉여 가치와 상대 잉여 가치, 노동 가치 등 마르크스의 '자본론'의 기초 개념을 곧바로 광고에 응용하고 있다. 그는 주류 학자들이 설명하지 못한 대중 매체의 제문제를 유물론적 시각에서 구체적으로 설명해야 한다는 필요성을 절감하고 있다. 이런 면에서 간햄이나 스마이스 같은 정치 경제 학자들의 미디어 연구는 의미가 있다. 이들은 주류 학자들의 메시지 중심의 분석을 파기하고, 구조적 문제를 고찰하였다. 그러나 잴리는 여기서 한 걸음 더 나아가 주류 학자나 비판 학자가 모두 사용 가치만을 다루어 왔다는 점을 간파하고 이를 극복하려고 한다. 정치 경제 학자들이 파악하고 있다시피, 방송 역사의 초기 단계에서부터 방송 산업은 메시지를 파괴하면서 형성되었다. 즉, 방송 산업의 상품은 메시지가 아닌 수용자였다. 방송의 사용 가치를 대변하는 메시지의 의미 자체가 중요성을 갖는 것이 아니라 메시지를 어떻게 수용자의 교환 가치 구조에 접합시키는가 하는 것이 방송 산업의 관건이었다. 그러므로 방송 산업의 교환 가치 체계를 정확히 이해할 필요가 있다.

방송 상품의 교환 가치는 수용자를 광고주에게 파는 것에 기반을 두고 있다. 스마이스도 이 점을 간파하였지만, 수용자의 무엇이 가치를 갖는 것인지 구체적으로 분석하지 않았다. 잘리는 방송 상품의 가치 형태를 면밀하게 분석하고 있다. 교환 가치의 근원은 수용자의 시청 시간이다. 스마이스는 가치를 광고주의 상품을 소비하는 수용자의 역량(구매력)으로 보았지만, 잘리는 방송 상품이 수용자의 시청 시간으로 사용 가치가 아닌 교환 가치가 문제라고 주장한다. 그러면 (교환) 가치와 잉여 가치의 원천은 무엇인가? 다름 아닌 수용자의 시청 시간이다. 마르크스의 필요 노동과 잉여 노동의 개념을 대입하여 잘리는 수용자의 시청 시간이 필요 시청 시간과 잉여 시청 시간으로 구성되어 있다고 설명한다. 방송 산업의 입장에서는 가능한 한 필요 시청 시간을 줄이고, 잉여 시청 시간을 늘리려고 할 것이다. 이는 당연히 잉여 시청 시간이 이윤의 원천이기 때문이다. 잉여 시청 시간을 늘리는 방법으로는 마르크스가 ≪ 자본론 ≫에서 설명하고 있는 것처럼 두 가지 방법이 있는데, 광고 시간을 늘리는 절대 잉여 가치와 광고 시청의 강도를 증가시키는 상대 잉여 가치이다. 광고의 절대적 시간을 늘리는 것은 곧 한계에 부딪히게 되는데, 광고 시간이 너무 길면 수용자가 더 이상 시청하지 않을 것이기 때문이다. 방송사와 광고주가 채택할 수 있는 대안은 잉여 시청 시간의 연장인데, 수용자와 시청 시간을 재조직하여 광고를 더 집중적으로 보도록 하는 것이다.

잉여 시청 시간을 연장하기 위한 두 가지 방식이 있는데, 수용자를 인구학적으로 재조직하는 것이 하나의 방법이다. 방송 시간대별 인구학적 구성도에 따라 상이한 종류의 광고를 내보내고, 광고비도 상이하게 책정하는 것이 이런 계산에서 나온 것이다. 또한, 케이블 방송이나 뉴 미디어를 통해 특화된 수용자 집단에 접근하는 방법이 이에 해당된다. 잉여 시청 시간을 연장하는 두 번째 방식은 시간 분할에 의한 것이다. 가능한 한 시간의 한계 내에서 재분할을 통해 잉여 비율을 늘리는 것이다. 지난 25년 동안 광고가 짧아지면서 광고의 절대적 시간이 별로 늘지 않았지만, 광고의 숫자는 급격히 증가한 것이 이를 반영한 것이다. 광고주에게는 광고 한 편당 가격이 줄어들었지만, 초당 가격은 상승하였다. 또한, 시간 압축법을 이용하여 시간을 재분할할 수 있다.

잘리는 수용자의 미디어 시청이 노동의 한 형태라는 것을 강조한다. 이는 단순히 마르크스의 노동 가치론을 대입하여 시청 행위를 설명하기 위한 것이 아니라, 시청 행위가 현실적으로 강압된 노동이라는 것을 설명하기 위해 많은 논증을 펼치고 있다. 광고가 대중 매체의 꽃이라고 불릴 만큼 다른 프로그램에 비해 8배 이상의 비용을 투자하며 예술적 창의성을 가지고 만들어지지만, 수용자들은 될 수 있는 대로 이를 피하려 하고 어쩔 수 없을 때만 시청하려고 한다. 반면 프로그램은 양질의 제작물을 생산할 어떤 경제적인 필요 없이 수용자의 주목만을 끌도록 제작되었다. 텔레비전은 의사 소통을 위한 것이 아니고, 단지 습관적인 주목을 끌기 위한 것이다. 잘리가 인용한 각계 각층의 수용자와의 인터뷰에서 드러나듯, 텔레비전 시청자는 자신이 필요해서 원하는 프로그램을 시청하는 것이 아니라 단지 텔레비전에 주목하고 습관에 의해 중독된 듯이 시청하게 된다. 이런 의미에서 미디어 수용을 여가 시간이며 자유 의사에 의한 것이라고 규정짓는 것에 반대하여 시청을 강제성에 의한 노동 행위라고 설명하고 있다.

이렇듯 광고는 강압된 시청을 유도하고 수용자에게는 원하지 않는 노동이 된다. 이에 방송사와 광고주는 수용자가 광고를 보도록 만드는 방법을 모색하게 되는데, 프로그램과 광고의 경계를 모호하게 하는 방식과 MTV, 록 비디오를 통한 광고 효과 등을 예로 들 수 있다. MTV는 대중 매체가 도달하기 어려운 젊은층에게 광고주가 다가가기 위해 철저한 시장 조사를 통해 설립되었으며, 현재 대중 문화의 상업화에 앞장서고 있다.

이 책의 제4장에서는 수용자 문제를 다루고 있는데, 광고에 대한 수용자의 의미 생산 과정을 정치 경제적 맥락에서 고찰하고 있다. 대중 매체의 수용자에게 다른 경제 부문의 소비자와 마찬가지로 시장 분할 전략을 가지고 접근하였다. 인구학적, 심리 구성적 통계 방법이 수용자의 시장 분할 전략을 위해 가장 많이 이용되었다. 시장 분할 전략은 과거 상품 위주의 광고를 쇠퇴시키고 수용자에게 초점을 맞춘 광고를 부각시키게 되었다. 이제 광고는 자사 상표가 우월하다는 것을 증명할 필요 없이 소비자에게 이익을 준다는 것을 강조하게 되었고, 상품에 대한 정보보다 소비자의 라이프스타일을 표현하는 극적이고 감각적인 광고 형태가 채택되었다.

시장 분할 구조 속에서 광고의 의미를 분석하기 위해 잴리는 기호학적 방법을 원용하고 있다. 주디스 윌리엄슨과 어빙 고프먼 등의 광고의 기호학적 분석을 인용하면서 광고가 성 차별적이고 성적 유혹을 일삼는다는 것을 보여 주고 있다. 그러나 잴리는 성에 대한 광고 이미지를 이분법적으로 가치 판단하는 것을 경계한다. 많은 페미니스트적 비판은 성의 쾌락을 부정하고 광고의 이미지를 허구라고 비판하는데, 이는 개인의 정체성의 기반 자체를 부정하는 결과를 초래한다. 개별 광고의 메시지를 고립시켜 놓고 의미를 분석하는 것은 의미가 없다는 것이 잴리의 입장이다. 광고의 허위 의식은 이미지의 체계, 총체성으로서의 광고에서 찾아야 하고, 광고가 생산되는 구조적 맥락을 집중적으로 고려할 필요가 여기에 있다.

잴리는 마르크스의 이론에서 따온 개념을 바탕으로 광고의 구조적, 문화적 현상을 설명할 개념 틀을 정교화하였다. 제5장에서는 실증적 광고 분석을 시도하는데, 그의 정교한 개념 틀에 비하면 과잉 단순화된 분석이라는 인상을 받긴 하지만, 그의 말대로 일반화된 법칙을 발견하고자 하는 것은 아니고, 하나의 시론으로서 의의가 있다. 그는 1000개의 미국 네트웍 방송 광고를 대상으로 1년에 걸쳐 프라임 타임과 스포츠 시간별로 광고의 양태를 조사하였다. 그의 분석에 의하면 프라임 타임과 스포츠 시간 사이에 광고 메시지의 차별성이 나타나는데, 이는 두 시간대의 대상 수용자가 다르기 때문이다. 이질적이긴 하지만 주로 여성 수용자에게 접근할 수 있는 프라임 타임에는 낭만적 사랑이나 가족의 가치가 강조되지만, 남성 수용자를 타깃으로 한 스포츠 시간에는 남자끼리의 우정과 화려한 생활, 직업 의식 등이 강조되고 자동차 등의 값비싼 상품이 광고의 주류를 이룬다.

한편, 잘리는 실증적 광고 분석을 통해 앞서 개념화한 물신주의의 양상을 제시하는데, 광고에서 상품에 대한 객관적 정보나 역사적 맥락은 찾아보기 어렵다. 텔레비전 광고는 주관성을 강조하며 상품이 어떻게 만들어지는지에 관한 정보를 거의 주지 않고 있다. 잘리의 분석에 의하면, 시대별로 물신주의와 신비화의 양상은 점점 강화되고 있다는 것을 알 수 있다.

현대 사회에서 광고는 수용자의 노동을 강제하며, 인간 소외를 가중시킨다. 잘리는 여가와 노동의 이분법을 탈피하며 대중 매체 시청 시간을 강제성을 바탕으로 한 '시간의 식민화'로 간주하였다. 시청 시간이 상품으로서 가치를 갖게 되고, 시청의 노동을 강제하는 데 계급과 물적 토대의 문제가 개입된다. 즉, 소득이 낮은 계급은 잉여 시청 시간에 더욱 많이 동원되며(이들이 텔레비전을 더 많이 시청하게 됨), 광고주와 방송 자본가를 위한 잉여 생산에 강제 참여하게 된다. 더 나아가서 광고에 연루된 미디어 시청의 노동 행위는 자본주의의 필연적 노동 재생산의 문화적, 상징적 과정을 부각시킨 것이다. 노동력 재생산에 의식주 같은 물질적 요소가 중요하듯 인간 욕구의 문화적 요소도 똑같이 중요한 것이다.

사회의 변화에 따라 사람과 사물의 관계는 변화를 겪어 왔다. 전 산업화 단계의 사회에서 지역 공동체, 대가족 등의 종족 문화가 사람과 사물의 관계를 매개했다면, 산업 사회에 들어서서는 전통적 관계가 파괴되고 문화적 빈 공간, 산업화의 사회적 위기가 사람과 사물 사이에 생기게 되었다. 산업화가 고도로 진전된 소비 사회에서는 산업화의 모순과 긴장을 해결하면서 대중 문화와 광고가 문화적 빈 공간을 채우게 되었다. 소비 사회에서 사물은 인간과 분리되어 상품에 제작자의 혼이 스며들 여지가 없게 되었고, 생산 과정이 박탈된 상품의 겉껍데기 속을 광고가 채워 놓게 되었다. 이제 광고는 사물과 사람의 관계를 매개하면서 심리적, 사회적, 물리적 역할을 혼합적으로 수행한다. 광고를 통해 사물의 세계는 마법적 황홀경의 세계로 변형되어 인간과 상호 관계하는 것이다.

상품이 소비 사회의 맹신으로 추종되는 이유는 광고의 마법을 통해서이다. 잘리는 현대 사회에서 광고가 고대의 연극과 같이 신화의 영웅을 만들어 내고 종교의 역할을 담당한다고 보고 있다. 잘리는 인류학적 개념을 원용하여 현대 사회에서 광고가 우상 숭배와 상징화의 단계를 넘어, 사람들의 일상 생활에 들어와 마법적 힘을 발휘하는 나르시시즘의 단계, 집단의 생활 양식에 정착되는 토테미즘의 단계로 발전되었다고 보고 있다. 이렇게 종교의 발전 단계와 광고 형식의 발전 단계를 동일선 위에 놓고 보면서 잘리는 광고의 종교적, 이데올로기적 속성을 분석하고 있다.

잘리는 이 책에서 상품의 외양을 이루는 교환 가치가 어떻게 본질인 사용 가치를 지배하고 종속하는가를 보여 주고자 했다. 교환 가치의 지배는 우선 생산 영역에서 발생하는데, 자본주의적 생산 관계를 은폐하면서 광고의 상징주의가 외양을 점유하게 되면서 발생한다. 그 다음은 커뮤니케이션 영역에서 사용 가치가 교환 가치에 종속되는데, 메시지의 사용 가치가 부차적인 중요성을 갖고 잉여 가치의 원천이 되는 수용자 시청 시간의 교환 가치에 구속되는 것을 말한다. 시청 시간의 교환 가치에 의해 물신주의가 조성된다. 대중 매체 메시지는 의사 소통을 목적으로 한 것이 아니라 시청을 강제하여 잉여 가치를 증진시키고자 하는 목적으로 물신주의를 더욱 발전시킨다. 현대 사회에서 광고의 물신주의와 마법성이 더욱 증가하게 되는 것은 미디어의 사용 가치가 교환 가치의 지배를 받고 종속하게 된 데서 파생된 결과이다.

잴리의 광고 문화 분석은 마르크스 해석에 충실하면서도 방대한 문헌을 비판적으로 검토하고, 문화 연구와 정치 경제학을 독창적으로 접목시켰다는 점에서, 어느 학파에 속하는 독자이든지 귀 기울여볼 만한 연구이다. 광고에 대한 관심이 유행처럼 높아지고 광고 업계가 부흥기를 맞은 요즘, 광고의 사회 구조적 요인, 문화적 의미에 대한 보다 깊이 있는 학문적 연구가 선행되어야 한다. 대형 서점의 한 칸을 가득 메운 광고 기법과 제작 기법에 관한 책을 보면서, 광고가 말하지 않는 광고의 숨겨진 이데올로기를 우리 모두 깨우쳐 자성해 봐야겠다는 의도로 이 책을 번역했다. 이 책이 광고 분석의 새로운 이론 틀을 개발한다는 야심으로 다소 어려운 이론적 논의를 전개하고 있기 때문에, 정치 경제학 개념에 익숙지 않은 독자들에게는 첫 장부터 이해하기 어려울 것이다. 옮긴이는 번역의 묘를 살려 최대한 독자의 편에 서서 쉽게 번역하려고 했다. 그 과정에서 저자가 명쾌하게 설명하지 못한 부분에 역자가 몇 마디 말을 삽입하기도 하며 용어를 조정하여 논리의 흐름을 매끄럽게 하려고 했다. 여기서 발생하는 오역의 가능성은 모두 옮긴이의 책임이다. 이 책이 비록 전통적 미디어 형식으로 출판되지만, 독자와는 멀티미디어적 상호 교류를 시도하고 싶다. 이 책에 대한 모든 질문이나 논평은 인터넷으로 전달해 주기 바란다(옮긴이의 인터넷 주소: syoon@mm.ewha.ac.kr).

1996년 2월

윤선희

머리말

이 책은 이상한 인연으로 집필하게 되었다. 다른 많은 저서들처럼 이 연구도 내 박사 논문으로부터 출발하였다. 나는 박사 논문을 1980년에 시작하여 1984년 여름에 완성하였다. 박사 논문을 마치자마자 나는 빌 라이스와 스티브 클라인과 함께 공동 연구 프로젝트에 들어갔으며, 1986년에 ≪광고의 사회 커뮤니케이션: 인간, 상품, 복지의 이미지 *Social Communication in Advertising: Persons, Products and Images of Well-Being*≫(이후로는 *SCA*로 표기)라는 제목으로 출간하였다. 이 책은 광고 분야와 문화에 관한 문헌을 포괄적으로 다루면서 미디어, 마케팅, 광고 산업 간의 관계 발전을 역사적으로 분석하였다. 잡지 광고를 광범위하게 조사한 결과, 광고의 발전을 형식과 내용상 4기로 시기 구분을 하였다. 실증적 자료와 고도의 이론적 분석을 접목시켜, 현대 사회에서 상품이 욕구 충족과 커뮤니케이션의 동인으로 작용한다는 것을 밝혔으며, 광고가 문화적 과정으로 작용하는 연관성을 논의하였다. 광고 메시지의 체계를 이해하기 위해 미디어와 산업, 대중 문화가 서로 융합되고 상호 교류하는 중요한 접합점의 위치에 선 광고 산업을 제도적 접근으로 분석하였다. 이러한 진보의 네 단계는 위의 세 가지 영역 간의 관계 변화를 역사적으로 설명하였다. 여기에 소개하는 연구는 *SCA*를 완성한 다음에 쓰여졌으며, *SCA*에서 전개한 논의와는 상당한 변화가 있다. *SCA*에서 사용한 주제 자료를 일부 사용하고 있긴 하지만, 논의의 핵심은 *SCA*에서 전개한 것과는 다르다. 이 책이 같은 문제들을 다루고 있긴 하지만, 전혀 다른 시각에서 접근하고 있다. 이 연구의 중심 분석 초점은 경제 체제로서의 선진 자본주의의 물질적, 사회적 관계이다. 광고의 사회적 역할은 현대 자본주의의 원동력이 되는 자본 축적의 관계에서 전개되고 있다는 사실을 이해하는 것이 중요하다. 이것이 전체 체계로서의 경제를 움직이며, 보다 구체적으로는 상업 텔레비전 방송의 내부적 체계를 움직이는 원동력이 된다. 이 책에서는 필요와 문화, 자본 축적이라는 경제적 원동력의 상징적 차원이 선진 자본주의의 새로운 커뮤니케이션 시대에 부합하여 공생하고 있다는 논점을 전개할 것이다. 이 책과 *SCA*에서의 논의가 광고의 역할에 대한 일관된 설명 틀을 형성하여, 현대 사회에서 광고가 인간과 사물의 관계를 매개하는 역할을 한다는 것을 보여 줄 것이다.

제1장

서론:
기본 전제와 분석의 출발점

사람과 사물

현대 사회에서 광고는 가장 영향력 있는 사회화 제도로 작용한다. 광고는 대중 매체의 내용을 구성하고, 성 정체성 *gender identity* 을 형성하는 데 중요한 역할을 하며, 부모와 자녀 사이의 관계를 매개하고, 인간의 욕구를 생성시킨다. 또한, 광고는 정치 선거 전략에도 지배적이며, 최근에는 에너지 및 규제와 관련된 공공 정책에 강력한 목소리를 내기도 하였다. 광고가 스포츠나 대중 음악 같은 우리 문화의 중요한 영역도 지배하게 되면서, 이제는 광고 자체가 우리 일상 생활에서 가장 즐겨 찾는 화젯거리가 되어 버렸다. 그러나 광고가 이토록 광범위하게 다양한 영역에 영향을 미치면서도 그 자신의 실체를 있는 그대로 드러내고 있지 않는 현실에 대해 이제는 더 이상 방관만 해서는 안 된다. 구체적인 물질적, 역사적 차원에서 볼 때, 광고는 물건을 판매하는 데 가장 큰 관심을 갖는다. 이렇듯 현대 사회에서 광고는 **사물을 통한, 사물에 관한 담론**으로서 부상하게 되었다. 이런 시각에서 광고 분석이 행해져야 한다. 더욱이 광고의 담론은 실제는 특수하면서도 보편적인 것처럼 나타나는 인간과 사물 간의 관계에 연루되어 있다.

인간과 사물의 관계는 표면적이고 선택할 수 있는 것이 아닌 실로 인간 존재에 절대적인 것이다. 모든 사회는 인간이 자연을 어떻게 이용하느나에 바탕을 두고 형성되었다. 종으로서의 인간은 주변에 산재한 물질을 전유함으로써 생계를 유지할 수 있다. 인간은 자연이 허락한 음식을 먹고, 자연물을 이용하여 집을 지으며, 또 옷을 만들며 살아왔다. 이러한 인간과 사물의 관계는 물상화 *objectification* 로 표현된다. 즉, 우리는 우리 자신과 우리의 생활을 구체적 세계의 물질성으로 물상화시켜 가고 있다. 우리 주변에 있는 것을 끊임없이 취하면서, 우리 스스로의 행동에 의해 이것들을 일상적 존재의 일부분으로 만들어 가는 것이다. 허버트 마르쿠제 Herbert Marcuse(1972b)는 이런 물상화 과정이 인간 경험의 작은 일부분만을 차지하는 것이 아니고 보다 깊고 근원적인 것이라고 보았다. 사실 물상화는 사물을 통해 인간의 필요를 매개해 가는 과정으로서, 인간의 독특한 체험이라 부를 수 있는 매우 근원적인 것이다.

이런 이해를 바탕으로 사르트르는 "변증법적 성찰의 중요한 발견은 사물이 인간에 의해 '매개'되는 것과 똑같이 인간도 사물에 의해 '매개'된다는 것이다"라고 말했다(Sartre, 1976: 79). 사물이 인간에 의해 매개된다는 것(인간이 없으면 사물은 그 자체로 존재할지 모르나 의미를 가질 수 없다는 사실)과 그래서 **사물은 인간을 필요로 한다**는 것이 자명하게 들리겠지만 그와 마찬가지로 **인간도 사물을 필요로 한다**. 역사적, 인류학적 자료가 보여 주듯이 인간은 필연적으로 사물과 긴밀한 상호 작용을 맺는다. 사물을 도구로 이용하기 시작하면서 결정적으로 인류가 진보의 첫발을 내디뎠다는 것이 통설로 받아들여지고 있다. ≪사물의 의미 *The Meaning of Things*≫라는 책의 저자들은 "인간은 호모 사피엔스 *homo sapiens* 나 호모 루덴스 *homo ludens* 가 아니라 호모 화버 *homo faber*, 즉 사물의 창조자이며 이용자이고 인간의 자아는 그가 상호 작용하는 사물의 반영이다"라고 쓰고 있다(Csikszentmihalyi & Rochberg-Halton, 1981: 1). 이런 의미에서 사물에 관한 담론으로서의 광고는 인간 행위의 근본 측면을 다루고 있다. 이것이 광고의 사회적 역할을 분석하는 출발점이 된다.

사용, 상징 그리고 권력

광고에 관한 사회적 논의들은 현재 인간과 사물의 관계를 다루는 데서 많이 이탈되어 있다(보다 상세한 논의는 *SCA* 제2, 3장 참조). 많은 비평가들은 광고가 상품의 생산자(실제 광고비를 조달하는 자)를 통해 소비자를 통제하고 조작하여 실제 필요하지도 않은 물건을 사고 싶게 만든다고 주장한다. 이렇게 수요를 창출하는 힘은 상품 대량 생산에 의한 것이며, 이는 자본주의에서만 가능한 것이다. 경제 침체와 경제 공황으로 자본주의가 몰락하는 것을 막기 위해서는 제조 업자들이 생산하는 것을 모두 소비해야 한다. 제조 업자들은 그들이 생산한 상품을 다 팔 수 있는 적절한 소비 시장을 '창출'하는 데 광고가 안성맞춤이라는 것을 감지했다. 이런 목적을 위해서 광고는 사람들의 허위 수요(소비자의 필요가 아닌 제조 업자의 판단에 의해 창출된 필요이므로 허위라 말할 수 있다)를 창출하는 역할을 한다. 여러 다양한 시각을 가진 이론가들(존 K. 갤브레이스 John K. Galbraith, 스튜어트 유웬, 허버트 마르쿠제, 레이먼드 윌리엄스, 폴 바란, 폴 스위지, 어네스트 만델 Ernest Mandel, 귀 드보르 Guy DeBord, 뱅스 패카드 Vance Packard, 제리 맨더 Jerry Mander)도 이 점에 합의하고 있는 것으로 보인다. 특히, 이것이 사회적으로 악영향을 미치면서 자행되고 있다는 점에 주의해야 한다. 스튜어트 유웬 Stuart Ewen 은 자신의 주요 저서인 ≪의식의 수뇌들 *Captains of Consciousness*≫(1976)에서 금세기초 자유로운 소비 집단을 창출할 필요가 생겨나면서 이전까지 생산품에 역점을 두었던 데서 탈피하여 인간과 상품의 관계에 초점을 맞추게 되었다고 역설했다. 상품의 수요가 시장 자체에 의해서 창출된다면(소비자의 진정한 필요가 아니고), 광고는 수용자를 보다 직접적으로 인용해야 한다. 이렇게 광고는 소비자를 점점 사회 신분과 상징적 의미라는 풍부하고도 복잡한 망으로 얽매게 되었다.

역사 학자이며 문화 이론가인 레이먼드 윌리엄스 Raymond Williams 는 광고의 이런 사회적이고 상징적인 의미를 제시하면서, 현대 사회가 상품의 소유를 지나치게 강조하고 있으며 너무 유물론적이라고 보는 견해는 잘못된 것이라고 주장한다. 사실 우리가 충분히 유물론적이지 못하다는 것이 그의 견해다(Williams, 1980: 185).

> 우리가 물질을 사용하면서 살아가는 측면에서 지각 있는 유물론자라면, 대부분의 광고가 비정상적이고 부적절하다는 것을 금방 알아차릴 수 있

> 어야 한다. 우리가 좋아서 맥주를 마시면 그만인데, 맥주를 마시면 남성다워진다거나 마음이 젊어진다거나 이웃끼리 정다워진다거나 하는 것을 약속받을 필요는 없다. 세탁기도 옷만 잘 세탁하면 되는데, 선망의 대상으로 부상되거나 세탁기를 사면 이웃 간에 부러움의 대상이 된다는 등의 약속을 받을 필요가 없다. 그러나 기업이 맥주나 세탁기를 팔 때는 상품 자체를 부각시키는 것으로는 충분하지 않다고 판단해, 다른 문화권 내에서 보다 직접적으로 가능했던 사회적 혹은 개인적 의미를 상품과 연관시켜 환상적으로 가치를 부가하는 문화적 유형에 빠져 있다.

위 글에서 두 가지 별개의 중요한 논점이 제기되는데, 그 가운데 하나는 타당하고, 다른 하나는 문제점이 있다. 현대 자본주의가 이전에는 보다 직접적으로 가능했던(다시 가능해질 수도 있다) 것을 이제는 상품의 소비를 통해서 사회적이고 개인적인 의미를 제공하다고 보는 윌리엄스의 논지는 타당하게 받아들일 수 있다. 그러나 이것으로부터 내린 결론은 문제점이 있다. 즉, 광고가 없고 지각 있는 유물론자들이 사는 사회에 산다면 상품은 단지 실제적으로 유용하고, 사회적 의미도 없으며 단지 물질 대상에 그친다고 보는 그의 논의는 문제가 있다. 현대 소비 사회에서 광고의 역할을 비판하는 시각에서는 이 주장을 일반적으로 받아들여 하나의 명제로 보고 있다. 하지만 상품의 상징적 의미보다 사용이 인간에게 중요하다는 주장은 역사적, 인류학적, 비교 문화적 자료를 통해 볼 때 입증되기 어려운 명제이다. 어느 시기를 막론하더라도 모든 문화권에서 인간과 사물의 보편적 관계를 설정해 주는 구체적인 틀은 바로 사용과 상징의 관계에서 마련되었다. 현재 급진 이론에서 제기하는 광고 비판은 사용과 상징의 '적절하고' '합리적인' 관계를 균형 있게 인식하지 못하고 있는 듯하다. 이는 '상품적 전망 *commodity vision*'이라 불릴 수 있는 것으로, 자본주의 상품을 일반 사물 그 자체와 충분히 구별하지 못하는 데서 야기되는 문제점이다. 인간과 사물의 관계가 권력의 틀에서 설정된 것이 사실이지만, 현재 비판 이론의 이런 개념은 문화와 역사의 연계를 충분히 인식하지 못한 상태에서 전개된 것이다.

윌리엄스가 이 범주에 속한다는 사실은 실로 의외인데, 그가 다른 역작에서 인간 사회의 발전에 작용하는 문화의 역할을 그토록 강조한 점을 생각하면 더욱 의아해진다.

물질에 관련된 담론 연구에서 인간이 사물을 이용하는 데 본질적으로 작용하는 상징적 측면을 제대로 인식해야 한다는 것은 최소한의 기본 출발점이 된다. 특히, 일차적(물질적) 필요와 이차적(심리적) 필요를 나누는 구태 의연한 분리법은 이제 사라져야 한다. 인류 학자 마셜 샬린스Marshal Sahlins(1976)는 모든 유용물이 문화적 맥락에서 설정되고, 가장 세속적이고 평범한 일상 용품도 상징적 영역에 의해 매개된다는 점을 역설하였다. 이에 대해 식첸미할리 M. Csikszentmihalyi 와 로치버그 할턴 E. Rochberg-Halton 은 다음과 같이 서술하고 있다(Csikszentmihalyi & Rochberg-Halton, 1981: 21).

> 실용주의적 목적으로 사용되는 물질도 문화의 상징 영역에 의해 규정된다. 가정에서 사용하는 가장 실용주의적 물질, 이를테면 수돗물이나 화장실, 전기 용품 같은 것들도 서구 테크놀로지 문명의 발전으로 일반화되기 시작한 것은 채 150년이 되지 않았으며, 처음에는 이 모든 것이 사치품으로 인식되었다. 그러므로 가장 실용적인 물질도 유용성에 관련된 기능과 상징적 의미를 분리시켜 생각하기란 여간 어렵지 않다.

윌리엄 라이스 William Leiss 도 인간 행위의 양면성을 강조한다. 인간이 필요로 하는 모든 측면에는 상징성과 물질성이 교차하고 있으며, 아주 기본적인 물리적 필요(의식주)도 항상 상징적 매개체가 그 안에 깊이 자리잡고 있다는 것이다(Leiss, 1976: 65; *SCA* 참조).

유용물에 관련된 상징의 중요성은 광고를 직접적으로 비판하는 논의에 재반격을 가하기 위해 경영 학자들 간에도 자주 거론되는 문제이다. 사실 이들 경영 학자들은 광고의 상징적 측면을 정당화시켜 왔다. 시오도어 레비트 Theodore Levitt 는 이 논지를 확장하여 광고를 예술로 인식하기에 이르렀다. 예술이란 개념 정의상 현실을 왜곡 또는 해석하여 기능성이나 실용성을 넘는 추상성을 기준으로 수용자가 특정한 방식으로 사고하도록 유도하는 것이다. 광고도 이런 예술과 똑같은 목적을 가지고 있으며 유사한 수단을 사용하므로 예술과 마찬가지의 기준으로 평가되어야 한다는 것이 이들의 주장이다.

> 어떤 발전 단계에 있건 모든 사회, 모든 문화권의 모든 인간은 원시적 자연 상태에 남아 있으려 하지 않고 합목적적 변화를 수행한다는 사실을 인지하기 위해서 우리 모두가 사회 인류학 박사가 될 필요는 없다. 어디에 사는 누구든지 자신이 사는 주변 세계를 고치고 변형시키고 꾸미며 풍부하게 재건하고자 한다. 그냥 놔 두면 척박하고 밋밋한 존재를 합목적적으로 더 나은 방향으로 변모시키는 것이다. 문명이란 인간이 원시적 동물성을 초월하고자 하는 시도에서 발현되었으며 예술과 광고가 여기에 포함된다……. 이 둘 다 만연된 보편적 인간성을 대변한다고 생각된다. 수용자는 보고 지각하는 모든 것에 상징적 해석을 요구한다. 수용자가 이를 얻지 못하면 무관심하게 된다(Levitt, 1970: 87, 89)

인간은 물질을 이용하는 데 순전히 유용성만을 따지지 않기 때문에 시장에서의 메시지(광고)는 인간과 물질의 관계에 상징성을 반영하게 된다. 광고의 상징주의는 깊이 느껴진 인간의 욕구를 반영한다. 단순한 속임수나 속 들여다보이는 거짓말은 광고 담론으로 부적절하다. 마이클 셔드슨 Michael Schudson(1984)도 광고에 대한 '청교도적' 비판에 반대하는 소위 인류학적 시각을 정립하고자 시도했다. 필요는 사회에 따라 상대적이며, 이의 진위를 구별하는 것은 극히 어렵다는 것을 상기하면서, 셔드슨은 상징주의의 '허위성'이 문제가 아니라 상징주의가 그 사회에서 어떤 방향을 취하고 있는가 하는 사실이 중요하다고 본다.

그러나 광고를 방어하는 이론도 비판하는 입장과 마찬가지로 편파적이다. 방어 이론은 인간이 필요로 하는 모든 것에 상징적 요소가 작용한다는 것을 인식하고 있지만, 광고에 내포된 권력의 차원이나 사회적 효과를 전적으로 무시하고 있는 것이 문제이다. 그러므로 인류학 이론을 차용하는 것만으로는 불충분한데, 이는 상징적으로 매개된 인간의 필요가 인간 존재에 필수적인 게 사실이지만 또 모든 사회 관계에 권력이 작용하고 영향을 미친다는 것도 사실이기 때문이다. 재화란 언제나 다양한 이해 관계가 작용하고 있는 사회적 맥락 내에서만 의미를 가지는 것이다. 이 측면에 대해서 방어 이론은 침묵으로 일관하면서, 이해의 갈등 관계가 공평한 중재자인 시장에 의해 제도적으로 해결된다는 막연한 믿음으로 대답을 대신하고 있다. 인류학적 증거가 토론에 도입된다면, 모든 자료가 제시되어야 하며 선택된 일부분만 쓰여서는 안 된다. 모든 유용물이 상징적일지는 몰라도 누구를 위한 어떤 목적에서 그러한가?

재화와 사회적 의사 소통

'소비의 인류학'으로 지칭되는 이론의 효시로서 가장 중요한 저서로는 메리 더글러스 Mary Douglas 와 배런 이셔우드 Baron Isherwood 의 ≪상품의 세계 *The World of Goods* ≫(1978)를 꼽을 수 있다. 이들은 전통적으로 경제학에서 인간의 필요에 대해 두 가지 잘못된 가정(물질주의와 부러움)을 하고 있다는 것에 착안하여, 이러한 가정들도 한 사회의 문화적 유형에 의거한 것이라는 인류학적 접근을 개발하였다(Douglas & Isherwood, 1978: 59).

> 재화가 생계(물질주의)와 경쟁적 전시 효과(부러움)를 위해 필요하게 되었다는 통론에 대신하여, 재화는 문화를 가시적이고 안정적으로 범주화하는 데 필요하다고 가정하기로 하자. 모든 물적 소유는 사회적 의미를 가진다는 가정에서 출발하여 물질을 의사 소통의 수단으로 이용하는 문화 분석에 주력하는 것이 민속지학적 실천 *ethnographic practice* 의 기준이 된다.

소비의 의사 소통 이론은 '재화 세계'의 분석과 관련된 의식적 *ritual* 개념과 맥을 같이하고 있다. 인류학적 의미에서 의식은 지배적인 사회 의미에 형상과 내용을 부여하면서 사회 관계를 맺게 한다. "의식은 의미가 부여된 것을 정착화시키는 데 기여한다." 어떤 형태의 의식도 치르지 않는 사회는 그 사회 내에 공유된 집단적 경험과 공통된 기억이 없기 때문이다. 의식이 언어 행위에 그칠 수도 있지만, 이것이 물질로 뒷받침될 때 더욱 효과적이다. "이런 시각에서 재화는 의식과 연계되어 있다. 소비는 의식의 한 과정으로서 그 첫번째 기능은 흐물거리는 듯한 많은 일들을 정형화하여 감지하게 하기 위한 것이다"(Douglas & Isherwood, 1978: 65). 재화는 사회 생활에서 타협을 위해 사용되며, 사회적 범주를 구분하는 중요한 역할을 한다. 이것의 구체적 유형은 문화적, 경제적 관계, 곧 사회적 권력에 의해 규정된다.

재화를 이용해 사회 신분을 구분하는 경우는 '원시' 사회에 대한 인류학적 연구 자료를 통해 광범위하게 드러나고 있다. 원시 사회에서는 대부분 경제가 명예를 유지하기 위한 것과 생계를 유지하기 위한 두 영역으로 나뉘는데, 이 둘 사이에 상호 교환 관계는 거의 이루어지지 않았다. '생계' 유지를 위한 경제는 의식주에 관련된 물질로, 비교적 쉽게 구할 수 있는 것에 국한된다. 명예를 유지하기 위한 경제는 쉽게 구할 수 없는 사회적으로 희귀한 물품으로 구성되어 있으며, 이것의 소유는 일정한 의식에 의해 물질적 가치가 추상적 가치인 명예, 신분 등으로 전환된다. 포나피 Ponapea 원주민 사회는 이런 이중 경제 구조를 가지고 있으며, 상류층의 명예를 유지하는 상품으로 특별히 재배되고 가공된 얌[고구마의 일종]이 이용되었다. 이와 유사하게 브리티시 콜롬비아의 콰큐틀 Kwakiutl 족의 선물주기 의식 *gift-giving potlatch* 은 물건의 가치가 사회 집단 간의 범주를 규정하는 작용을 한다는 것을 보여준다(Leiss, 1978).

나이지리아의 티브 Tiv 족은 좀더 발전된 삼각 체계를 세워 명예 경제를 다시 두 부분으로 나누었다. 명예 경제의 상층은 여자에 대한 소유권으로 구성되고, 하층은 철제 장대, 천, 무기, 노예로 구성되어 있다. 생계 경제는 가사 물품에 관련된 것으로 구성된다. 명예 경제의 하층 부분에 해당하는 물품은 무역이나 전쟁의 승리로 얻을 수 있는 것으로, 철제 장대가 일종의 '화폐'처럼 모든 경제 영역에서 통용되기도 했다. 사회 활동은 낮은 차원에서 높은 차원으로 재화를 전환시키는 데 근거하여 이루어진다. 그러나 명예를 유지하기 위한 물품은 남자에게만 허락된 것으로, 여자는 그 자신이 명예 상품의 대상이 되는 것 외에는 명예 상품을 소유할 수 없었다. 명예를 유지한 자만이 이런 재화를 전유할 수 있고(그렇게 하여 권력을 획득), 이런 재화는 소수의 특권 집단에게만 허락됨으로써, 재화의 범주를 특정 상징적 / 물질적 영역에 한정시켜 기존의 사회 권력을 안정화시켰다.

레이 P. Rey 와 뒤프레 G. Dupre(1973) 같은 비판주의 인류 학자도 재화가 사회 통제와 지배의 수단으로 어떻게 이용되었는지, 또 서아프리카 계통의 사회에서 어떻게 상징적으로, 물질적으로 권력을 유지시켰는지에 초점을 맞추고 있다. 이들 학자는 한 집단(청년 — 미혼의 젊은 남자)이 생산한 재화가 어떻게 다른 집단(연장자)에 의해 전적으로 통제되는가 하는 중요한 문제점에 초점을 맞춰 분석을 시작하고 있다. 물리적 강압을 기초로 설명한 기존의 논리를 부정하면서, 이들은 다음과 같이 연장자가 지배하게 되는 핵심 요소를 지적한다.

> 연장자는 사회적 지식(계보, 역사, 혼인 의례)을 그들이 전적으로 관할하면서 마법, 주술, 문화적 의식 등의 영역으로 그들의 통제권을 확대해 간다. 무엇보다도 연장자들은 청년들을 통제하고 청년들이 여자를 취하는 의식을 관장하면서, 결혼하는 데 필수적인 '엘리트' 상품을 독점하여 그들의 지배를 공고화한다(Rey & Dupre, 1973: 145).

연장자들이 물질과 상징적 지식을 지배하게 되면서 청년들은 '객관적으로 개별화된 사람 *objectively individuated man*'이 될 필요가 생겼다. 상징 과정이 언제나 권력의 틀 안에서 행사된다는 점을 인정한다면, 광고의 상징주의도 이 틀 안에서 행사된다는 것을 인식해야 한다. 특히, 광고가 소수의 특정 집단에 의해 특별한 목적을 위해 통제된다는 것이 자명한 이상 이를 부정할 수는 없다.

자본주의 시장과 재화

인류학적으로 증명된 재화는 (인간의 욕구에) 만족을 주는 수단임과 동시에 의사 소통(사회적 이념과 권력)의 수단이기도 하다. 이 점은 인간과 물질적 대상, 사용 가치와 상징, 상징과 권력의 관계가 광고라는 현대적 조직을 분석하는 데 최소한의 출발점이 된다는 것을 시사한다. 지금까지 논의한 문헌들이 현대 사회와 전통 사회의 유사성을 강조하고 있지만, 이것이 현대의 사회 관계를 설명하는 일반화된 설정이라고 속단하는 것은 삼가해야 한다. 이들 인류학적 분석은 문제를 접근하는 인식 틀을 제공할 뿐이다. 이제까지의 논의는 이런 측면들이 은폐된 여러 사회적 유형을 다룬 것이거나 "사회 조직 형태상 질적인 차이에 대응하는 여러 양식을 표현한 것이다"(Leiss, 1983b: 2).

보편적으로 보이는 사회 관계에 대해 서구 산업 사회라는 현 상황에서 적절하게 맥락을 짚어 보기 위해서는 이 사회 관계가 자본주의 경제, 즉 시장을 재현하고 있다는 점을 이해해야 한다. 근대 사회는 전통 경제의 여러 독립된 영역들을 와해시켜 일반적 소비라는 하나의 영역으로 통합시켰다. 그러나 더글러스와 이셔우드는 두 사회 간에 차이가 없으며, 근대 사회의 시장은 실질적으로 독립 가능한 행위의 영역을 생성한다고 주장한다(Douglas & Isherwood, 1978: 150).

> 객관적이고 우호적이며 친절한 것으로 가장된 소비의 영역이 실제로는 통제권을 가진 자와 여기서 배제된 자들 간을 가르는 경계선을 그으며 형성되었다. 민속지학적 분석을 통해 보면, 소비의 영역은 티브나 유로크 Yurok 사회나 현대 사회를 막론하고 분할적이고 상하 관계에 근거하며, 상품에 따라 종류를 구분하는 토대를 제공한다.

샬린스도 현대 사회가 전통 사회의 위계 질서와 유사한 사회 계층을 구성한다는 데는 동의하면서, '문화로서의 서구 사회' 분석에 인류학적 개념인 토테미즘을 끌어들이고 있다(Sahlins, 1976). 토테미즘은 식물, 동물 등의 대상과 인간을 상징적으로 연관시키는 것이다. 토테미즘에 대한 가장 정교한 분석으로는 레비스트로스 Levi-Strauss 의 연구를 들 수 있다. 그는 토테미즘 개념의 핵심은 거의 모든 문화에 보편적으로 나타나는 현상인데, 자연을 특정 생물의 종이나 사물 집단으로 나누어 이를 인간 사회 내 계층에 연관시켜 보는 현상이라고 말하고 있다. 샬린스에 의하면 현대 사회가 단지 특정 생물의 종을 제조 상품으로 대체시킨 것뿐이며, 상품의 교환과 소비 행위는 토템의 질서와 같이 의사 소통의 수단이다.

> 사람들이 사물을 매개로 의사 소통함에 따라 사물은 그 자체의 의미를 넘는 인간적 개념으로 존재하게 된다. 사물의 체계적인 변이 형태는 자연적 생물의 종보다 훨씬 다양하며 광범위하고, 역동적인 사고를 차별적으로 나누는 데 적합하게 작용한다. 이는 제조 상품이 일시에 매우 다양한 사물을 배태시켜 신의 조화 같은 조작이 가능하기 때문이다. 즉, 부르주아적 사회의 토테미즘은 원시 사회의 어떤 변이보다도 훨씬 정교화될 수 있는 잠재력을 가지고 있지만, 이는 자연적, 유물론적 기반을 벗어난 것이 아닌 자연이 길들여진 것으로 볼 수 있다(Sahlins, 1976: 178).

샬린스는 미국의 의복 제도를 고찰하면서 현대 자본주의에서 사회 계층화의 상징 틀을 도출해 보고자 했다. 의복은 많은 것(시간, 활동 장소, 사회 지위, 나이, 인종, 하위 문화)을 반영하지만, 의복 제도를 통해 창출된 것은 단순한 범주화가 아니고 각 범주에 따른 '의미 있는 차이'이다. 뿐만 아니라 의미 있는 차이는 단순히 광고의 조작으로 유행을 이데올로기적으로 심어 놓은 것이 아니며 소비자의 소망을 반영한 것은 더더욱 아니다. 샬린스에 의하면 "자본주의 생산을 문화적 과정으로 묘사하는 모든 주관적 사고를 극복할 수 있어야 한다"(Sahlins, 1976: 185). 샬린스나 더글러스, 이셔우드는 광고를 현대 사회의 문화적 과정을 이끄는 강력한 동인으로 보고 있지는 않다. 이에 반해 매크래큰 G.

McCracken 과 폴레이 R. Pollay 는 다음과 같이 지적한다(McCracken & Pollay, 1981: 2).

> 만일 상품의 상징적 측면이 있다면, 이는 광고가 그렇게 만들었기 때문이다. 상품이 가진 의사 소통 능력은 공장에서 나온 상태대로라면 그 능력을 다 발휘할 수 없다. 의사 소통 능력을 부여하는 것은 바로 광고이다……. 이는 사물에 의미 있는 성격을 부여하는 과정이다. 상품을 '의사 소통의 동인'으로 만드는 것은 바로 광고이다.

이렇듯 광고를 문화 과정과 통합시킴으로써, (시장을 통해 매개된) 상징적 약호 *code* 가 개방 체계로서 상황에 따라 조응하고 동화되어 가면서 상품 그 자체를 넘는 체계로 확대 재생산되어 간다는 샬린스의 주장을 강화시켜 준다(Sahlins, 1976: 184).

현대 프랑스 사회 학자인 장 보드리야르 Jean Baudrillard 도 상징적 약호의 개념을 선진 자본주의를 분석하는 중심 개념으로 사용하고 있다(Baudrillard, 1975; 1981). 보드리야르에 의하면, 선진 자본주의를 정확히 설명하려면 마르크스 사상을 뛰어넘어야 하는데, 이는 사회가 19세기 이후 급격히 변화했기 때문이다. 마르크스는 자본주의를 단순히 '물적 생산'이 정치 경제의 교환 관계에서 소외되는 현상만으로 분석했다. 그러나 오늘날 대부분 모든 것(도덕, 사랑, 지식, 양심 등)이 교환 가치(시장의 영역에서)를 가지게 되었다. 후자는 단순히 물적 생산의 연장이 아니라, 이를 급격히 변화시키면서 성립되었다. 그러므로 물화 *reification* 같은 마르크스의 전통적 개념이 분석 도구로 충분치 않게 되었는데, 상품 형태가 지배적이던 시대에서 이제 상징 형태가 지배적인 사회로 옮겨 왔기 때문이다. 오늘날 소비는 광범위한 행위 약호 안에서 '상징을 체계적으로 조작'하는 것에 관여하게 되었다. 샬린스나 보드리야르가 말하듯 상징 약호의 조작이 선진 자본주의에서 가장 중요한 요소가 되었다. 사물은 실제 효용성과 관련된 고유의 기반을 상실하게 되었고, 그 대신 물질과 관련하여(기표 *signifier*) 부단히 변화하는 추상적 성질을 부가하게 된 것이다. 이러한 의미화의 논리가 선진 자본주의의 진정한 본질이 되었다.

이러한 중요한 사회 변화 속에서 독점 자본주의는 생산에서부터 점점 소비에 눈을 돌리게 되었으며, 수요에 대한 통제와 약호의 사회화(이는 광고가 주도적 역할을 하는 영역이다)에 힘쓰게 되었다고 보드리야르는 말한다(Baudrillard, 1975: 127~8).

> 독점 단계는 생산 수단의 독점이라기보다 약호의 독점 *monopoly of the code* 이다…… 기호 형태는 전혀 다른 조직을 이룬다. 즉, 기의는 이제 단지 기표를 나타내기 위해 역할을 하는 것이 아니고, 약호가 더 이상 그 자체의 논리를 대변하지 않는 일반화된 형태를 형성한다…… 기호는 더 이상 대상을 지칭하지 않는다. 기호는 다른 기호를 표상하는 그의 진정한 구조적 한계점에 접근하게 된다. 이리하여 모든 현실은 조작의 장소이며, 구조화된 시뮬레이션이 되어 간다.

생산 관계의 모순보다 수요의 통제와 상징주의가 선진 자본주의의 가장 중요한 초점이 된다. 상품은 상징적 약호를 통제하여 다른 기호와의 관계로 이를 조작하고 어떠한 새로운 의미든지(상품의 사용 가치와 전적으로 결별된) 부가할 수 있다. 더 나아가, 점점 더 많은 '필요'가 소비의 기호 영역으로 잠입해 오고, 인간은 약호에 대한 자율적 통제권을 상실하게 되면서 이에 복종하게 된다. 이제 더 이상 보편적 생산은 필요치 않게 되었고 모든 사람이 게임에 참여하게 될 뿐이다(Baudrillard, 1975: 132). 다시 말하지만 시장은 이러한 새로운 약호의 독점이 작용하는 중심 제도가 되어 버렸다.

풍요의 패러독스 —— 상품과 만족

상품이 커뮤니케이션의 동인이며 만족감을 주는 인자라는 의미는 소비의 상대적 개념에 의거한 것이며, 상품의 개별 속성이 아닌 사회적 행위로서 규정된 개념이다. 이 개념을 현대 사회에 처음 적용한 사람은 소스타인 베블린 Thorstein Veblen 으로서, 이런 현상의 '의례적 *ceremonial*' 성격을 일컬어 '과시적 소비 *conspicuous consumption*'라는 유명한 말로 표현했다(Veblen, 1953). '필요의 충족'을 의미하는 그의 분석이 이 논의에 특히 유용하다. 소비가 사회적 기반에서 이루어지므로 (이로써 판단되기도 하고) 소비는 절대적이라기보다 상대적 행위이다. 이런 의미에서 소비에 의한 충족 또한 상대적이다. 만족은 사회적 계수, 혹은 평균치에 비해서 상대적으로 측정될 수 있다. 한 사회의 부가 증대하고 많은 사람이 보다 많은 상품을 소비할 수 있게 됨에 따라서 평균치는 올라가게 되지만 '만족도'는 불변의 상태로 남게 된다. 이 때 평균치 이상이나 평균치 이하의 숫자는 고정된다.

베블린은 이 문제를 다룸에 있어 선견지명이 있었다. 리처드 이스털린 Richard Easterlin(1974)은 행복을 역사적, 문화적 차원에서 비교 연구한 그의 매우 중요한 논문에서 경제 성장과 복지, 혹은 물적 풍요와 행복 간의 상관 관계를 강조하는 전통적 경제학에 대해 의문을 제기한다. 이스털린은 세 가지 중요한 문제를 제기하는데, (1) 국가 내, (2) 국가 간, (3) 한 국가 내 시간의 흐름에 따른 소득과 행복과의 긍정적 상관 관계가 있는지를 연구한다. 때때로 모호한 자료를 쓰고 있기는 하지만, 이스털린의 연구에 따르면 경제 성장과 사회 복지(주관적으로 측정된)가 긍정적 상관 관계를 이룰 때는 (1)의 경우에 그치고, (2)와 (3)의 경우에는 상당한 정도의 부정적 관계를 나타내고 있다. 국가 내를 분석한 자료에 따르면 소득과 행복은 긍정적 상관 관계가 있는데, 소득 수준이 높은 사람들은 소득이 낮은 사람에 비해서 더 많은 행복감을 표현했다. 그러나 국제적 비교에서는 잘 사는 나라나 못 사는 나라나 행복감을 표현한 사람의 숫자에는 별 차이가 없었다. 이 경우 처음에 기대했던 경제 성장과 행복의 상관 관계는 찾아볼 수 없다. 마지막으로, 설문 조사를 통해 1945년 이후 시간의 흐름에 따라 미국 사회에서 행복의 문제를 연구한 결과, 사회 전체 구성원의 소득 수준이 시간이 지남에 따라 상당히 높아졌지만, 자신을 행복하다고 생각하는 사람의 숫자는 그 때나 지금이나 변함이 없었다. 이스털린은 연구 결과를 '상대적 소득' 모델로 설명했는데, 사람들은 자신의 행복을 같은 시대, 같은 사회에 사는 다른 사람들과 비교하여 주관적으로 판단한다는 것이다(Easterlin, 1974: 112).

> 한 주어진 사회의 일정한 시점에는 '소비'의 규범이 존재하는데, 이는 그 사회 거의 모든 사람에게 적용되는 기준이 된다. 이는 스스로 잘 살고 있는지 여부를 판단하는 공통 기준이 되며, 이 기준에 미달하는 사람은 자신이 덜 행복하다고 느끼며, 기준 이상인 사람은 더 행복하다고 느끼게 된다. 시간이 흐름에 따라 항상 일 대 일 관계에 있는 건 아니지만, 일반적 소비 수준의 향상에 따라 이 기준도 상승하게 된다.

이스털린은 소비 규범을 논하면서 광고의 역할을 다루지는 않았다.

티보르 스키토프스키 Tibor Scitovsky 는 그의 저서 ≪ 기쁨 없는 경제 *The Joyless Economy* ≫(1976)에서 경제적 풍요와 행복의 패러독스를 설명하고자 시도했다. 그는 고전 경제학이 강조하는 합리적 소비자와 소비자 주권 이론을 비판하는 데 초점을 맞춘다. 경제학 이론은 인간 심리를 설명하는 데 비과학적이며(시간에 따라 변화하는 개인의 기호를 설명하지 못하기 때문에), '행복'에 관한 설문 조사의 결과를 설명할 수 없다. 그는 '등급의 행복 *rankhappiness*'이라는 개념을 들어 만족의 안정적 형태를 네 가지로 설명한다. (1) 만족은 소비 기준에 따라 측정되는 상대적 사회 등급과 지위에 의해 규정된다. (2) 노동이 만족을 주기도 하지만 소득 수준이 높을수록 보상감을 느끼며 열심히 일할 수 있다. (3) 귀족적인 소비로 만족을 느끼게 되지만, 자본주의적 생산은 동일한 경험과 표준화를 강조하게 된다. (4) 소비에 의한 편안함은 중독성이 있어 소비를 당연시하고, 소비할 수 없으면 이를 원하게(소비하면 만족하게) 된다.

세 번째와 네 번째 요인은 스키토프스키가 소비자 주권론을 비판하면서 제기한 문제이다. 마케팅 이론의 근본이 되는 소비자 주권론이 주장하는 바는 시장은 소비자가 가진 돈으로 '투표'하는 장소라고 볼 수 있으며, 소비자의 자유 선택에 의해 결과가 이루어진다는 것이다. 스키토프스키는 다음과 같이 비판하고 있다(Scitovsky, 1976: 7~8).

> 소비자 주권론의 독단은 과잉 단순화에 있으며, 특히 수천 개 이상의 단위로만 생산이 가능한 대량 생산 체제에서는 더욱 유용성이 없다. 대부분 소비자 주권론을 자랑스럽게 받아들이지만, 여기서 가장 중요한 문제에 대해서는 입을 다물고 있다. 수백만의 소비자가 존재하는데, 이들 모두가 주권자인가? 이들은 모두 평등한 주권자인가? 만일 그렇지 않다면, 상품의 질과 특성, 제공된 서비스에 대한 이들의 상대적 영향력은 무엇으로 결정되는가?

만일 시장이 투표 장치와 같은 역할을 한다면, 이는 가장 많이 소비할 수 있는 자들의 선택으로 이루어진 곳이다. 그러므로 소비자 주권은 부유한 자들의 규칙을 따른 것이다. 그러나 이에 대한 대항 세력이 존재하는데, 규모의 경제가 그것으로, 많은 사람들이 구입하는 물건은 소수가 구입하는 물건보다 훨씬 싸게 생산할 수 있다. 그러므로 금권 정치와 군중의 통치가 자본주의 시장의 두 얼굴을 대변한다. 하지만 생산자의 이윤은 대부분 대중에 의거하므로 생산자는 일반 대중의 평균적 기호를 끌어내려 "가장 단순한 사고 방식을 가진 소비 대중이 다른 사람들의 기호까지 결정하는 상황으로 유도하면서 원시적이고 생경한 욕망에 의거하여 생산을 계속한다"(Scitovsky, 1976: 9). 이렇게 해서 대량 생산은 개성보다는 획일성을 양산하게 되고, 이 때 광고의 주기능은 대량 생산될 수 있는 한정된 숫자의 상품과 상품 성격에 대해 일반 대중이 동의하도록 만드는 것이다. 소비자의 자유 선택이란 이렇게 대량 생산된 상품 가운데에서 자유롭게 선택할 수 있다는 것을 의미하는 것이다. 이런 시각에서 볼 때 광고는 수요를 창출하는 것이 아니고 생산자의 이익에 부합하도록 수요를 일정 방향으로 조작하고 조정하는 역할을 한다.

스키토프스키는 대량 생산의 실제 과정에서 노정되는 비판적 성격에 대해서는 언급하고 있지 않다. 그의 주관심사는 대량 생산이 소비자 **만족도**에 끼치는 영향에 관한 것이다. 이는 그가 현재의 생산 체제가 **편안함**을 준다고 생각했기 때문에, 실제로 소비자가 만족감을 추구하게 되는 까닭이 **자극, 쾌락** 혹은 **흥분 효과**에 의한 것이라는 사실을 간과했다. 그의 논의 가운데 이 연구에 가장 부합되는 부분은 같은 생산물에 대한 소비가 시간이 지남에 따라 자극(소비가 참신한 성격을 지닐 때)을 줄 수도 있고 편안함(소비자가 그 경험에 익숙해져 당연시할 때)을 줄 수도 있다는 점이다. 그러나 전통 경제학은 소비자 기호의 이러한 **변화와 차이**를 설명할 수 없다. 경제학은 전통적으로 소비자의 기호를 정해진 것으로 보고 소비자가 단지 이를 만족시키기 위한 의식적 행위(가능한 자원에 의해서만 제한됨)를 추구한다고 보기 때문이다. 이러한 접근법은 타당성이 없는데도, "이론가들이 지배적 라이프스타일을 구성하는 영향력을 고려조차 하지 못하게 하였으며, 우리 모두가 이를 받아들이도록 했다"(Scitovsky, 1976: 11). 스키토프스키는 인간의 가장 중요한 행위의 동인인 '참신함의 추구'가 대량 생산 체제에서는 구조적으로 거부된다고 보았다. 다시 말하지만, 소비의 상대성과 역동성으로 인해 사회적 만족감이 물질적 성장과 풍요에 따라 필연적으로 증진되는 것은 아니다.

앨버트 허쉬만 Albert Hirschman(1982)은 스키토프스키의 편안함과 쾌락의 차이를 적용하여 **내구재**와 **비내구재**를 비교하면서 개념을 발전시키고자 했다. 허쉬만에 따르면 인간은 쾌락을 신체적 욕구(음식, 섹스, 수면)를 만족시킬 때 느끼게 되는데, 이는 대부분 소비 행위에 의해 고

갈되는 비내구재의 소비에 의해 발생한다. 이런 욕구는 늘 되풀이되기 때문에 편안함의 추구가 때때로 불편함을 야기시키게 되며, "이것이 편안함으로 되면서 쾌락의 느낌을 갖게 된다." 예를 들어 음식의 경우 쾌락을 줄 수 있는 특별한 능력이 있다. 비내구재는 강도 높은 쾌락과 동시에 (먹으면서 그 쾌락의 느낌은 사라지기 때문에) 실망과 저항을 주게 된다. 이에 대해 허쉬만은 다음과 같이 서술하고 있다(Hirschman, 1982: 29).

> 로마 황제들이 군중에게 빵과 서커스를 제공한 것은 이것의 의미를 이미 인식하고 있었던 것으로 보인다. 이 둘은 모두 일단 손 안에 넣으면 사라지고 마는 것이다. 물리적 형태를 남기지 않으면서 소비자들이 겪었던, 또 겪고 있는 실망, 권태, 걱정으로부터 도피할 수 있게 한다.

내구재의 경우는 이것이 적용되지 않는데, 내구재를 사용함으로써 불편함이 편안함으로 변하면서 발생하는 쾌락을 얻지 못한다. 냉장고나 세탁기, 난방기 등은 현대에 와서 널리 보급되었는데(많은 신분의 차이를 근거로 함), 이들 내구재가 주는 쾌락과 편안함의 균형을 깨고 편안함을 주는 쪽으로 변하게 되었다. 이로 인해 이들의 구입 여부에 따라 실망감을 안겨 주기에 이르렀다.

프레드 허쉬 Fred Hirsch 도 그의 ≪ 성장의 사회적 제약 *Social Limits to Growth* ≫(1976)에서 자신이 명명한 '풍요의 패러독스'를 중심으로 논의를 전개하고 있다. 그는 사회적 행복의 수준에 따른 경기 침체를 세 가지로 설명하고 있다. 첫째, 풍요의 사회에서 사회적 지위를 표상하는 상품의 중심적 역할 때문에 물질적인 기본 욕구가 충족된 후에도 사회적 신분을 위해 이러한 상품을 두고 경쟁하게 된다. 이런 상품은 본래 그 성격상 희소성이 높지만(매우 높은 가치를 가지기 때문에), 많은 사람이 사용하게 되면 가치가 떨어져 희소성도 낮아진다. 여기서 희소성이란 생산의 물리적 한계만을 지칭하는 것이 아니라 소비의 사회적 한계를 지칭하기도 한다. "이런 한계는 고립된 상태에서 그 상품이나 설비가 가진 성격에 의거한 것이 아니라 이것이 사용되는 외적 조건에 의해 만족감에 영향을 주게 된다"(Hirsch, 1976: 3). 예를 들어, 때로 접근이 제한적으로 허용될 때 일부층은 자연의 아름다움을 즐기고, 다른 사람들은 이를 즐길 수 없게 된다. 이 때 풍경의 아름다움을 느낄 수 있는 자와 이에 접근할 수 없는 자와의 사회적 거리는 매우 크다. 반대로 접근이 자유로워 누구나 즐길 수 있게 되면, 너무나 많은 사람들이 몰려와 아름다움의 사회적 가치는 저하된다. 이 경우 사회 집단 간의 거리가 없게 되고, 따라서 이를 소비하는 데 명예나 신분 상승감도 없게 된다. 신분이 차등화된 사회에서는 사회적 지위를 표상하는 사회적으로 희소성 있는 새로운 상품들이 끊임없이 만들어진다.

둘째, 허쉬는 현대 사회가 상품에 편향되어 있다고 주장하면서 "인간 행위의 많은 부분이 시장을 통해 이루어지므로 우리 생활에서 상업화된 부분은 매우 크다"라고 말한다(Hirsch, 1976: 84). 그는 이 현상을 '새로운 상품의 물신주의 *fetishism*'라고 일컫는다. 소비자 만족과 관련해서는 두 가지의 커다란 부정적 효과가 존재한다. 그 가운데 하나는 비물질적, 비시장적 근거에 의한 만족이다. 시장 사회에서는 매매가 가능한 물질을 강조하고, 만족은 '가격 지수'의 영역 밖에 존재하는 인간 생활의 영역과 보다 밀접히 관계를 가진 것처럼 나타난다. 인간을 진정으로 행복하게 하는 것은 독자성, 자존심, 오순도순한 가족, 스트레스 없는 여가 시간, 좋은 친구들 간의 우정 등 비물질적인 것으로 여겨진다. 이에 비해 상품이 만족감의 원천이 되는 경우는 드문 것 같다. 소비자들이 안고 있는 불행은 "그들이 시장 밖에 존재하는 환경적 성격에서 효용성을 얻게 된다는 점이다"(Hirsch, 1976: 91).

'새로운 상품의 물신주의'의 또 하나의 영향은 — 이것이 풍요의 패러독스를 설명하는 허쉬의 세 번째 요인이기도 하다 — 시장의 틀 내에서 상품이 주는 만족의 성격과 관련이 있다. 소비자는 상품 자체의 성격과 함께 이를 사용하게 되는 환경의 조건으로부터 효용을 얻게 된다. 더 정확히 표현하면, 개인은 사회적 맥락 속에서 상품을 획득하는 것이다. 개인의 소비와 사회적 효과나 맥락 사이에는 심각한 갈등이 있다. 시장은 개인에게만 초점을 두면서 사회적 차원을 간과하고 있다. 이런 과정에서 광고가 주요 문제점으로 등장하게 된다. 허쉬는 다음과 같이 서술하고 있다(Hirsch, 1976: 109).

> 잡지 기사에 소개된 화려한 생활을 보고 많은 사람들이 매혹되는데, 이것을 놓고 그러면 안 된다고 말하며 도덕적인 기호를 발휘하는 것조차 무색한 일이다. 문제는 우리 가운데 대부분의 사람들이 한번도 이러한 삶을 영위할 기회가 없다는 점이며, 이런 기사가 확산되면서 본래의 내용과 성격이 변화될 수 있다는 것이다. 개인의 상품은 그것이 쓰이는 환경 요건 때문에 공적 성격을 가지게 된다. 개별 마케팅 과정은 이런 공적 맥락에 대해 충분히 고려하고 있지 못하다. 이런 의미에서 산업 체제의 잘못된 점은 유통에 있다기보다 개개인의 욕구를 만족시키는 데 작용되는 원칙에서 찾아볼 수 있다. 마케팅과 광고가 집단적이고 사회적 효과 — 자신의 지위를 향상시키거나 보호하기 위하여 — 로부터 개개인을 고립시키면서 개인에게 어필한다면, 이런 것은 사회적으로 쓸모 없는 것이 된다. 이는 또한 사회의 안정과 계속성을 유지시킨다는 도덕적 가치 기준에서 보면 사회적으로 비도덕적이기도 한다. 모두 지위를 향상시키고자 한다면, 이들 가운데 많은 사람들은 자신의 기대가 좌절되는 경험을 겪어야 한다.

광고가 우리에게 거짓말을 하는 것은 아니다. 광고는 상품이 인간과 그의 기대 사이에서 중개 역할을 **할 수 있다**는 것을 보여 준다. 문제는 광고가 이를 원하는 모든 사람에게 이러한 역할을 수행하지는 않는다는 점이다. 만일 모두 이를 성취한다면, 만족은 또 다른 모습으로 변할 것이다. 개인의 소비가 사회적이고 환경적인 맥락에서 이루어지는 데 반하여, 광고는 오직 개인적인 요소만을 강조하여 거짓된 기대를 배태시키고 있다.

스키토프스키와 허쉬의 연구는 소비 문화를 이해하는 데 중요한 공헌을 했다. 하지만 둘 다 소비 과정에 영향을 미치는 광고의 역할을 면밀하게 연구하지는 않았다. 스키토프스키의 경우 광고는 대중 생산에 필수적인 대중의 '동의'를 자아낸다는 주장에 그쳤고, 허쉬는 광고가 사회적 맥락을 간과하고 개인의 이해 관계를 강조했다는 논의에서 그치고 있다. 이 두 학자에게 광고는 욕구 불만과 좌절 과정의 작은 부분을 차지할 뿐이다. 실제 자본주의 시장에서 광고는 더 광범위한 설득력을 가지고 있다. 물론 두 사람의 주장이 옳기는 하지만, 광고의 구체적인 역할을 연구하는 데 역점을 두지 못했기 때문에 그들의 시각에서 얻을 수 있는 통찰력을 충분히 발휘하지 못했다. 이렇게 광고는 만족감을 분석하는 데 (약한) 매개 변수의 역할을 하는 것에 그치고 있다.

세 가지 모호성: 필요, 상품, 그리고 광고

윌리엄 라이스는 ≪만족의 한계 *The Limits to Satisfaction*≫(1976)에서 만족과 시장의 관계를 분석하고 있는데, 그 후 스티븐 클라인 Stephen Kline 과의 공동 연구에서 이와 관련하여 광고를 보다 상세하게 연구하고 있다. 라이스의 저서가 성장의 **환경적** 한계에 매우 강하게 역점을 두고 있긴 하지만 그의 연구 가운데 가장 탁월한 논리는 상품에 의해 매개되는 인간의 필요에 대한 분석에서 찾아볼 수 있다. 이 연구의 중심적 분석 개념은 '고도의 집중도를 보이는 시장 상황 *high-intensity market setting*'으로서 "시장 경제는 수많은 사람들에게 주어지는 수많은 상품으로 구성되어 있는데, 이 많은 상품은 고도의 과학 테크놀로지의 지식을 포함한 매우 복잡한 산업 생산 과정의 산물이다"(Leiss, 1976: 7). 이런 상황 속에서 개인은 필요/충족을 위해 고군 분투하고 있다. 그러나 상황 자체가 개인의 필요에 작용하여 필요의 감각을 혼동되게 하므로 문제는 보다 복잡하게 전개된다.

이 문제는 여러 차원으로 볼 수 있다. 첫째, 이 상황에서 사람들은 상품이 어떻게 만들어지는가에 대한 '테크놀로지 지식'을 가질 수 없으므로 상품의 질에 대한 정확하고 완벽한 정보를 가질 수 없다. 시장의 '자유 선택'이란 합리성이 아닌 인위성을 결정의 바탕으로 하여 자신의 필요와 상품을 연결시켜 보고자 하는 '대단위 실험' 이외에 아무것도 아니다. 이런 상황에서 욕구는 더욱 피상적으로 되어 오늘 하룻동안 꼭 필요하다고 생각되는 물건이 날이 갈수록 습관화되어 — 역설적으로 — 소비를 오래 할수록, 자신의 개별적 욕구에는 무감각해지게 된다. 이와 더불어 — 이것도 테크놀로지 지식의 부족에서 기인한다 — 고도 소비의 라이프스타일에는 물리적 위험 부담(영양 불량, 약물 의존, 식품 첨가제에 의한 어린이들의 항진증, 광범위한 화학품의 사용으로 발암 물질 작용)과 심리적 위험 부담이 내재한다. 심리적 위험으로 가장 중요한 요소는 "인간 욕구의 모든 측면이 점점 작은 부분으로 파편화되고, 그래서…… 사람들은 이 부분들을 통합하여 자신의 필요나 인격을 일관성 있는 전체로 파악하기가 점점 어렵게 된다"(Leiss, 1976: 28). 특정한 기능을 위한 상품들이 워낙 대량으로 생산되다 보니 개인은 자신의 욕구, 더 나아가 인격을 부분으로 파편화하게 되고, 따라서 다양한 부분을 통합시키는 데 더 많은 노력이 필요하게 되었다. 이러한 노력으로 소비를 결정하는 데 보다 많은 시간이 필요하게 되었으며, 거래를 하는 데는 더 많은 시간이 필요하게 되었다.

라이스는 의도적으로 필요와 욕구의 개념을 분류하지 않았는데, 두 개념의 분류는 '모든 필요의 상태나 표현이 물질적 요소와 상징적 혹은 문화적 요소와 동시적으로 상호 연관되어 있다는 사실을 은폐하는 것'이라고 주장한다(Leiss, 1976: 74). 필요를 생물학적 또는 문화적 측면에서 위계적으로 등급을 매기려는 시도나 진정한 필요와 거짓된 필요로 나누려는 시도는 거부되는데, 이는 인간이 필요로 하는 것에는 물질적이고 상징적인 상호 관계가 작용한다는 절대적인 기본 성격을 이해하지 못한 결과 때문이다.

이런 이중성은 인간의 필요를 매개하는 사물에 반영되어 있다. 경제 학자 캘빈 랭커스터 Kelvin Lancaster(1971)의 말을 인용하면서 라이스는 고도로 집중화된 시장에서 상품은 상품의 **질**이 아닌 상품의 **특성**의 집합이라는 것을 예시하려고 시도했다. 소비자는 상품의 특성에 직접적 이해 관계를 보이고 질에 대해서는 간접적 이해를 나타낸다. “예를 들어 사람들은 음식 자체에 관심을 가지기보다는 영양소나 조리의 편리성, 포장, 외양, 촉감 등 일련의 음식 특성에 더 큰 관심을 보인다”(Leiss, 1976: 90). 소비자의 선호도는 특성에 의해 직접적으로 결정되고, 재화에 의해 간접적으로 결정된다. 이렇듯 상품 자체가 매우 복잡한 물질적이고 상징적인 구성체를 이룬다고 볼 수 있다.

이렇게 고도로 집중화된 시장 상황(대량 생산을 근거로)에서 개인의 욕구와 재화의 속성(스키토프스키의 관점) 간의 직접적 관련성은 있을 수 없다. 개인의 욕구와 재화의 일 대 일 대응 관계를 맺으려는 시도는 성공할 가능성이 매우 희박한데, 특히 개인이 인격을 ‘파편화’하면서 선호도를 변화시킬 때, 또 재화 자체의 명확한 특성을 규정하기가 어려운 경우 더욱 그러하다. 고도로 집중화된 시장 상황에서 개인은 그의 욕구와 이에 연관시켜야 할 재화를 매우 혼동하고 있다. 이런 혼동이 자신의 필요와 재화의 본성에서 파생되는 것이므로 라이스는 이를 필요와 상품의 ‘이중 모호성 *double ambiguity*’이라고 명명하였다. 소비의 모호성은 불만족만을 야기시키는 것이 아니라 만족과 불만의 감정 모두를 동시에 배태시킨다.

> 환경적 맥락의 유동성으로 인해 개인은 자신의 욕구의 본질과 이를 만족시키기 위한 최선책에 대하여 점점 더 혼동하게 된다. 욕구와 재화를 조성하는 데 복잡성이 점증하므로 욕구를 만족시키는 방법에도 모호성이 늘어나는 결과를 초래하게 된다. 소비 행위로 인해 만족이나 불만이 결정되는 게 아니라 소비의 결과로 만족과 불만을 함께 가져올 수 있으며, 어느 요소의 작용인지 명백히 알 수 없다(Kline & Leiss, 1978: 15).

라이스가 보기에 광고는 필요와 상품을 연관시키는 과정의 일부분이며, 필요와 상품의 모호한 구조적 조건을 강화시키는 역할을 한다.

첫째, 재화의 상징적 속성에 관한 상황적 맥락은 연속적으로 유동적이다. 상품의 물질적, 특히 상징적 상관성은 마케팅 전략의 변화와 시장 경쟁의 강도에 따라 변화하게 된다. 이런 상황에서 상품의 이미지에 대한 안정성은 존재하지 않으며, 이로써 필요와 재화의 연관성은 더욱 모호해진다.

둘째, 광고의 역사적 발전에 따른 스타일의 변화로 이러한 현상이 더욱 가속화된다. 20세기 광고의 발전사를 보면, 두 가지의 중요한 변화가 있다. 그 가운데 하나는 상품 가치의 노골적 표현에서 간접적 표현과 라이프스타일의 이미지를 부여하는 것으로 변화한 것이다. 또 하나는 물질 그대로를 소구하는 경향은 퇴락하고 '행복한 삶의 이미지를 가시화하는 경향'이 짙어지게 되었다. 현대 광고는 커뮤니케이션의 **이미지** 양식이 지배적으로 성장하는 성격을 지니고 있다. 이미지로의 전환은 두 가지 역설적 효과를 나타낸다. 시각적 자극과 이미지의 사용으로 의식하지 못하는 사이에 광고에 집중하게 되고 **강력한 연상 작용**을 갖게 됨과 동시에 상당한 정도의 **모호성**이 유지된다. 시장에 의거한 지식이 재화의 성격과 질에 관한 모든 '정보'를 제공하는 상황에서 인간의 욕구와 재화를 상호 연관시킬 수 있는 가능성은 점점 더 희박해진다고 볼 수 있다.

결론

이상에서 광고의 사회적 역할을 이해하려면 인간과 사물, 사용과 상징, 상징주의와 권력, 커뮤니케이션과 만족 등 일련의 상호 관련된 요소들을 분석해야 한다는 것을 예시하려 하였다. 보다 광범위하게는, 현대 서구 산업 사회에서 인간이 사용하는 재화는 **시장**이라는 매개 제도에 의해 크게 영향을 받는다. 한 상품의 유용성을 이해하기 위해서는 다른 상품과의 관련성을 이해해야 하며, 사물의 **체계** 내의 위치에 따라 상품은 다르게 사용된다. 사물의 체계라는 것 자체도, 생산자가 직접 사용하기 위해서가 아니라 **교환**하기 위하여 재화를 생산하는 과정의 산물이다. 보다 고전적 개념을 인용하면, 이는 사용 가치(인간에게 유용한 것)가 교환 가치(상품의 값)에 종속되는 과정이다. 사용 가치와 교환 가치의 관계를 올바르게 이해하는 것이 위에서 논의한 다른 관계를 이해하는 데 밑거름이 될 것이다. 제2장 '상품의 물신주의'에서 이를 다루고자 하는데, 광고를 이해하는 데 중요한 개념이 된다.

그러나 사물의 세계를 이해하는 것은 이 연구가 시도하는 과제 가운데 일부분이며, 라이스의 분석에 특히 잘 나타나듯이, 광고는 인간이 상품의 소비를 통해 필요를 만족시키고자 하는 방법에 중요한 요소가 된다. 클라인과 라이스가 지적했듯이, "진정한 필요의 세계가 거짓된 필요의 세계에 종속되는 것이 아니고, 필요의 영역이 커뮤니케이션의 장으로 기능 하게 되는 것이다." 필요를 매개하는 커뮤니케이션 산업에 대한 이해가 광고의 사회적 역할을 이해하는 데 매우 중요한 요소가 된다. 이는 제3장에서 논의하겠으며, 광고가 지원하는 미디어가 어떻게 시간의 가치를 정하고, 이것이 어떻게 광고의 스타일과 내용에 영향을 미치며, 이것이 또 어떻게 소비자 필요의 만족에 영향을 주는지를 분석하겠다. 커뮤니케이션 영역에서도 사용 가치가 교환 가치에 종속된다는 점을 주장하고 싶다. 현대 서구 사회에서 광고의 사회적 역할을 이해하는 데 가장 중요한 개념은 이러한 사용 가치의 교환 가치에 대한 **이중** 종속화 현상이다.

제2장

상품의 물신주의:
마르크스주의, 인류학, 정신 분석학

ABSOLUT
CITRON
ABSOLUT APPEA
SOLUT® CITRON™ CITRUS-FLAVORED VODKA. PRODUCT OF SWEDEN. 40% ALC/VOL (80 PROOF). ABSOLUT COUNTRY OF SWEDEN VODKA & LOGO, ABSOLUT, ABSOLU
SIGN AND ABSOLUT CALLIGRAPHY ARE TRADEMARKS OWNED BY V&S VIN & SPRIT AB. ©1990 V&S VIN & SPRIT AB. IMPORTED BY THE HOUSE OF SEAGRAM, NEW Y

정보와 상품

경제학과 마케팅 문헌은 광고에 관한 한 하나의 지배적 개념으로 논의를 이끌어 왔는데, 그것이 **정보**이다(Stigler, 1961; Nelson, 1974). 논의의 초점은 현대 사회에서 시장이 성장하고 복잡해질수록 소비자가 구매를 위한 합리적 결정을 내리기 위해서 상품에 대한 정보를 알고자 한다는 것이다. 광고는 이러한 정보를 제공한다. 이런 목적에서 광고에 어느 정도의 정보가 함유되어 있는가의 '양'을 재기 위한 많은 연구가 나왔다. 그러나 이런 연구들이 행하는 정보 구성도에 대한 '조작화 *operationalization*'는 편협하다. 이들 정보는 상품 세계의 **객관적** 특징에 초점을 두고 있는데, 상품의 역할은 무엇인가, 기능을 얼마나 잘 수행하는가, 무엇으로 만들어졌는가, 테크놀로지적 수행력이 어느 정도인가 등에 관심을 가진다(예를 들어 Pollay, 1984). 이들이 말하는 정보는 상품의 사용에 관한 정보를 지칭한다. 얼마나 정확한 조작화를 사용하느냐에 따라 광고가 본질적인 정보를 제공할 수도 있고(예를 들어 Howard & Hubert, 1974), 소비자가 이용할 수 있는 정보를 전혀 제공하지 않는다(예를 들어 Sepstrup, 1981)고 결론을 내릴 수도 있다.

이와 같이 상품에 관한 정보를 수행력에 초점을 두고 정의하는 것은 매우 편협한 정의이다. 상품에 대해 최대한의 지식을 가진 소비자에게도 중요한 또 다른 지식이 꼭 필요하기 때문이다. 상품에 대해 진정으로 완벽한 정보를 가지려면 상품이 어떻게 만들어지고 누가 생산했는가 하는 정보도 필요하다. 생산 관계에 관한 정보는 생산품의 수행력에 관한 정보만큼 중요하기 때문이다.

이러한 정보의 중요성은 역사적인 연구나 현재 진행되는 연구에서 찾아볼 수 있다. 예를 들어 마르셀 모스 Marcel Mauss 는 마오리 족의 선물주기 현상을 분석하면서 물품은 자연 원료와 이를 생산한 사람의 '생활력 *life-force*'으로 만들어진다고 서술하고 있다(Mauss, 1967). 많은 문화권에서 물건의 교환은 실제로 사람의 교환을 반영하며, 이 때문에 비시장적 교환 상황에서 상호성이 그렇게 중요한 것이다. 교환을 통해 사람들은 실제로 자신의 일부를 다른 사람에게 주는 것이다. 전통 사회의 경우 객관화 과정에서(제1장 참조) 노동 행위가 객관화된다는 의미에서 사람과 사물 간에는 '유기적 단일체'가 이루어졌다. 이런 상황에서 인간은 외적인 사회적 세계를 통해 스스로를 평가할 수밖에 없게 되는데, 이는 자신의 일부를 여기에 '맡겨 두었기' 때문이다. 폴 래딘 Paul Radin 은 '원시 사회'를 다음과 같이 묘사하고 있다.

> 자연은 인간에게 저항할 수 없고, 또한 인간도 자연에 저항할 수 없다. 순수하게 기계적인 삶의 개념은 생각할 수 없다. 인간 신체의 부분들, 내장의 생물학적 기능들조차도 자연적 사물의 물리적 형태와 마찬가지로 사물의 배후에 담긴 심리적, 정신적 실체를 담은 상징이며, 시뮬라크라 *simulacra*[1] 이다(Taussig, 1980: 37).

이런 맥락에서 상품에 관해 사람들이 필요로 하는 중요한 정보의 부분, 의미의 부분은 누가 그것을 만들었으며, 어디서 왔으며, 사회 관계에서 그것의 역할은 무엇인가 하는 문제이다.

우리의 현 사회에서도 상품이 어떻게 생산되었으며, 누가 생산했는가의 문제는 상품의 의미를 정의하고 우리에게 주는 사용 가치를 정의하는 데 매우 중요한 요소가 된다. 예를 들어, 기계 생산과 공장 생산이 왕성한 시대에는 수직 가공품의 가치가 상징적으로나 물질적으로나 매우 높다. 기술 복제 시대에 사람들은 보다 **인간적인** 생산물을 열망하게 된다. 인위성이 범람하는 가운데 진짜를 찾게 되는 것 같다. (발터 벤야민 Walter Benjamin 도 기술 복제 시대에서 예술의 역할에 대해 유사한 지적을 했다.) 이 때 의미의 부분으로 상품에 깃들어 있는 것은 생산의 사회적 관계이다. 이런 정보는 사물의 의미를 완전히 이해하기 위해

1) 시뮬라크라는 실제로 존재하지 않는 대상을 존재하는 것처럼 만들어 놓은 인공물을 지칭하며, 보드리야르에 의해 널리 알려진 개념이다. — 옮긴이

요구되는 것이다.

자본주의에 관해 가장 정교하고 면밀한 분석을 한 마르크스의 경우 상품과 사회 관계의 '유기적 단일체' 개념을 잘 이해하고 있다. 자본주의의 생산 체제를 가장 잘 설명하기 위하여 그는 한 가지 요소에 초점을 집중시키게 되었다. ≪ 자본론 *Capital* ≫ 1권의 첫머리에서 그는 다음과 같이 서술하고 있다(Marx, 1976: 125). "자본주의 생산 양식이 우세한 사회에서 부는 '거대한 양의 상품들의 집합'으로 나타난다. 개별 상품은 기초적 유형으로 나타난다. 그리하여 우리는 상품의 분석으로부터 연구를 시작하게 된다." 그러나 마르크스가 그의 분석의 출발점으로 상품을 택한 이유는 무엇인가? 결국에 가서 그의 주요 쟁점은 자본이라 불리는 게 아니었던가? 왜 거기서부터 시작하지 않았나? 혹은 왜 가치 생산의 근본적 역할을 하는 노동으로부터 시작하지 않았나? 마르크스도 때때로 이런 대안들을 고려하기는 했다. 그러나 수 년에 걸친 고심 끝에 그는 상품을 연구의 출발점으로 삼았다. ≪ 자본론 ≫을 읽으면 왜 그가 그렇게 결정했는지 이해할 수 있다. 마르크스가 상품에서 출발한 이유는 상품이 어떻게 생산, 분배, 교환, 소비되는지를 알게 되면 자본주의 전체 체계를 이해할 수 있게 된다고 보았기 때문이다. 이는 곧 상품으로 객관화된 생산의 사회적 관계를 감지할 수 있기 때문이다. 이것은 상품 자체가 스스로 함유하고 있는 정보의 일부이며, 커뮤니케이션 양태의 부분이기도 하다. 우리가 이런 정보를 파악할 수 있게 되면, 자본주의 관계의 총체적 체계를 이해할 수 있게 된다. 그러므로 사적 유물론은 근본적으로 상품 '읽기'의 이론이며, 생산의 사회적 관계가 상품에 **반영되어 있다**는 사실을 이해하는 것에 근거한다

그러나 자본주의에서의 상품 '읽기'는 문제가 있다. 실제로 생산 관계가 상품에 내재해 있는 생산 과정에 관한 정보를 은폐하고 있다고 마르크스는 주장한다. 자본주의에는 사물의 **외양**과 **실제 의미** 사이에 차이가 존재한다. 상품은 이를 가장 잘 반영한 예가 된다(Marx, 1976: 163). "상품은 어떻게 보면 극히 자명하고 하찮은 것같이 보인다. 그러나 이

를 분석해 보면 상품은 매우 기묘한 것이며 형이상학적 정교함과 신학적 미묘함이 함유되었다는 것을 알 수 있다." 상품이 생산되고 교환되는 동안 상품에 내재해 있는 생산의 사회 관계에 관한 정보가 은폐된다. 마르크스는 자본주의에서 왜 이런 일이 발생하는가를 밝히기 위해 '상품의 물신주의' 이론을 발전시키게 된다.

마르크스와 상품의 물신주의

제1장을 끝맺으면서 나는 현대 사회에서 사용 가치와 교환 가치의 관계를 정확히 개념화할 필요가 있다는 점을 강조했다. 이 점에 관해서 마르크스는 가장 발전된 논의를 전개시키고 있다. 그의 저서는 자본주의 생산 관계 안에서 운영되고 있는 사회를 연구하는 데 있어 가장 적절한 출발점을 제시하고 있다. 마르크스가 사회 이론에 끼친 공헌은 자본주의 사회를 움직이는 역동적 요소로서 잉여 가치를 개념화한 것과 상품 형태의 지배력을 밝혀 낸 것이며, 이들 개념이 현대 사회를 이해하는 기본 틀을 제시하고 있다. 마르크스 자신은 우리가 여기서 관심을 갖고 있는 상징주의나 소비, 광고에 대해서 직접 다루지 않고 있다. 현대 사회를 연구하는 마르크스주의자들도 인간 행위의 가장 기본적인 성격인 효용의 상징성을 청교도적 태도로 무시하고 있다는 것은 애석한 일이다(제1장 참조). 마르크스주의의 자본주의 비판에서 끌어낸 많은 전체적 결론들이 상당히 타당하고 정확하지만, 비판의 형식은 목욕물이 더럽다고 아기까지 버린다는 식이어서 보다 일반적 맥락에서 상징주의의 문제를 무시하고 있다.

마르크스주의 전통의 유명한 개념의 하나인 '상품의 물신주의'가 인간과 상품의 관계, 사용 가치와 교환 가치의 관계를 정확히 지칭하고 있다는 의미에서, 이런 문제는 특히 실망을 안겨 준다. 애석하게도

이 개념이 소비와 광고 부문에 적용되면서도 분석적 개념으로 쓰이기에는 너무 일반적이고 느슨한 형태로 이용되었다(예를 들어 Debord, 1970). 이 장에서는 물신주의의 이론을 면밀히 살펴보고, 서구 자본주의에서 광고와 소비의 문제에 비판적 접근을 하기 위한 근거로서 이용될 수 있는지를 가늠하고자 하는 목적을 가지고 있다. 급진 이론의 이 유명하고도 진부한 문구를 단순히 적용시키기보다는 재구성하고자 한다.

마르크스의 상품의 물신주의 이론은 매우 복잡하고 난해한 주제이지만, 마르크스 이론 전체를 이해하는 데 중심이 된다. '외양'과 '본질'(현실적 사회 관계)을 구분하면서, 마르크스는 본질성을 발견하는 것이 과학적 연구의 최소한의 필요 조건이라고 보았다. 노먼 제라스 Norman Geras 는 물신주의 이론의 배후에 깔려 있는 것이 바로 이런 점이라고 지적한다(Geras, 1971: 71).

> 사회과학자들은 외양과 다른 현실을 구성해야 할 필요에 봉착하는데, 이는 자본주의 사회 내부에 보유할 수 있는 사회 관계와 이를 경험하는 태도 사이에 내적 균열이 존재하기 때문이다. 그러므로 이러한 필요성은 마르크스 자신의 이론 틀 내에 인위적으로 차입된 것으로 간주할 수 없고, 마르크스가 기존의 과학 이론에서 단순히 뽑아 온 것도 아니다. 단도직입적으로 이는 물신주의 개념의 핵심을 이룬다고 볼 수 있다.

여기서 외양은 허상을 의미하는 것이 아니라는 것을 강조할 필요가 있다. 외양은 현실의 한 단면이며, 본질이 스스로를 나타내는 유형을 의미한다.

≪ 자본론 ≫에서 마르크스는 특히 일반화된 상품 생산의 외양의 본질을 파헤치려고 고심했다. 이 작업을 위해서 마르크스는 상품의 사용 가치와 교환 가치를 구분했던 것이다. 사용 가치에 대해서는 외양과 본질의 구분이 없다고 본다. "(상품의) 사용 가치에 관한 한 불가사의한 면은 없다." 상품의 불가사의한 면은 외적 형태, 교환 가치에서 흘러 나오는 것이고, 이런 측면을 파헤치면 '상품의 물신주의'에 대한

해답을 얻게 된다.

이런 맥락에서 사물을 '물신화'한다는 것은 무엇을 뜻하는가? 이는 그 자체가 가지고 있지 않은 권력을 투입시킨다는 것을 의미한다. 그렇다고 사물에 존재하지도 않는 권력을 보게 된다는 의미는 아니다(이는 순수한 허상이다). 즉, 인간의 행위에 의해 상품에 권력을 부여한 결과의 산물로서 상품의 권력을 인식하지 못하고 사물 그 자체에 권력이 직접적으로 달려 있다고 믿게 되는 것을 의미한다. 예를 들어 돈이 내적 속성상 가치를 가지고 있다고 믿으면서도(실제로는 단지 표상일 뿐) 돈의 가치는 인간이 창조한 화폐 제도의 결과일 뿐이라는 것을 깨닫지 못하면, 돈을 물신화하게 되는 것이다. 자본의 경우도 마찬가지이다. 생산 과정에서의 여러 다른 요소와의 관계(예를 들어, 노동)를 무시하고 자본주의가 그 자체로서 생산적이라고 믿게 되면, 자본을 물신화하는 것이다. (코헨 G. Cohen[1978]은 자본주의는 상품의 물신주의뿐 아니라 자본의 물신주의를 배태한다고 주장한다.)

요약하면, 물신주의는 실로 의미가 의미 **체계**에 통합되면서 생성되는 것임에도 불구하고 사물의 의미를 물리적 존재의 본래적 부분으로 여길 때 발생한다. 정신이 물신주의를 창출하지는 않지만 (다른 유형들과 마찬가지로) 잘못된 형태로 이를 발현하기도 한다. 마르크스에 의하면, 상품의 물신주의는 실제로 가치가 인간에 의해 생성됨에도 불구하고 사물 자체에 본래적으로 가치가 존재하는 것처럼 여길 때 발생한다고 본다. 물신주의는 사회적 과정을 자연스럽게 만든다. 그리하여 외양적으로 사물은 본래적 가치를 가진 듯이 보여진다. 그러나 이 때도 본질은 인간이 가치를 창출한다는 데 있다.

물신주의가 어떻게 발생하는지를 연구하기 위해서는 중요한 두 가지 차원을 살펴볼 필요가 있다. 첫째는 자본주의 시장에서 상품의 교환이 이루어진다는 점이다. 둘째는 임금 관계에 얽힌 자본과 노동의 구조에 관한 문제이다. 이 두 문제를 차례로 다루기로 하겠다.

생존을 위해서는 어느 사회에서나 노동이 행해져야 하고, 진보를 위해서는 노동의 사회적 분업이 이루어져야 한다. 전체 사회 노동의 분배를 외면할 수 없는 문제이고 노동 분배의 양태가 사회마다 다를 뿐이다. 시장 사회에서 이루어지는 분배의 형태는 상품의 물신주의를 배태하는 뿌리가 된다(Marx, 1934). 일반화된 상품 생산 체제에서 사적 개인이나 각자 독립적으로 일하는 개인들로 구성된 집단에 의해 생산 활동이 수행되므로 생산의 사회적 성격은 교환을 통해서만 드러나게 된다. 시장은 사회 전체 노동을 분배하는 기능을 수행하며, 사회적으로 유일한 합일의 요소로 간주된다. 상이한 사용 가치를 교환을 통해 동일화시키는 인자가 바로 추상적 인간 노동이다. 그러나 자본주의 사회에서 노동은 교환 가치의 이러한 실체를 은폐하는 역할을 한다. 그러나 마르크스는 이러한 극히 중요한 논의를 펼치면서 논리적 이론 전개에서 경험적 증거 제시로 우회하고 있다(Marx, 1976: 167).

> 실제로 생산자가 교환하면서 첫째로 관심을 갖는 것은 다른 상품을 얼마나 많이 갖게 되는가이다. 즉, 상품이 어떤 비율로 교환되는가 하는 점이다. 상품의 비율이 어느 정도 관행에 의해 자리가 잡히게 되면, 이는 상품이 가진 내재적 성격에 의한 것으로 나타나게 되고, 예를 들어 1톤의 철과 2온스의 금은 동등한 가치를 가진 것으로 보이게 된다.

이 때 상품의 가치가 자연스럽게 되는 것은 시장 관계의 구조에 의거한 결과일 뿐만 아니라 시간의 흐름에 따라 성립되는 것이기도 하다. 결과적으로 "인간 사이의 사회적 관계……"라는 것은 "사물 간의 환상적 형태의 관계를 상정한다"(Marx, 1976: 165).

여기서 강조해야 할 중요한 논점은 상품의 물신주의가 사회적 유형에 의해 나타난 것이 아니라는 것이다. 라이스(1976)가 지적했듯이 "노동 분업은 인간 행위의 파생물에 사회적 성격을 각인한 것으로 인류학적 연구가 허용하는 시대까지 거슬러 올라가 볼 수 있다." 코헨도 이 점에 대해서 동의하고 있다(Cohen, 1978: 119).

불가사의는 사회적 유형이 존재하기 때문에 생기는 것이 아니라 특별한 형태의 사회적 유형 때문에 발생하는 것이다……. 불가사의는 생산의 사회적 성격이 생산 자체에 의해서가 아니라 교환에 의해서만 표현되기 때문에 발생하는 것이다. 생산의 산물은 상품으로 발현되기 전에는 사회적 형태를 띠지 않는다. 상품의 형태에 의해서만 시장 사회에서 생산 단위물 간의 관계가 만들어지게 된다.

마르크스는 상품의 물신주의를 비교 예시하기 위해 다른 생산 양식에 대해서도 설명하고 있다. 봉건주의에서는 사회 관계가 직접적으로 '생산 단위물'을 통해 발현되었다.

대신 여기서는…… 모두가 의존 관계에 있는 것으로 보인다. 농노와 영주, 가신과 영주, 평신도와 성직자 모두 서로 의존하고 있다. 이러한 인간적 의존 관계는 물리적 생산에 대한 사회적 관계를 성격지을 뿐만 아니라 생산에 의거한 기타 다른 생활의 영역도 규정짓는다. 그러나 인간적인 의존 관계가 주어진 사회의 기초를 형성하기 때문에 노동이나 노동의 산물이 현실과 괴리된 환상적 형태를 상정할 필요는 없다. 사회적 거래가 이루어질 때도 이러한 의존 관계가 용역과 보수의 정도를 규정하게 된다. 노동의 자연적 형태, 이런 개별성이 — 상품 생산에 의거한 사회에서처럼 보편성이 아니라 — 여기서는 곧 그대로 사회적 형태가 된다(Marx, 1976: 170).

이 경우 억압적 사회 현실은 직접적이고 확연하다. 그러나 자본주의의 경우 상품만이 곧바로 사회적 관계를 구성하고, 생산 관계는 항상 간접적인 것으로 보이게 된다. 자본주의 시장 관계 내에서 물신주의는 교환에서 나타나게 된다. 이 점과 관련해 코헨은 다음과 같이 서술하고 있다(Cohen, 1978: 120).

사물 간에 연루된 사회 관계는 직접적인 사회 관계를 맺지 않는 인간들 간의 물리적 관계에 역행하게 된다. 인간이 노동하는 이유는 노동의 산물이 관계를 형성하면서 가치를 갖게 되고 이를 통해 생산자로서 자신의 생활이 영향을 받게 되기 때문인 것으로 보인다. 이와 같은 구체적 의미에서 인간은 자신의 힘으로부터 소외되어 사물에 권한을 부여하게 된다.

봉건 사회에서 이러한 사회 관계는 직접적으로 표현되며, "사물 간의 사회 관계나 노동의 산물 간의 사회 관계로 위장되어 나타나지는 않는다"(Marx, 1976: 170). 그리하여 봉건주의의 경우 노동의 산물은 유통이 있기 전부터 사회적이며, 자본주의에 있어서는 실제 유통이 일어나고 교환될 때만 사회적 성격을 띠게 되는 것과 대조적이다. 시장은 인간의 노동을 '배후에서' 연결시키는 데 필연적이다. 마르크스는 다음과 같이 서술하고 있다(Marx, 1976: 165~6).

> 생산자는 그들의 노동의 산물을 교환하게 되기까지는 사회적 접촉을 맺지 않으므로, 개별적 노동이 특정한 사회적 성격을 갖게 되는 것은 교환 관계를 통해서만 나타나게 된다. 즉, 개별적 인간의 노동은 교환 행위로 생산자 간에 정립된 관계를 통해서만 사회의 전체적 노동의 한 요소로 스스로를 발현시킬 수 있다. 그러므로 생산자에게 있어서 개별 노동자 간의 사회적 관계는 그 자체로 존재하는 것으로 보이게 된다. 예를 들면, 노동하는 사람들 간에는 직접적인 사회 관계가 드러나지 않게 되고 사람들 간의 물리적 관계와 사물들 간의 사회적 관계가 존재하는 것으로 보여지게 된다.

실제 존재하는 대로 관계가 드러나게 된다고 마르크스가 말한 대로 물신주의는 무엇으로 구성되는가 하는 질문이 여기서 제기될 수 있다. 의식이 현실을 반영한다면, 허위 의식과 신비화된 의식이란 무엇을 의미하는가? 마르크스에 따르면 봉건주의에서 생산물은 생산될 때 이미 직접적으로 사회적인 반면, 자본주의에서는 생산이 이루어진 후에만 사회적 성격을 갖게 된다는 점을 유념하기 바란다. 생산물은 다른 상품과의 관계를 통해서만 사회적이 된다. 여기서 의식에 반영된 것은 상품 관계 배후에 존재하는 사회적 현실이다. 로즈 N. Rose(1977)는 이것을 가시적 사회 현실 *social reality of the visible* 이라고 지칭하였다. 은폐된 것은 불가시적 사회 현실이며, 이는 상품 생산의 사회적 현실이다. 그러므로 물신주의는 상품의 성격이 사실은 사회적임에도 불구하고 자연적인 것으로 만드는 것이라고 볼 수 있다. 즉, 특정한 역사와 사회 관계를 전제로 한 것임에도 불구하고 자연적이고 영원한 것으로 비치는 것을 의미한다. 리히트만 R. Lichtman 은 이렇게 말한다(Lichtman, 1975: 71). "우리는 이 사회에서 힘없는 존재라는 것을 감지하게 되고 이런 의식이야말로 착취의 현실을 반영한 것이다. 그러나 힘없는 존재라는 의식은 역사적으로 변화 가능한 상황이라고 느끼기보다 영구적이고 변화할 수 없는 운명이라고 받아들이게 된다." 이런 사회에서 경제는 그 자체의 법칙과 그 자체의 의지로 움직이는 것같이 보인다. 경제는 인간의 통제권을 넘어 독립적으로 존재한다. 이런 사회에서 자유로운 시장의 운영은 인간의 복리를 최대화한다는 신앙에 가까운 믿음이 확산되어 있다. 인간의 통제를 벗어나 시장은 이들 신도들에게 혜택을 주는 방향으로 '마법'같이 운영된다고 믿고 있는 것이다. 이 때 물신주의는 노동이 사람들 스스로가 결정한 필요에 따라 의식적이고 합리적으로 분배되는 사회가 가능하다는 점을 은폐하기 위한 역할을 하게 된다.

물신주의의 두 번째 광범위한 설명력은 임금 관계의 분석에 기초하고 있다. ≪ 자본론 ≫ 제1장에서 설명하다시피 물신주의는 허구가 아닌 가능한 여러 형태의 현실의 하나에 의거하고 있기는 하지만, 임노동과 이에 수반되는 관계는 허구에 기초하고 있다. 그러나 이 때 허구가 상품 물신주의의 첫 단계에서 형성된 것으로 묘사되고 있지만, 사실 설명하기가 무척 어려운 문제이다. 유통의 단계에서 우리는 등가교환 원칙에 의거하며, 이는 임금을 얻기 위한 노동에 기초하고 있다. 문제는 만일 모든 것이 등가로 교환된다면 어떻게 임노동에 기초한 일반화된 상품 생산이 잉여나 이윤을 생성하는가 하는 것이다. 이 문제에 대한 마르크스의 해답은 임금 관계에서 등가란 상품의 물신주의의 첫 단계에서 형성된 허구일 뿐인데, 상품의 가치를 자연적인 것으로 만드는 것이 이 첫 단계에서 이루어진다. 마르크스의 논점 가운데 가장 중요한 것은 노동과 노동력을 구분한 데서 찾아볼 수 있다. 노동력의 사용 가치가 노동이다. 노동은 노동력보다 더 많은 가치를 창출하게 된다. 그러나 자본가는 노동력의 재생산을 위한 가치만큼만 노동자에게 지불한다(생존하고 일할 수 있을 만큼의 비용으로 사회적으로 결정된 생계수단의 수준을 말한다). 이는 노동력에 의해 창출된 가치보다 적은 것이다. 이 때 생산 과정에서 노동자는 필요 노동 시간(노동력의 비용, 즉 임금과 등가로 창출된 가치)과 잉여 노동 시간(자본에 의해 전유된 만큼 창출된 가치)에 해당되는 노동을 하게 된다. 상품에 함유된 인간 노동이 객관화되지 못하고 일반화된 상품 생산을 초래하는 시장 체계에 의해 은폐되기 때문에, 노동자는 필요 노동 시간과 잉여 노동 시간을 구분할 수 없게 되고, 따라서 자본주의적 착취의 핵심을 파악하지 못하게 된다. 다시 말하지만 마르크스는 무엇이 신비화를 초래하는가에 대해 명백한 입장을 밝히고 있으며, 임노동자에 대한 착취는 노예나 농노에 대한 억압과 그 뿌리를 같이하고 있다고 보고 있다. 노예와 농노의 경우에는 (특히, 농노의 경우) 필요와 잉여의 구분이 신비화 과정 없이 객관적으로 드러나는 데 반하여, 일반화된 상품의 교환 체제에 있어서는 임노동자의 경우 객관적 모습은 은폐된다(Marx, 1952 참조).

> 처음 출발점에서의 원천적 작용으로서 등가 교환은 이제 탈바꿈하여 외양적 교환만이 존재하게 되었다……. 자본가와 노동자 간의 교환 관계는 유통 과정에만 속하는 외양에 그치게 되었고, 단지 외적 형태로서 그 자체의 교류의 내용은 소외되고 신비화되었다(Marx, 1976: 729~30).

임금 형태는 또 다른 모습을 띠게 되는데, 임노동자는 적당하다고 여겨지는 선에서 자신의 노동력을 사용할 '자유'를 가진 것으로 보여진다.

> 자본가와 노동자 모두에게 적용되는 모든 정의의 개념과 자본주의 생산양식의 모든 신비화, 자유에 관한 모든 자본주의적 허구, 속류 경제학의

모든 변명들은 외적 형태에 기초하고 있다……. 이는 실제 관계를 숨기고 실제와 정반대의 것을 눈앞에 제시한다(Marx, 1976: 680).

이 때 물신주의는 현실과 허구 모두를 나타내며, 경제 관계의 체계로서 자본주의가 사회적 실천을 둘러싼 신비화의 방역을 형성하는 데 주요한 기능을 하게 된다.

여기서 마르크스의 분석은 상품이 어떻게 사회 관계에 관련된 정보를 소통하며 사회적 맥락에서 이것이 어떻게 작용하는가를 이해하는 데 근본적 시각을 제시한다. 신비화나 마르크스가 말하고 있는 물신주의는 의식이나 이념의 영역에만 존재하는 것이 아니다. 생산과 소비의 왜곡된 모습이 물적 사물 자체에 내재하게 되는 것이다.

마르크스가 물신주의도 (봉건주의와 달리) 억압도 없는 사회에 대한 전망을 제시하게 될 때 자본주의 사회의 문제점들이 명백하게 부각된다. 마르크스는 자본과 노동의 관계가 없는 시장 사회주의의 형태를 제시하게 되는데, '공동으로 소유한 생산 수단을 가지고 일하는 자유로운 인간의 집단'을 그가 이상으로 그리고 있기 때문이다. 더욱이 업무에 관해서는 사회적 노동의 분업이 존재하는데, 이들 노동자들은 '많은 상이한 형태의 자신의 노동력을 최대한으로 실현하면서 단일한 사회 노동력'을 형성해 갈 수 있다. 시장이 사회 노동을 분배하는 결정력을 가지지 않고 일정한 사회 계획에 따라 역으로 노동의 분배가 이루어지게 된다. 사회적 필요에 관한 민주적인 담론과 생산 수단에 대한 공유 개념은 "개별 생산자들의 노동과 노동의 산물에 관한 그들간의 관계가 생산이나 분배에 있어서 투명하고 단순하게 나타나게 되는 것을" 의미한다(Marx, 1976: 172).

여기에서 제시한 논의는 마르크스가 그 시대 자본주의를 어떻게 분석하고 있는가를 보여 준 것이다. 다음에서는 이런 이론이 선진 자본주의에서 풍미하는 광고 현상을 이해하는 데 어떤 도움을 줄 수 있는가를 설명하기로 한다. 이것을 논의하기 전에 마르크스의 개념을 소비 문제에 적용하는 데 대한 비판론들을 다루기로 하겠다. 최근 몇 년 동안 마르크스 이론에 대한 근본적인 비판들이 제기되었다. 마르크스의 사용 가치와 교환 가치의 개념은 잘못된 것이어서 이를 바탕으로 효용의 상징적 요소를 설명할 수 없고 이로 인해 소비에 대한 일반적 논의나 자본주의 형태에 관한 이해조차 불가능하다는 것이 이들 비판의 요지였다. 마르크스에 대한 이런 비판을 가장 정교하게 전개시킨 이들로는 마셜 샬린스과 장 보드리야르를 꼽을 수 있다.

마르크스에 대한 공격:

사용의 자연스러움과 교환의 물신주의

샬린스의 비판의 요지는 마르크스가 인간이 항상 사회적 존재라는 것을 인식하면서도 그의 유물론 패러다임에 '상징성을 완전히 부각시킨 적이 없으며,' 유물론에서 문화와 자연 간의 갈등 관계는 문화를 해체시킴으로써 해결을 보려고 했다는 것이다(1976: 127). 마르크스는 초기 책에서부터 인간이 스스로의 활동을 통해 자연을 변형시킨다는 것을 인식한다고 하여 문화적 측면을 명백히 강조하였다. 자연은 인간화된 자연으로 경험하게 되고, 사회의 목적에 따라 사회적으로 상대적인 존재로 인식된다. 이렇게 실천을 바탕으로 한 점이 마르크스의 유물론이 포이에르바흐의 사적 유물론과 구별되는 점이다. 샬린스에 따르면, 마르크스는 여기서 '문화적 상부 구조의 전 영역이 경제적 범주인 생산으로 파악된다'고 인식했다는 것이다. 실제 마르크스(1956)는 인간이 변형한 자연은 단순히 물리적 필요의 재생산에 따른 것이 아니라 '일정한 생활 양식'을 재생산한 것이라는 점을 분명히 인식하고 있다. 마르크스(1964)는 인간과 동물을 구분하면서 "그러므로 인간은 미적 법칙에 따라 사물을 형성하기도 한다"라고 서술하고 있다. '물적 논리의 사회적 구성 요소'를 인식한 마르크스의 문화적 측면에 대해 샬린스는 높이 평가하고 있다.

그러나 유물론의 또 다른 측면은 물적 논리에서 문화적 영향력을 사장하고, 단지 문화를 생산 활동의 구조로서가 아닌 결과로서 파악하는 경향이 있다. 노동과 사회의 자연적 재생산을 논의하면서 문화적 영역을 부차적인 것으로 간주하고 있다. 유물론의 이러한 측면에 대해 다음 문장은 자주 인용되어 이미 널리 알려져 있다.

> 이념과 개념, 인식의 생성은 처음에는 물적 활동과 인간과 물질의 동화, 실제 생활에서의 언어와 직접적으로 관계되어 있었다. 인식하고 사고하는 인간의 정신적 교통은 이 단계에서 물적 행위의 직접적 발현으로 보인다(Marx, 1956: 47).

마르크스에게 있어서 상징성은 생산 영역을 떠나 인간의 뇌리에 존재하는 '환상'으로 재현되며, '물적 삶의 과정을 우아하게 만든다.' 마르크스가 이 점에 있어서 일관성이 없다는 것을 샬린스도 인정하고 있긴 하지만, 물적 논리에 사회적 구성 요소가 있는 게 아니고 사회적 논리에 물적 구성 요소가 내재한다는 것이 사적 유물론의 중요한 부분이라고 샬린스는 보고 있다. 여기서 유추되는 것은 샬린스가 유물론에 대해 광범위한 문화주의적 도전을 하고 있다는 것이며, 이 점에 대해서는 다음 장에서 마르크스를 변호하면서 논의하기로 하겠다. 샬린스에게 있어 중요한 문제는 한 사회에서 다른 것이 아닌 하필이면 왜 꼭 그 형태의 상품을 선택하여 생산하는가에 대해서 마르크스가 대답하지 않고 있다는 것이다. 즉, 무엇이 생산돼야 한다고 결정하는 그 필요성은 무엇이 결정하는가라는 문제이다.

이 점에 수반하여 두 번째로 제기되는 마르크스에 대한 비판은 샬린스가 제기한 대로 생산(생산되는 상품의 성격)에 대한 비판에 국한되지 않고 소비(이것이 사용되는 양태)에까지 확대되는데, 특히 마르크스가 분석한 사용 가치와 교환 가치에 관한 것이다. 샬린스에 의하면 마르크스 이론의 치명적 허점 때문에 중요한 논점을 약화시켰다는 것이다. 즉, 마르크스는 상품의 '신비적인' 요소는 교환 가치에만 국한되는 기능을 가지며, 사용 가치에 대해서는 신비적인 요소가 전혀 없다고 가정한다. 마르크스는 사용 가치가 '완벽하게 인식 가능하며 인간의 필요를 충족시킨다'고 보고 있다. 이 점에 대해서 샬린스는 다음과 같은 의견을 보이고 있다(Sahlins, 1976: 15).

> 그러나 상품의 물신주의와 비교하여 의미화의 명료함을 드러내기 위하여, 마르크스는 사용 가치의 사회적 결정론을 포기하고 '인간의 욕구'를 만족시킨다는 생물학적 사실로 방향 전환을 해야 했던 것이다. 이는 생산이 단순히 인간 생활의 재생산을 반영한 것이 아니라 일정한 생활 방식을 반영한 것이라는 마르크스 자신의 탁월한 이해와 상치되는 점이다.

만일 샬린스의 주장이 맞다면, 효용의 상징적 구성 요소가 소비 사회를 완전히 이해하는 데 필수 불가결한 점이라는 것을 고려할 때, 마르크스의 이론은 소비 문화를 비판하는 이론으로서 매우 미약한 기반을 가지고 있다고 볼 수 있다.

보드리야르 또한 마르크스에 대해서 같은 비판을 가하고 있다. 제1장에서 강조한 대로 보드리야르는 상징적 약호 체계 내에서 기호(사물)가 어떻게 조합되었느냐에 따라서 어떤 형태로든 사물의 의미(효용도 포함)가 부여된다고 보았다. 그러므로 사물의 물리적 요소가 본래적으로 가지고 있는 의미란 없다. 그러나 마르크스가 물신주의를 교환 가치에만 국한시켜 보기 때문에 기호 체계의 역동성 속에서의 사용 가치는 약호에 의해 결정되는 영역 외곽에서만 존재할 수밖에 없다는 것이 보드리야르의 주장이다(Baudrillard, 1981: 130~1). 마르크스에게 있어서 사용 가치는 관계로 나타나지 않는다.

그러므로 상품의 물신주의는…… 교환 가치와 사용 가치가 동시적으로 규정한 상품의 기능을 갖지 않고 교환 가치로만 규정된 것으로 나타난다. 물신주의에 대한 이런 제한적 분석에서 사용 가치는 사회 관계로서도, 물신화의 중심적 인자로서도 작용하지 않는 것으로 나타난다. 이 때 효용이라는 것은 계급의 역사적 결정론으로부터 벗어나게 된다. 효용은 객관적이고 본래적 목적인 최종적 관계를 표상하여 스스로를 은폐함이 없이 명명백백한 형태로서 역사에 대항한다(사회적, 문화적 결정력에 부응하여 내용은 끊임없이 변할지라도). 여기에 마르크스의 이상주의가 작용하고 있는 것이다. 여기서 우리는 마르크스 자신보다 더욱 논리적일 필요가 있다. 사용 가치 — 실상은 효용 그 자체 — 는 상품의 추상적 등가와 마찬가지로 물신화된 사회 관계를 뜻한다. 사용 가치 또한 추상적인 것이다. 사용 가치는 필요의 체계가 추상화되어 상품과 생산물의 본래적 운명이 구체적 방향성과 목적성을 가진 것으로 나타내 보이는 거짓된 증거를 제시하는 것이다.

보드리야르가 사용 가치도 물신화된 사회 관계라고 주장하는 것은 상징적 약호를 통한 조작으로 어떠한 사물도 물리적 구성 인자와 무관한 상징적 의미를 가질 수 있다는 것으로 이해될 수 있다. 예를 들어 자동차는 우아하고 세련되며 신나고 젊음에 넘치며 남자답거나 여성적인 것이라는 등으로 표현될 수 있다. 이런 것은 자동차라는 사물 자체가 가진 본래적 의미와는 무관하며 기호 체계에서 어떤 위치를 차지하느냐에 따라서 어떤 의미든 가질 수가 있다. 보드리야르는 사용 가치 자체가 등가의 형태를 띨 수 있으며, 교환 체계 내에서 조작될 수 있다는 것이다. 보드리야르가 보기에 마르크스는 사용 가치의 이러한 관계적 측면을 간과했다는 것이다.

샬린스와 보드리야르의 논의에 따르면, 마르크스는 상품의 물신주의 이론을 일관성 있게 만들기 위해 상징적 요소를 포기해야만 했다는 것이다. 마르크스가 사물에 물리적 요소의 본래적인 단 하나의 사용 용도, 한 의미가 존재할 뿐이며 이로 인해 약호나 문화에 의해 상징적으로 조작될 수는 없다고 본다고 이들 두 사람은 주장하고 있는 것 같다. 만일 이것이 사실이라면 마르크스의 이론에 준거하여 기호의 조작 이상 아무것도 아닌 소비 사회나 광고를 분석하기가 어렵게 된다. 이 점에 대해 라이스는 다음과 같이 서술하고 있다(Leiss, 1978: 42).

> 구체적 물질성과 문화적 (상징적) 결정 인자의 상호 침투성을 무시하고 형식적 구조(자본주의적 생산 관계에서 상품의 형태)에 전적으로 한정된 이론은 사회를 분석의 대상으로 삼는 것처럼 가장하지만 실제 사회의 변화 과정을 설명할 수 없게 된다. 이는 완전히 발전된 자본주의 시장 관계 아래에서 인간이 스스로를 이해하게 되는 그런 사회를 말하는 것이다.

마르크스 변호론: 사용의 상징주의와 교환의 신비

마르크스에 대한 또 하나의 해석을 시도하기 전에 문제가 되는 것은 무엇이며 아닌 것은 무엇인지 명백히 하고자 한다. 샬린스의 능숙한 변론은 앞서 언급한 바 있다. 다시 정리하면, 마르크스의 저서에는 명백한 문화적 논리가 없으므로(사실일 수 있다) — 물신주의를 논하는 부분에서 나타나듯 — 소비에 대한 문화적, 상징적 논리가 없다는 유추가 가능하다. 생산이 물질적 논리로 규제되므로 소비도 마찬가지이다. 그러나 사용의 자연스러움과 효용의 상징적 구성 요소에 대한 주장은 생산에 국한된다. 여기서 샬린스가 주장하고자 하는 것이 무엇인지 매우 불투명하다. 그러나 다른 이들에게 이슈가 되는 것은 소비임에 분명하다. 클라인과 라이스는 다음과 같이 서술했다(Kline & Leiss, 1978: 13).

> 모든 문화권에서 모든 효용은 상징적이라는 샬린스의 견해에 대해 동의한다. 우리 사회와 같이 대단위의 사람들이 날마다 광범위한 시장의 교환 활동에 참여하는 사회에서는 이중적 상징 과정이 작용하게 된다. 이의 한 측면은 상품의 제조나 판매에 의식적으로 차용되는 상징주의로 광

고 디자인에 쓰이는 상상계도 포함한다. 또 하나의 측면은 소비자가 라이프스타일을 '수립하면서' 사용하는 상징적 연상 작용을 뜻한다.

이러한 상징화의 과정(광고에 초점을 두면서)이 여기서 관심을 갖는 부분이다. 여기에서는 소비에 있어서 효용의 상징적 구성 요소에 문제를 한정시켜 보도록 하겠다.

논의를 네 부분으로 나누어 볼 수 있다. (1) '신비적'인 것과 '상징적'인 것을 구분해야 한다. (2) 사용 가치에 대한 마르크스의 논평에 특별한 강조를 두고 ≪자본론≫ 제1장을 재해석하기로 한다. (3) 샬린스가 지칭한 마르크스 저서의 문화적 중요성을 논의 구조에 재통합할 것이다. (4) 인간 행위의 물질적 결정론에 대해 제기되는 광범위한 문제가 '부분적 필연성'의 개념으로 조망될 것이다.

마르크스는 사용 가치는 신비적이지 않고 교환 가치만 신비적이라고 주장했다. 샬린스는 이런 마르크스의 견해가 상품의 상징적, 물적 이중성에 대해 상징적 측면을 무시한 것이라고 비판하고 있다. 그럼 이 주장이 사실인가? 이 문제에 답하기 위해서는 '신비적'인 것과 '상징적'인 것이 서로 어떻게 다르며, 실제로 무엇을 의미하는지 자세히 살펴볼 필요가 있다. 상품의 물신주의와 상품의 신비성은 이것이 노동의 산물이 아니라 그 자체가 마치 가치를 보유하고 있는 듯이 나타나는 거짓된 외양일 뿐이라는 사실에 마르크스가 관심을 가지고 있다는 것은 명백하다. 물신주의 이론은 실로 신비화의 이론이다. 한편 효용의 상징적 구성 요소는 허위 관계로 규정할 수 없고 객관적 현실의 왜곡된 재현으로 볼 수 없다. 이 경우 '상징적'이란 상징주의와 괴리된 어떤 의미도 가지지 않은 것에 의미를 부여하는 것을 뜻한다. 예를 들어 사물에 지위를 부여하는 것이 필연적으로 허위는 아니고 상징적/문화적 약호의 한 부분으로 위상을 부여해 주는 것이다. 만일 이렇게 부여된 성격을 사람들이 진실이라고 믿으며 이를 실천한다면, 이를 부정할 다른 현실의 해석을 내릴 근거는 없다. 물론 상징이 신비화의 구조 내에 정립될 수 있는 가능성을 부정하려는 것은 아니다. 이 점에 대해서는 이 장 후반부에서 논의하도록 하겠다. 신비화는 상징주의와 구분되는데, 신비화란 이미 의미를 가진 것에 거짓된 의미를 부여하는 것이기 때문이다. 상품의 물적 / 상징적 이중성이 내용을 이루게 되며, 이것이 정의상 허위일 수 없다. 그러므로 사용 가치는 그 안에 숨겨진 심오한 의미가 없으므로 신비적이지 않다. 교환 가치는 신비적인데, 이것이 바로 더 깊이 숨겨진 현실을 은폐하기 때문이다. 신비화와 물신주의가 교환 가치에 연결되어 있다면, 사용 가치가 (비허위적) 상징적 성격을 가질 수 있는 가능성을 배제할 근거는 없다.

그러나 현단계에서 여기까지 논의를 끌고 갈 필요도 없이 마르크스는 사용 가치를 자연 관계로 본 것이 아니라 사회 관계의 효과로 파악하고 있다는 것을 예시하겠다. ≪ 자본론 ≫ 제1장에서 이를 예시해주는 문장을 여러 곳에서 찾아볼 수 있는데, 예를 들면 다음과 같다.

> 우선 상품은 외적 대상으로서 어떤 형태든 인간의 필요를 만족시키는 성질을 가진 사물이다. 필요의 성격이 어떠하든, 예를 들어 뱃속으로부터 나왔든지 혹은 **상상**을 통해 나왔든지 차이가 없다……. 모든 유용한 사물은 많은 다양한 성질로 구성되어 있다. 그러므로 이것이 **다양한 방법으로 이용된다**(Marx, 1976: 125, 강조 첨가).

여기서 두 가지 중요한 점을 찾아볼 수 있다. 첫째, 상상적 필요는 상징적 매개에 의해 인간과 사물 간의 관계에 있어 다양성을 상정한다. 솥을 소유하는 것이 높은 신분의 기호가 될 수도 있고 낮은 신분을 가리킬 수도 있다. 둘째, 마르크스는 사물이 다양하게 쓰일 수 있다는(하나 이상의 용도) 것에 대해 입장을 명백히 하고 있다. 예를 들어 솥이 여러 성질(예를 들어 물이나 피의 의식으로)로 사용될 수 있다는 것이다. 또한, 전투에서 상대방의 머리를 때려 부수는 데 사용될 수도 있다. 더 나아가 마르크스는 "개별 생산자의 노동은 두 가지 사회적 성격을 갖는다. 한편으로 특정한 용도에 유용한 노동으로서 특정한 사회적 필요를 만족시킨다"라고 서술했다. 그러나 용도의 다양성에 대한 가장 강력한 표현은 마르크스가 상품의 입을 거론하면서 사용한 언어에서 찾아볼 수 있을 것이다(Marx, 1976: 176). "만일 상품이 말을 할 수 있다면 이렇게 말했을 것이다. 우리의 사용 가치가 사람들의 관심을 끌지는 모르지만 이는 우리에게 속한 것이 아니다라고 말이다." 여기에 나타나듯, 사용 가치를 정의하는 것은 바로 사람과 상품의 관계이다. 상품은 우리에게 유용하나 그 자체로서는 아니다. 사용 가치는 소비에 의해서만 실현되는 것이다. 다른 곳에서도 보다 명백한 표현을 찾아볼 수 있다. 예를 들어 ≪정치 경제학 비판 *Contribution to the Critique of Political Economy*≫에서 마르크스는 다음과 같이 쓰고 있다(Marx, 1970: 28).

> 사용 가치는 사용할 때의 가치이며, 소비 과정에서만 실현되는 것이다. 하나의 똑같은 사용 가치는 여러 모로 다양하게 쓰일 수 있다. 그러나 가능한 용도의 응용 범위는 특정한 성격을 가진 사물로서의 존재에 의해 제한을 받는다……. 사용 가치가 사회적 필요를 충족시키고 이로 인해 사회적 틀 안에서 존재하지만, 이것이 생산의 사회 관계를 표현하지는 않는다. 다이아몬드 같은 상품의 사용 가치를 예로 들어 보자……. 이것이 미학적이거나 기술적인 사용 가치로 쓰이지만 고급 창녀의 목에서나 보석 세공사의 손에서나 다이아몬드이긴 하지만 상품은 아니다.

여기서 예로 들 수 있는 많은 사례가 있다. 이 문장들이 마르크스가 사용을 자연적인 것으로 보지 않고 상징성과 신비성을 구분하는 증거라고 하고 싶지는 않다. 이 예들은 마르크스가 물신주의의 일관성을 확보하기 위해서 사용을 자연적인 것으로 볼 수밖에 없었다는 것을 증명하지 않고 마르크스를 원용한 광고와 소비의 이론을 거부하는 것은 성급하다는 것을 보여 준다. 물신주의의 신비성은 허위이다. 그러나 사용 가치의 상징주의가 필연적으로 허위는 아니다. 그러므로 사용 가치는 사회적 매개의 결과로 볼 수 있다.

이런 시각에서 마르크스가 '문화적 중요점'으로 들고 있는 예들은 그의 이론 체계에서 모순 없이 통합될 수 있다. '일정한 생활 양식'의 생산에 대해서는 이미 언급한 바 있다. ≪ 자본론 ≫에서 노동력의 재생산을 논의하면서 마르크스는 다음과 같이 서술하고 있다(Marx, 1976: 275).

> 소위 필수적 요구라는 것의 숫자와 범위는 이것이 만족을 주는 양태와 마찬가지로 역사의 산물이며, 그러므로 한 나라가 성취한 문명 수준에 상당 정도 의존하고 있다. 특히, 자유 노동자 계급이 형성된 조건과 이로 인한 노동 습관과 기대에 관련되어 있다. 그러므로 다른 상품의 경우와는 반대로 노동력 가치는 역사적, 도덕적 요소에 의해 결정된다. 그럼에도 불구하고 한 나라의 일정한 시점에서 노동자에게 필요한 생계 수단의 평균적 양이 존재한다는 것은 주지의 사실이다.

여기서 마르크스가 밝히고 있는 것이 생산의 역사적, 문화적 결정 요소가 아니면 무엇이겠는가? 그러나 그는 더 나아가 이것을 주어진 상수로 가정하고 누구에 의해 잉여 가치가 생산되는가를 보여 주려고 시도했다. 마르크스가 왜 특정 상품이 생산되는가의 문제를 자세히 다루지 않았다는 샬린스의 주장은 사실이다. 마르크스가 이 문제를 의식하고 직접적으로 문제를 제기한 것 또한 사실이다(Marx, 1973: 528). "필요의 체계와 노동의 체계에 관한 문제를 어떤 시점에서 다루어야 할까?"라고 마르크스는 자문하고 있다. 마르크스가 이 문제에 대해 해답을 내리지 않고 있는데, 이는 그의 주된 관심이 아니기 때문이다. 그러나 샬린스는 마르크스가 침묵을 지키고 있는 부분을 사회적 논리의 물질적 구성 요소를 물질적 논리의 사회적 구성 요소로 대체시키고 있는 것이라고 해석하고 있다. 샬린스의 이러한 결론은 적합한 것이라고 보기 어렵다.

마르크스의 이론에서 효용의 문화적 / 상징적 요소를 더 증명해야 할 필요가 있다면, 마르크스가 만족과 필요의 상대적 성격을 논급하고 있는 ≪ 임노동과 자본 *Wage Labour and Capital* ≫을 살펴보면 된다(Marx, 1952: 32~3).

> 주택은 클 수도 있고, 작을 수도 있다. 주위의 모든 집이 똑같이 다 작으면 작은 집으로도 주거에 대한 사회적 요구를 만족시킬 수 있다. 그러나 작은 집 옆에 대궐 같은 집이 들어서면 작은 집은 움막같이 쪼그라들게 된다. 이제 집 주인은 작은 집으로 주거 요구를 만족시킬 수 없게 된다. 문명을 통해 그 가치를 어떻게 높이든지 간에, 이웃에 대궐 같은 집이 많아질수록, 상대적으로 작은 집에 거주하는 사람은 점점 더 불편하고 만족할 수 없으며 사각의 벽 안에 갇힌 것 같은 느낌을 가지게 된다……. 우리의 욕망과 쾌락은 사회적으로 발생한다. 그러므로 만족을 주는 사물에 의해서가 아니라 사회에 의해서 잣대를 잴 수 있다. 욕망과 쾌락이 사회적 성격을 갖기 때문에 이는 상대적인 성격을 가지고 있다.

마르크스가 효용의 상징적 구성 요소를 인식했다는 증거로 이 외에 더 이상 명백한 것이 또 어디 있겠는가?

여기서 대부분 마르크스의 문구를 많이 인용하고 있지만, 단순히 대안적인 '증거'를 제시하거나 '결투적 텍스트' 해석으로 새로운 방법론을 주장하려는 것은 아니다. 마르크스의 저서는 워낙 방대하기 때문에 언제나 부분적으로 모순적인 문장을 발견할 수 있고, 이것을 가지고 대안적 증거를 제시하는 것은 논거로서 불충분하다. 여기서 중요한 문제는 의제를 다룰 수 있는 적합한 이론 틀을 개발하는 것이다. 이 글의 목적은 마르크스의 저술을 충분히 접하여, 마르크스가 사용 가치를 자연적인 것으로 볼 수밖에 없었고, 물질적 결정론을 전개시킬 수밖에 없었다는 논리에서 벗어나야 한다는 것이다.

그러나 근본적 문제를 피할 수는 없는데, 샬린스가 제시한 것은 이상주의적 입장에서 유물론적 '정통파'를 비판한 것이다. 보드리야르는 특히 이 점에서 강력한 논의를 전개하고 있는데, 그의 약호의 독점론은 사회 관계의 어떠한 물질적 결정론도 파기시키고자 하는 의도를 담고 있다. 어떤 사물이건 상징적 의미를 가지고 있다. 물질적/상징적 상호 관계는 상징성을 우위로 해제된다. 샬린스의 경우는 여기까지 가지는 않고, 이중성과 상호 관련성을 유지하고 있다(Sahlins, 1976: 208). "물질 자체의 힘은 생명력이 없다……. 물질의 힘은 문화를 축으로 하여 생성된다." 인류 문화의 다양한 양식을 고려하고 같은 생태계에 상존하는 다양한 유기체가 여러 다른 모습으로 자연과 교류하는 사실에 입각하여, 샬린스는 자연은 "생존의 문제만 규정하지 특정한 양태에 대해서는 아니다……. 가능한 무엇이든지 무차별적으로 섭리한다"(Sahlins, 1976: 209)고 했다.

마르크스가 사용 가치 개념을 자연적인 것으로 보지 않았고 상품의 본래적 의미를 전제하지 않았다는 것을 논지로 이끌어 왔는데, 여기서 보드리야르나 샬린스 같은 극단적 문화주의 입장도 지양해야 한다. 물론 마르크스를 이런 극단주의자와 같은 맥락으로 놓고 볼 수는 없다.

> 사물의 유용성이 사용 가치를 만든다. 그러나 유용성이라는 것이 허공에 뜬 것은 아니다. 이는 상품의 물리적 속성에 의해 **조건화**되고, 이와 격리해서 존재할 수는 없는 것이다……. 사용 가치는 사용할 때, 즉 소비할 때만 실현되는 것이다. 사회적 형태가 어떻게 나타나든 사용 가치는 부의 물질적 내용을 구성한다(Marx, 1976: 120, 강조 첨가).

(모스크바에서 발간된 ≪자본론≫의 영어판에는 '제한된다'는 용어로 번역되어 있다.) 그러므로 특정한 상품의 의미가 개방된 무한한 의미를 가진 것은 아니고, 유일무이한 의미를 가진 것도 아니다. 마르크스가 그렇게 주장한 적은 없다고 본다. 그렇다고 하여 의미가 결정되었거나 객관적으로 주어진 것은 아니다. 의미가 비한계적이지 않다면 특정 맥락에 비추어 가능한 의미의 범위가 한계 지어져 있다고 볼 수 있다. 그러므로 의미가 비한계적이지 않는 한 의미에 관한 물질적 이론이 가능하고, 존재해야만 한다는 것을 알 수 있다. 결정론과 우연성에 관한 현재의 인식론으로는 부분적 필연성을 포착할 수 없으며, 추상적으로 개발되고 사용되는 것이 아니어서(이 때 행위를 제한하는 물리적 세계의 법칙이 없으므로 무엇이든 가능하다) 사회적으로 구체적인 의미에 대해 파악하기

가 어렵다. 구체적으로, 일정한 의미의 범위가 다른 어떤 것에 대해 우월성을 가지는 한 제한점은 항상 나타나게 된다. 데이비드 힐렐 루벤 David-Hillel Ruben 은 부분적 필연성에 대한 마르크스의 개념을 다음과 같이 서술하고 있다(Ruben, 1979: 58).

> 마르크스는 ≪ 그룬트리세 *Grundrisse* ≫의 서문에서 스피노자의 금언인 determinatio est negatio를 인용하고 있다. 어떤 것이 그것으로 결정되기 위해서, 혹은 일정한 방향으로 행동하기 위해서는 다른 대안들을 폐쇄해야 한다. 깍정이가 자라 너도밤나무가 아니라 참나무가 되도록 결정된 것과 마찬가지로 후기 자본주의는 소규모 상품 생산이 아닌 독점 단계로 발전되도록 결정지어졌다. 물리적 필연성이 제공하는 것은 제한적 가능성이나 선택으로 세계를 보도록 방향 짓는 것이며, 어떤 것을 불가능하도록 만드는 물리적 필연성으로 행위를 일정한 방향으로 맞추는 역할을 한다…….
> 자연적이고 사회적으로 형성된 물리적 가능성과 불가능성, 필연성으로 합리적 행위의 기준을 세우게 된다.

루벤이 필연성의 유기적 개념과 사회적 개념 사이를 왔다갔다하는 면이 있긴 하지만, 매우 근본적인 논의를 제시하고 있다. 어떤 사회적 맥락에서도 가능한 의미의 범위가 존재하고 일정한 행위의 경로가 형성되지만, 의미의 숫자나 우선 순위가 명백히 정해진 것은 아니더라도 구체적으로 제한점은 항상 존재하게 된다. 그러므로 어떠한 사회 상황에서도 가능성에 대한 제한에는 질적 차이가 존재하게 된다.

이러한 자유와 필연성의 관계를 사르트르는 실천 관성 *practico-inert* 이라는 개념으로 설명하려 했다(Sartre, 1976). 인간이 의미를 형성해 가는 사회적 맥락은 추상적 세계가 아니고 사회적으로 구체적인 세계이다. 객관화란 인간 행위가 외향화하고 물질적 세계에 내포될 때 구성되는 것이다. 이 때 역사는 실천이 일어나는 사회적 세계의 형태에 현시하게 되는 것이다.

초실체화를 통해 우리 자신을 사물에 부여해 놓는 작업으로 사물 자체의 본래적 성질을 상실하지 않으면서 사물의 실체적 성격을 형성시켜 가게 된다. 이렇게 우리 자신의 미래를 결정지어야 하는 불활성의 미래가 있다. 미래는 인간을 통해 이미 형성된 사물을 통해 인간에게 도래하게 된다(Sartre, 1976: 178).

실천 관성의 영역은 사물에 국한되는 것이 아니고 언어, 문화, 제도를 포괄한다. 물질성으로 포착된 과거는 인간이 그 자체의 관성의 영역과 상호 작용하기 때문에 현재와 미래의 한계로 작용하게 된다.

의미의 절도 행위

이 장에서는 상품 생산에 관해 시장에서 얻을 수 있는 정보의 문제를 중심으로 논의를 시작하였다. 마르크스는 사회 관계의 구조를 분석하면서 이것이 자본주의 사회가 기능 하는 것에 대해 어떻게 잘못된 정보로 이끌 수 있는가 하는 점을 시사하고 있다. 생산 과정이 생산물에 감추어지는 것에 초점을 맞추는 것이 지극히 중요한 문제가 된다. 그러나 이것이 자본주의 시장을 연구하는 데 유용한 방법인가 하는 문제가 여전히 남게 된다. 결국 마르크스는 19세기 자본주의에 대해 기술하였으며, 20세기에 와서 상품이 생산되는 방법에는 많은 변화가 있었고 이로 인해 '물신주의'가 쇠퇴했다고 보여질 수도 있다. 여기에서는 자본주의가 스스로를 형성하고 상품의 의미를 형성하는 신비화의 현상을 이해하는 데 물신주의가 기본이 된다는 것을 강조하고자 한다. 그러나 이를 밝히기 위해서는 상품의 물신주의에 대한 마르크스의 원래 시각을 좀더 확대시켜 보아야 한다. 특히, 사용 가치와 교환 가치의 관계가 형성되는 상황에 광고를 통합시켜 고찰해 보아야 한다. 여기에서 신비화가 어떻게 사용 가치의 영역까지 파고들어 상품을 통한 혹은 상품에 관한 담론에 대해 자본주의의 상징적 과정이 허위화의 구조에 근거하게 되는지를 논의하고자 한다. 이와 같은 경제 조건이 19세기에는 존재하지 않았기 때문에 마르크스 자신이 이 점을 특별히 발전시키지 못했지만, 마르크스가 사용 가치를 자연적인 것으로 분석하고 있지 않다는 논거를 기저로 확대 해석해 볼 수 있다. 이는 마르크스가 확립시킨 기초를 바탕으로 논리적 연장선을 따라 논의를 전개시키자는 것이다.

인간은 두 가지 주요 영역에 관련하여 상품과 관계를 맺게 되는데, 생산자와 소비자의 영역이다. 이에 대해 차례로 논의하기로 하자. 자본주의 상품 생산의 근본적 성격의 하나는 노동자가 자신의 노동력(노동의 역량)을 상품으로 자본가에게 판다는 점이다. 노동자는 다른 (매우 중요하지만) 생산 수단과 마찬가지로 이 과정에 도입된다. 자신의 노동을 고용자에게 판매하므로 노동자는 자신의 행위에 대한 통제권을 상실하게 되고 노동의 영역에서 인간의 행위는 그 자신으로부터 소외되어 다른 사람에게 귀속된다. 노동의 통제는 생산 수단의 소유자, 즉 자본가에게 전유된다. 그러나 노동자가 노동력을 판매한 대가로 시간이 지남에 따라 이 외에도 더 상실하게 되는 것은 무엇인가가 흥미 있는 문제로 등장한다. 가장 중요한 것은 노동자가 생산 과정에 관한 지식에 접근할 수 있는 가능성을 상실한다는 것이다. 이런 맥락에서 통제권은 곧 지식이다.

자본주의에서 노동의 비하에 대해 가장 정교한 역사적 설명을 제공하는 것은 해리 브래이버만 Harry Braverman 의 ≪노동과 독점 자본주의 *Labour and Monopoly Capital* ≫(1974)이다. 브래이버만은 인간 노동의 특수성과 노동력의 잠재적 유용성에 대해 논의하면서 분석을 시작하고 있다. 노동은 (동물과 같이) 본능 행위가 아니고 행위의 개념화가 선행되는 것이므로, 특정한 하나의 행위에만 국한되는 것이 아닌 다양하고 복합적인 업무를 수행할 수 있다. 그러나 동시에 이 과정의 통일성이 해체될 잠재력이 있다. 한 사람에 의해 개념화가 개발되고 다른 사람에 의해 수행될 수 있다. 그러나 노동할 수 있는 역량을 전유하고 노동력의 소유자를 통제하기 위해서 노동력을 노동력의 소유자로부터 분리할 수는 없는 것이다.

> 사회에 있는 인간에게 있어서 노동력은 특정한 범주를 구성하며 서로 분리되고 교환 불가능하게 구성되어 있는데, 이는 단지 인간에게만 가능하다. 다른 사람의 노동력을 통제하는 자만이 노동력과 임무를 수행하는 다른 주체를 혼동하게 되는데, 이들은 바퀴를 돌리는 말, 수력, 증기나 인간의 근력을 '생산 요소'로서 동등한 것으로 본다. 자신의 노동을 분배하는 개인들(이런 일을 하는 공동체도 마찬가지로)에게 있어서 다른 힘과 인간 노동력 사용의 차이점은 전체 '경제'가 돌아가는 데 기인하는 차이일 뿐이다. 종 *species* 으로서 인간 전체의 관점에서 보면, 모든 개인이 공동체, 사회, 종 전체의 노동력의 일부분을 소유하고 있으므로 이런 차이 또한 매우 중요하다(Braverman, 1974: 51).

자본주의 생산 관계는 개념과 수행의 역사적 통일체('유기적 통일체')를 변화시켜, 노동 계급은 수행에만 전념하고 자본주의 계급은 개념의 통제권을 그들 수중에 집중시키게 된다. 이와 관련하여 마르크스는 다음과 같이 서술하고 있다(Marx, 1976: 799).

> 생산 발전을 위한 모든 수단은 변증법적 역전을 하게 되어 결국 생산자의 지배와 착취의 수단으로 변하게 된다. 이들 생산 수단은 노동자를 왜곡하여 인간을 분열시키고, 인간을 기계의 부속물로 비화시킨다. 이들 수단이 인간 노동의 실제 노동을 파괴하여 고문으로 바꿔 놓는다. 과학이 독립적 권력을 갖게 되는 것과 같은 비율로 노동 과정의 지적인 잠재력으로부터 생산 수단이 인간을 소외 *Entfremdung* 시키게 된다.

초기 자본주의 역사에서 노동자는 노동 과정에 대한 많은 지식을 가지고 이를 통제하였다. 노동자들이 자신의 속도에 맞춰 생산력을 조직하였으며 자신이 선택한 사회 관계를 창출하였다. 이윤을 최대화하기 위한 효율적 노동의 동원이라는 기준에서 이것이 '비합리적'으로 나타났기 때문에 프레드릭 테일러 Frederick Taylor 가 체계화한 '과학적 경영' 운동이 전개되었다. '테일러주의'는 다음과 같은 명백한 세 가지 원칙으로 구성되어 있다.

(1) 노동자의 기술로부터 노동 과정을 분리시키는 경영으로 '과거에 노동자가 갖고 있었던 전통적 기술을 모두 모아야 하는 부담이 사라지면서 이런 지식은 규칙, 법칙, 규정으로 분류되고 감축되었다'(Taylor; Braverman, 1974: 112에서 재인용)

(2) 이러한 지식의 접근이 경영에 국한되고 집중되면서 개념은 수행과 분리되었다. 이 점에 대해 브래이버만은 다음과 같이 서술하고 있다 (Braverman, 1974: 118).

> 경영의 통제력을 강화하고 노동력을 값싸게 쓰기 위해서 개념과 수행이 독립된 노동의 영역이 되어야만 했다. 이 목적을 위해서 노동 과정에 대한 연구는 거꾸로 경영에 전담되어 노동자가 관여하지 못하게 했다. 이로 인해 노동자는 단순한 사용법에 관한 형태로만 의사 소통하게 되었으며, 기술적 논리나 데이터에 대한 근본적 이해 없이, 아무 의식 없이 자신의 임무를 수행하게 되었다.

(3) 경영자가 이 지식을 이용하여 노동 과정을 전개, 통제, 분리하게 되었다. 경영자가 모든 요소를 사전에 체계적으로 계획하고 미리 계산하게 되면서 노동 과정은 경영의 영역에서만 완성될 수 있게 되었으며, 노동자는 개별적이고 분열적인 형태로 이를 인식할 수밖에 없어 노동자의 정신에서 이것이 완성될 수 없게 되었다.

개념과 수행은 서로 분리되었을 뿐만 아니라 서로 적대적이 되었으며 '인간의 손과 머리의 통일성은 서로 반목적이 되고 인간 이하의 것이 되었다.' 이 결과로 일련의 새로운 직업이 속출하게 되었는데, 이들의 주된 관심은 사물의 유통이 아닌 서류의 유통에 집중되었다. 이리하여 생산 과정의 지식과 통제권이 경영자의 손에 집중된 반면, 노동 계급은 자신의 행위에 대해 무지할 수밖에 없는 처지가 되었다. 경영자와 기술 전문가 집단이 탄생되면서 노동 과정은 끊임없이 분절되고 노동 과정을 총체적으로 볼 수 있는 잠재력을 빼앗긴 노동자들은 소외되고 분리된다.

브래이버만은 자본주의에서 노동 관계의 일반적 형태를 분석하고 있다. 하지만 개별 경우도 고려되어야 한다. 개별 노동자가 자신이 만든 생산물에 대해 무엇을 알고 있는가? 노동의 전문화된 분업으로 인해 노동자는 생산 과정의 일부분에 대해 부분적 지식만을 가지게 된다. 상품이 어디서 와서 어디로 가는지는 '직접 생산자들'에게 신비감으로 남게 된다. 현대에 와서 한 상품의 여러 부분이 여러 나라의 각기 다른 공장에서 생산되면서 이러한 전문화는 더욱 가속화된다. 그리하여 노동자는 물질적 생산 요소로서의 자신의 위치 이외에는 상품 생산의 총체적 과정을 볼 수 없게 된다. 이것이 일관성 있고 총체적인 양태로 이루어지는 것은 구조적으로 불가능하다. 자본주의 소유권 관계의 구조는 이러한 지식을 획득할 수 없게 작용하는 것이다.

더욱이 금세기에 자본 집약적 투자(기술에)로 인해 인간 노동에 대한 의존성이 저하하면서 산업 생산에 종사하는 노동자의 숫자도 줄어들게 되었다. 과학적 경영 과정도 눈에 띄게 되었지만, 새로운 서비스와 용역 산업이 산업 생산의 주역으로 등장하게 되었다. 대다수의 대중이 상품에 관여하게 되는 유일한 시기는 완성된 상품이 상당한 규칙성을 가지고 신비스럽게 나타나게 되는 시장에서이다. 이런 상품에 대한 유일한 정보는 (광고를 통해) 시장이 우리에게 제공하는 것이다. 상품에 대해 유일한 독립된 정보는 수행 양태에 초점을 둔 소비자 잡지를 통해 얻을 수 있는 게 전부이다. 더욱이 시장에서 교환할 때만 우리는 상품의 생산과 분배의 사회적 차원을 경험하게 된다. 시장은 사회적 자원을 여러 방향으로 분배하는 지배적 제도이다.

그러면 은폐된 것은 도대체 정확히 무엇이란 말인가? 마르크스에 의하면 "상품은 언뜻 보기에 극히 명백하고 사소한 것으로 보인다. 그러나 이를 분석해 보면 형이상학적 정교함과 신학적 특성을 가진 매우 기이한 것이라는 것을 알 수 있다." 마르크스의 시대에 소비 사회는 도래하지 않았지만, 시장 경제에 배아하고 있었던 이 특성을 마르크스는 간과하지 않았으며 생산되고 소비되는 것의 객관적인 형태는 '불가사의하고' '신비스러운' 성격을 가지고 있다고 간파하였다. 시장에 나온 상품은 세계적 규모로 조정되는 생산, 분배, 소비의 측면을 포함하여 사회적으로 구성되지만, 상품의 사회적 성격은 즉각적으로 드러나지 않는다. 그러므로 상품은 '초감각적이고 사회적인 동시에 감성적인 것'이다. 우리가 보고, 만지고, 냄새 맡을 수 있는 부분과 우리 눈에 보이지 않는 (복합적이지만 시장 경제에 의해 조정된 은폐된 사회 관계) 부분이 융합된 통일체이다.

그러므로 상품은 생산과 소비 과정에서 드러나고 은폐된 것의 통일체이다. 상품은 특정한 욕구를 만족시키고 행위 약호를 통해 의사소통할 수 있는 역량을 드러내 우리가 감각할 수 있게 한다. 동시에 자신의 원래 모습을 은폐한다. 물건이 무엇으로 만들어졌으며 누가 만들었는지를 마치 현명한 소비자가 알아차리기라도 한 듯이 상품은 소비자의 눈에 드러나기도 하고 사라지기도 한다.

시장에서 사물은 외양을 통해 누가 어떤 조건에서 만들었는지 하는 사실을 은폐하는 방식으로 작용하므로 마르크스는 상품의 물신주의를 위장술이라고 지칭하였다. 이 사실을 아는 것이 중요하다고 한다면, 우리가 이에 관해 알 수 없게 되면서 상품 자체에서 커뮤니케이션의 구조는 체계적으로 오인되고 왜곡되는 것이다.

상품이 소비자에게 의사 소통 안 되는 부분은 생산 과정에 관한 정보이다. 과거 사회의 상품과 달리, 현재 상품은 이를 만든 제조자의 날인을 남기지 않는데, 이것이 있었다면 우리가 제작자의 동기나 행위를 알 수 있을 것이다. 자본주의 사회에서 특히 다음과 같은 정보는 체계적으로 은폐된다. 즉, 상품의 기획과 디자인 과정, 지구상의 어떤 공장에서 돌아가고 있는 실제 생산 관계, 공장의 노동 조건, 임금 수준과 노동자의 혜택, 노동 조합의 유무, 상품 질의 점검과 자동화 수준, 소비자에 관한 시장 조사, 특정 산업 과정을 통해 생산되는 상품의 환경적 효과, 사용되는 천연 자원의 재생 가능 여부, 지구상의 천연 자원을 추출하는 생산 관계에 관한 정보가 그것이다. 이 모든 것이 상품에 내재하는 의미(정보)의 부분을 이룬다.

생산물은 인간 행위를 객관화하기 때문에 이상과 같은 정보가 만일 사람들에게 주어진다면 상품과의 상호 관계에 영향을 줄 수 있다. 또한, 생산물과의 상호 관계가 인간들 간의 상호 관계를 반영한다. 특정 상품에 다음과 같은 의미가 연루된 경우에 소비자가 어떻게 반응할 것인지 생각해 보라. 즉, 제3 세계 독재 체제에서 어린이들의 노동으로 생산된 상품, 어린이들이 광산에서 캐낸 천연 자원, 한국이나 대만 같은 나라에서 생계 유지를 위한 임금을 받기 위해 하루에 18시간씩 노동하면서 생산해 낸 상품, 재생 불가능한 희귀 자원을 사용하여 만든 상품이거나 전체 국민의 전통적 생활 방식을 파괴하면서(아마존 지역에서처럼) 생산해 낸 상품, 노조를 거역하면서 생산한 상품들의 경우 말이다. 이 모든 것이 우리가 매각하는 방법에 있어서나 소비의 의미에 있어서 심각한 영향을 줄 것으로 믿어 의심치 않는다. 교환의 조건조차도 사물의 의미를 내재하고 있다(예를 들어 감성적 선물의 경우). 의미는 언제나 순수한 물질적 대상으로서 상품 이상의 것을 내포하고 있다. 상품의 사용 가치는 사회적으로 결정되기 때문이다.

더 나아가 이런 유형의 정보가 우리에게 주어진다면 상품에 대한 소비자의 인식에 중요한 인자가 될 것이다. 예를 들어, 케냐에서 시판된 네슬레 아기용 분유가 수많은 아이들을 죽음으로 몰아갔다는 것이 밝혀져서 네슬레 상품 전체의 의미가 달라졌다. 즉, 많은 소비자들은 네슬레 상품에 대한 불매 운동을 벌였다. 또한 아돌프 쿠어스 Adolph Coors(쿠어스 맥주의 소유주)의 반동적인 인종 차별주의가 세상에 알려지면서 소수 집단이 단합하여 대규모의 불매 운동을 벌이게 되었다. 이 경우들에 비추어 보면, 상품의 의미는 시장에서 도출된 의미 이상으로 확장된다는 것을 알 수 있다. 그러나 이 장에서 언급한 대로 자본주의 사회 관계의 구조는 상품의 사회적 의미를 알지 못하도록 체계적 방법으로 가로막고 있다. 생산의 진정한, 완벽한 의미는 교환의 공허한 외양 밑에 가리게 된다. 진정한 의미를 상품으로부터 체계적으로 앗아 간 후에만 광고가 자신의 상징으로 빈 공간을 메우게 되는 것이다. 상품이 시장에 나타날 때, 우리가 그것을 인간 노동의 산물로 인식한다고 해도, 이런 인식에 특정한 사회적 의미는 없고 광고의 상징이 더 현실적이고 구체적인 것으로 보이게 된다. 상품의 물신주의는 우선 상품의 의미를 앗아 가고, 인간의 노동을 통해 상품에 객관화된 진정한 사회 관계를 은폐하면서 형성되며, 상상적 / 상징적 사회 관계가 부차적 차원의 의미를 구성하도록 한다. 생산은 의미를 잃고, 광고가 그 자리를 메운다. 상상에 의해 진정한 현실은 은폐된다. 시장이 중요한 사회적 의미를 갖는 것은 자본주의 소유 관계의 구조 아래 생산의 사회적 의미가 사라지고 난 후에야 가능하다. 속 빈 강정인 상품 형태는 아무리 피상적이더라도 어떤 의미로 채워져야 할 필요가 생긴다.

이런 이유 때문에 '사소한' 광고가 강력한 힘을 갖게 되는 것이다. 광고는 상품에 대해 거짓된 의미 자체를 부여한다기보다는 의미가 없어진 곳에 의미를 제공하는 것이다. 사람들은 상품과 상호 관계하면서 의미를 필요로 하기 때문이다. 자본주의 사회 관계는 생산자와 상품 간의 전통적인 '유기적 통일체'를 파괴한다. 동시에 자본주의는 이런 빈 공간을 메울 다른 제도(가족, 공동체, 종교) 또한 약화시킨다. 이 때 광고는 다른 데서 얻을 수 없는 의미를 제공하면서 힘을 발휘하게 된다. 광고의 힘은 상품의 세계에서 의미와 상징을 추구하는 인간의 요구에서 비롯된다. (이에 관한 보다 자세한 논의는 제6장에서 다루겠다.)

이런 식으로 광고의 물신주의를 논의함은 마르크스가 보는 자본주의 역동성의 논리적 틀에서 이탈하지 않는다고 사려된다. 그러나 마르크스가 이러한 논의로 '상징성'과 '신비성'의 관계를 재고한다는 것은 아니다. 마르크스는 사용 가치의 다양성은 인식했지만 신비성은 고려하지 않았다. 이러한 담론에 광고가 도입되고 금세기 내내 정신 노동과 육체 노동이 점차 분화되면서 상징성과 신비성의 관계를 재고해야만 하는 위치에 우리는 처해 있다. 현 시대에 (효용의 상징적 구성 요소로 정의되는) 사용 가치는 상품의 세계에 관련해 신비화의 체계적 구조에 붙어 있다. 이는 단지 상품에 관한 이데올로기가 신비적 성격을 지녔다는 의미(모든 종류의 종교에 해당되는 경우다)가 아니다. 현대 사회에서 신비주의는 이데올로기에서 파생되는 것이 아니고 직접적으로 상품의 영역에서 파생되는 것이다. 현대 상징의 신비성은 소비에 구현되어 있고 산업 생산 구조에 뿌리를 내리고 있다.

이런 시각에서 샬린스나 보드리야르 같은 인식론자들은 오류를 범하고 있다는 것을 알 수 있다. 이들은 상품 물신주의의 신비화를 사장시키면서 소비로부터 물신화를 시도하고 있다. 이들은 다양한 상징 형태를 반영할 수 있는 수많은 상품을 보면서, 상품 생산의 더 깊은 현실은 망각한 채 이런 다양성을 설명하기 위해 소비 현상에만 집중하고 있는 것이다. 이들은 상품을 생산의 물적 토대와 분리시키면서, '약호'와 '문화'의 이상주의적 '도상계 *iconosphere*'를 넘나들고 있는 것이다.

물신주의와 마법

마르크스는 교환 가치의 신비화를 '물신주의'로 표현했는데, 인간과 사물의 관계를 물신주의로 표현한 것이 그가 처음은 아니었다. 마르크스는 이 개념을 초기 인류학적 개념에서 따왔다. 이 말은 부적, 주문(성인의 유물, 염주, 십자가 등)을 뜻하는 포르투갈 어 *feitiço* 에서 나온 말이다. 이런 물건을 만들거나 판매하는 사람은 *feiteceiro* 라고 불리며, 19세기 아프리카 대륙의 포르투갈 식민지에서는 부적을 만드는 사람뿐만 아니라 마법사와 마녀를 뜻하기도 하였다. 호스트 W. Hoste(1921)에 따르면 이 말은 '마법적으로 활발하다 *magically active*'는 뜻이고, 영국의 유명한 인류 학자 에드워드 타일러 Edward Tylor 는 이 말이 라틴 어 *factitius* 에서 파생되었으며, '마법적으로 능란하다 *magically artful*'는 의미라고 주장한다. 유럽의 '지리상 발견기'(1441~1500) 때 포르투갈 선원들이 보기에 토착민들은 '숭배'를 많이 하고, 사물에 존경심을 표하므로, 토착민들을 페이티소스라고 불렀다.

아프리카에 관한 초기 인류학적 연구는 선교사, 여행자, 식민 정부 군인들에 의해 이루어졌다. 불행히도, 비체계적이며 편향된 초기 연구들에 대해 진지한 학도들은 이게 믿을 만한 것이 못 된다고 평가하였다. 그러나 문화의 기원과 특히 종교의 기원에 관한 여러 이론들을 뒷받침해 줄 적절한 예들을 찾는 학자들에게 초기의 피상적인 연구는 흥미를 유발시킨다. 1760년 발표된 ≪ 물신 숭배 *Du culte de dieux fétiches* ≫에서 드 브로스 de Brosse 는 물신주의가 일반적인 종교 발전의 최초의 단계였으며, 두 번째와 마지막 단계에서는 일신주의와 같이 발전하게 되었다(마르크스는 드 브로스에게서 '물신주의'라는 용어를 차입해 왔다)고 했다. 드 브로스의 개념상 물신은 '무엇이든지 사람들이 추앙하고자 선택한 것'을 말한다. 가장 중요한 점은 이들 물신이 그 자체만으로 소유된다고 믿는 권력에 편승하여 숭배된다는 것이다.

'근대 사회학의 아버지인' 오귀스트 콩트 August Comte 는 드 브로스의 이론을 약간 변형하여 물신주의를 종교 발전의 세 단계 가운데 처음 단계에 발전된 것으로 보았다(그 후 다신주의와 일신주의로 이어진다). 여기서 물신주의는 모든 종교 발전의 필연적 단계가 되며, 모든 물질체는 우리 자신과 본질적으로 유사한 영혼으로 생명을 불어넣은 것으로 간주되었다. 이런 이론은 19세기 중반까지 일반적으로 받아들여졌다. 19세기 중반에 타일러는 콩트의 이론을 정령 숭배 *animism* 라고 부르는 것이 보다 정확하며, 물신주의는 '특정한 물질 대상에 내재하거나 부착되어 영향력을 행사하는 영혼의 교리'로 한정시켜 보는 것이 타당하다고 주장했다(Tylor, 1871: 230). 타일러는 특히 영혼과 물질을 그 위상에 따라 구분하는 것이 중요하다고 본다. 여기서 물신주의는 세상에 존재하는 물신의 주인에게 숭배나 찬양을 통해 은혜로운 영향을 미칠 수 있을 때 사물이 영혼의 일시적인 안식처를 갖게 되는 실천으로 보여진다. 사물 자체에 물신화하는 원초적 성질은 없으며, 제사장이나 물신자의 의례로 종교적(의식적) 맥락에서 영혼이 부여되는 것이다. 일단 사물에 영혼이 부여되면 이것은 보고, 듣고, 이해하고, 행동할 수 있는 것으로 취급된다. 그러나 이것은 단지 맹목적인 신앙이 아니며, 물신이 경험의 시험 과정을 통과해야 한다. 만일 이를 통과하지 못하면, 버려지게 된다.

이 개념을 보다 확장시킨 사람으로는 허버트 스펜서 Herbert Spencer (1879)를 들 수 있다. 그는 물신주의가 조상 숭배의 연장이라고 보면서, 죽은 자의 영혼이 '깜짝 놀랄, 괴이한' 사물과 장소에 있는 것이라고 보았다. 물신주의는 또한 사물에 내재한 자연의 힘을 간파하여 묘사한 것으로, 독수리나 표범의 발톱은 이 사물 자체가 힘을 가지고 있다고 보았기 때문에 물신으로 가치 있는 대상이 되었다. 이와 같이 19세기 말까지 '물신주의'라는 용어는 매우 막연하게 적용되었으며, 동물이나 자연 영혼 숭배 등 다양한 현상을 모두 지칭하기도 하였다.

이 분야의 후기 연구에서는 물신주의에 관련한 모호하고 혼동스러운 개념을 그대로 받아들이는 경향을 보인다. 이러한 혼동스러운 개념을 사용한 결과 최근 인류학 연구들은 물신주의를 비판하고 분석적 용어에서 삭제해 버리는 경향을 보이고 있다. 실로 물신주의라는 개념의 사용이 개념적 혼란을 야기하기 때문에 '인류학 위원회'는 물신이라는 말을 서아프리카의 마법적 사물에 한정적으로 국한시켜야 한다고 주장하고 있다(Parrinder, 1961: 9). 여기서 연구의 목적상 물신주의가 적용될 수 있는 일상적 행위의 수준을 구분하는 것이 중요하다.

물신주의는 총체적 영혼의 신앙 체계를 말하지 않는다. 이보다는 전 체계의 부분을 구성할 뿐이다. 이 용어가 적용된 모든 사회에서는 영혼의 신앙과 물신의 힘을 받아들이는 수준에 있어 각기 차이가 있었다. 이에 대한 인식으로 물신주의를 추앙하는 자들도 초월자 같은 보다 상위의 영혼의 힘에 대한 신앙을 가질 수 있다는 가능성을 간과하지 말아야 한다. 이들이 유일신을 부정한 것이 아니고, 단지 일상적 생활 가운데 이에 무관심했을 뿐이다. 공기에는 인간의 행위에 물리적으로 영향을 주는 많은 영혼이 있으며, 이들 영향력에 직접적인 초점을 기울인 것이다. 그러므로 래트래이 R. Rattray 는 "물신은 영혼 혹은 열등한 지위의 영혼의 잠재적 거주지가 되는 사물에 있으며, 일반적으로 채소 왕국에 속한다"라고 말했다(Rattray, 1927: 23). 사물에 있는 이러한 열등한 영혼의 위치는 의식이나 종교적 행위의 결과로 정해진다. 래트래이가 지적했듯이, "부적이나 물신을 가진 아프리카 인들은 마스코트를 애지중지하는 유럽 인들보다 더 논리적이고, 이념이나 이의 적용에 있어 더 납득할 만하다. 아프리카 인들은 그들의 수만 suman 이 왜 힘을 갖게 되었으며, 그 힘이 어디로부터 왔는지 잘 알고 있었지만, 서구인들은 그렇지 않다"(Rattray, 1927: 90n). 그러므로 거의 모든 것, 아무리 작고 보잘것 없는 것이라고 하더라도 물신으로 간주될 수 있지만, 영혼이 물질을 이탈했다고 한다면, 곧 버려져 '완전히 공허한 무용지물이 되는 것이다.'

그럼 물신은 정확히 어떤 일을 하는가? 물신의 개념을 정의하면서 래트래이는 다음과 같이 말하고 있다(Rattray, 1927: 23). 물신은 "악과 사악한 마법의 힘을 막는 통제력에 직접적으로 연관되어 있다. 이는 개인적 목적을 위해 사용되지만, 방어적이거나 공격적 목적 둘 다를 위해서 쓰이기 때문에 필연적으로 마가 낀 물건 주인을 돕기 위해 사용되는 것은 아니다." 타일러는 물신이 병을 막고, 비를 부르거나, 물고기를 잡거나, 도둑을 잡아 벌하거나, 용감해지기 위한 목적으로 쓰인다고 보았다(Tylor, 1871: 245). "올바른 물신이라면, 물신이 하지 못할 일도 하지 않는 일도 없다." 호스트(1921)도 물신이 여러 용도로 쓰인다고 보았는데, 악령을 탐지해 내고, 이로부터 보호하는 일을 한다. 또한 병을 치료하고, '사랑의 동기'를 부여하며, 어떤 일이든(여행 등) 언제 하는 것이 적당한지 예측할 수 있게 한다. 나소 R. Nassau 의 글(1904)에는 일상 생활에서의 물신에 관한 흥미 있는 부분이 있는데, 물신의 역할은 사냥, 낚시, 농사, 사랑에 관련된 것이다. 후자는 물론 현대 광고를 연구하는 데 특히 적절한 것으로, 나소가 예시한 것은 실제 텔레비전에 적용될 수 있다. 래트래이(1927)도 물신과 이의 일상적 사용에 대한 유용한 글을 썼다. 예를 들어 사물이 물신으로 변신할 때 다음과 같은 말이 찬양된다. "누구든 나를 독살하려 해도, 나에게 힘을 발휘하지 못하게 하라. 누구든 나의 이름을 악의 이름으로 연결시켜 일컬어도, 나에게 힘을 발휘하지 못하게 하라"(Rattray, 1927: 14). 요약하면, 물신의 작용은 일상적 차원에서 발생하는 것이다. 이의 효과는 단기적이고 즉각적이며, 물신을 가진 자는 자신의 실제적 복리에 관심을 보인다. 이는 지고한 영혼이나 먼 미래의 수준에 작용하는 것이 아니며, 이런 것은 종교의 다른 영역에 보다 합당한 것이다.

악마와 상품의 물신주의

위에서 인간과 사물의 관계에 관련된 전통적 신앙의 양식을 훑어보았다. 이런 시각에서 제기되는 흥미로운 문제는 '오래 된' 물신주의가 자본주의 상품 관계를 지칭하는 '새로운' 물신주의와 접촉하게 되면 어떻게 되는가 하는 것이다. 그 결과는 20세기 세계적 규모의 시장의 힘으로 전통적 사회에 가해지는 압력 때문에 옛날의 물신주의는 다른 요소와 뒤섞여 실천적 차원의 발전을 초래했다는 것이다. 마이클 타우징 Michael Taussig(1980)은 이에 해당되는 두 경우를 남미의 예를 들어 상세하게 분석하고 있다. 전통 사회 중에는 민속과 기독교를 혼합하여 일상 생활, 특히 물품을 생산하는 영역에서 자신을 적절히 나타내는 사회가 더러 있다. 타우징이 연구한 두 문화권(콜롬비아와 볼리비아)에서는 강력한 스트레스를 주는 것은 바로 악마의 짓이라고 보았다.

볼리비아의 주석 채굴 업자 가운데에는 그들의 전통적 농경 사회에서 사람들을 유혹하여 광산에서 일하면 많은 돈을 벌 수 있게 해 주겠다고 약속한 것을 신화적 구조로 설명하는 자들이 있다. 즉, 광산 소유자는 실제 악마이며, 그가 노동자들을 속여 협상을 받아들이게 하였다는 것이다. 광산에서 일어나는 사고와 죽음으로부터 스스로를 보호하기 위하여 노동자들은 농민의 희생 의식을 새로운 상황에 적용했다. 선물과 제사로 악마인 소유주에게 비위맞추고, 코카[마약 코카인의 원료]를 씹으면서 악마인 소유주를 상징하는 도상에 이를 바치기도 한다(Taussig, 1980: 143).

> 그의 육신은 광물로 조각된다. 손과 얼굴, 다리는 진흙으로 만들어진다. 밝은 철제나 광부의 헬멧에 박힌 등을 이용하여 눈을 만든다. 이빨은 유리나 크리스탈을 손톱같이 뾰족하게 갈아 만들며, 그 입은 코카와 담배 주는 것을 기다려 크게 벌어져 있다. 손은 술을 찾아 뻗어 있다. 시글로 XX 광산에 만들어진 도상에는 발기된 커다란 남성의 성기가 만들어지기도 하였다. 영혼도 귀신처럼 나타날 수 있다. 금발의 턱수염이 나고 붉은 얼굴을 한 코쟁이[*gringo*. 영미인을 경멸스럽게 부르는 말]가 카우보이 모자를 쓰고 있는 꼴은 기술자나 행정가처럼 보이기도 한다……. 영혼과 생명을 돈과 바꿔 버린 악령[*succubus*. 자고 있는 남자와 정을 통하는 여자 귀신]의 모습을 할 수도 있다.

이 모든 경우는 옛날 물신주의적 실천이 적응되고 변형된 것으로 임노동이 시작될 때 인간 행위자와 물질적 세계 사이의 관계에 발생한 현실을 적당하게 표현하기 위하여 제공된 것이다. 이러한 변화(악마) 뒤에 있는 동인을 의인화하기 시작하였다. 이는 임금을 위해 노동하고 세계 시장에 팔 설탕이나 주석을 생산하면서 시장 경제의 게임의 규칙을 받아들임으로써 물질적 부를 얻을 수 있다는 유혹을 의인화를 통해 이념적으로 표현한 것이다.

이러한 표현을 창출하게 하는 문화는 기존 양식에 중요한 영향을 주는 변화를 일관성(외부 관찰자에게 아무리 타당성 없이 보일지라도) 있게 설명할 필요가 있기 때문에 생겨난 것이다. 이런 경우 오랫동안 유지되어 온 생산 양식 — 자급 자족적 농경, 대가족 제도와 친족 제도, 물물 교환 — 에서 파생된 사회 관계가 붕괴되면서, 사적 자본주의와 시장 경제가 통제권을 발휘하기 시작하였다. 그러나 이러한 새로운 사건들 중에서 가시적이고 감각할 수 있는 것은 무엇인가? 자본 투자의 의사 결정이나 국제 증권 교환의 변화, 다국적 기업이 외국에 있는 자사의 이윤을 증진시키는 목적 따위는 가시적으로 보기 어렵다. 오히려 가시적인 것은 자신의 토지를 잃고, 생면 부지의 타인이 결정한 임금을 현금으로 받게 되면서, 전혀 이질적인 노동의 종류와 조건 아래 종사하게 되고, 친족들이 뿔뿔이 흩어지게 되는 일 등이다. 최근 들어 콜롬비아와 볼리비아의 토착 주민들은 이전에 유럽 인들이나 다른 사람들이 경험한 것처럼 수 세대 동안 전해 내려온 생활 구조와 경험이 헤아릴 수 없이 일시에 파괴되는 것을 눈앞에서 목격했다. 이것을 보고 악마의 소행이라고 의심하는 것은 오히려 당연한 일이다.

물질 세계와 자원으로부터 물품을 생산하는 것을 포함한 생명을 유지하는 행위는 기존에 받아들여지고 있는 판단 기준으로 볼 때는 납득이 가지 않는다. 커뮤니케이션이 상품의 세계를 통해 이루어지게 되었다. 시장 경제가 우세하게 되면서 특정한 사물과 관습과 규범을 해체시키고 파기할 뿐 아니라, 이를 한데 묶은 집단적 일체성과 운명 공동체도 파기시켜 버린 것이다. 처음에는 물질적 세계에 대한 우리의 경험을 하나로 묶을 어떤 새로운 수단도 주어지지 않는다. 이는 단지 '막대한 물량의 상품의 집합'으로 나타날 뿐이다.

물신주의와 성

물신주의에 대한 상당한 문헌을 확보하고 있는 분야는 물론 프로이트의 정신 분석학 이론이다. 이는 또한 물신주의라는 용어가 가장 좋은 열매를 맺은 분야이기도 하다. 물신주의가 정신 의학적으로 쓰이게 된 것은 자아 개발과 특히 남근 / 생식기 / 오이디푸스 단계에 관련된 유아기의 성에 관한 프로이트의 이론에 기초하고 있다. 많은 문헌은 이를 출발점으로 하여 이러한 틀 내에서 물신주의 이론은 트랜스베스티즘 [*transvestism*. 남성이 여장을 하거나, 여성이 남장을 하는 성도착증의 일종], 성전환 *transsexuality*, 사디즘 등의 '성도착증' 일반을 설명하는 이론의 일부분이 된다. 이는 또한 전적으로 남성적 현상으로 신체의 비생식기 부분이나 비활성 물질을 사용하지 않으면 성적 만족을 얻지 못하는 상황을 지칭하기도 한다.

물신주의는 성적 본능이 비정상적으로 발전한 '도착증'으로 간주된다. 이런 이론적 맥락에서 무엇이 정상인지 알아보는 것이 유용할 것이다. 프로이트(1953)는 유아기의 성과 정상적 성 발달, 혹은 도착성과는 밀접한 관계가 있다고 보았다. 유아기의 성은 네 살에서 다섯 살 사이에 여러 발전 단계를 밟으면서 성적 본능이 변화하게 된다. 프로이트가 설명하고 있는 본능을 '리비도'라고 부를 수 있으며, 초기 단계에서 다른 생명의 기능과 연관을 맺고 있다. 첫 단계에서 발생하는 것은 수유로서, 영양 공급의 필요성과 결합된 것이다. 그러나 유아는 영양분이 필요하지 않을 때도 계속 젖을 빠는데, 이는 성적 만족의 첫번째 형태인 '빠는 쾌락'을 맛보기 위한 것이다. 둘째 단계는 항문기로서 배설의 과정과 연관되어 있다. 세 번째 단계는 남근기로서 성의 분화가 처음으로 일어나는 시기이다. 이 시기에 남자는 어머니에 대한 성적 충동이 늘어나 남자 아이의 어머니 사랑은 근친 상간에 가까워진다. 그 결과, 아이는 그의 경쟁자인 아버지를 두려워하게 된다. 오이디푸스 단계는 거세 공포로 특징지을 수 있는데, 아버지가 자신의 성기를 잘라 버릴 것이라는 남자 아이에게 생기는 두려움이다. 결국, 남자 아이는 어머니에 대한 근친 상간적 욕망을 억제하고 아버지에 대한 적대감도 억누름으로써 오이디푸스 콤플렉스는 사라지게 된다. 여자의 경우에도 처음 사랑을 느끼는 대상은 어머니이다. 하지만 자신이 남자 생식기와 같이 외부적으로 돌출된 성기를 가지고 있지 않다는 것을 알아차리게 되었을 때, 거세되었다고 느끼며 어머니를 원망하게 된다. 여자 아이는 부러움에 뒤섞여 아버지를 좋아하게 되는데, 아버지는 자신에게 없는 것을 가지고 있기 때문으로 남근 선망 *penis envy* 에 이끌게 된다. 길레스피 W. Gillespie 는 이를 다음과 같이 요약하고 있다(Gillespie, 1964: 127~8).

> 아기가 태어나 보통 처음 몇 년 동안은 정상적인 어른의 성행위와 여러 가지로 다른 심리적 발전 과정을 밟게 된다. 특히, 초기의 어린 아이가 지닌 여러 특징은 어른이 이 같은 행동을 했을 때 성도착증으로 간주되는 행위이다……. 아이들은 점점 성기에 대해 관심을 갖게 되고, 오이디푸스 단계에 오면 절정에 이르게 된다. 이상하게도 오이디푸스 단계는 마치 감옥의 그림자가 자라나는 남자 아이를 가두어 놓듯이 성적 행위가 퇴행하는 '잠재기'를 거친 후에 도달된다. 잠재기는 본능적 충동이 외적 압력에 순응하고 내적인 충동으로부터 자신을 방어하게 되면서 성립된다. 지속적인 도착 본능은 생물학적으로 증가되는 공격적이면서도 성적인 본능적 충동에 의해 잠재기의 균형을 교란시킨다. 폭발적인 사춘기에는 정상적으로 이러한 종류의 심리적 성이 변형되어 근친 상간이 아닌 이성애 *heterosexual* 를 향하여 성기 중심의 충동에 모아지게 된다.

이것이 이성애 발달의 정상 모델이고 물신주의는 일탈성, 도착성으로 나타난다.

여기에 대한 고전적 연구로는 '물신주의'란 제목으로 프로이트가 1927년에 발표한 논문이 있다. 여기서 프로이트는 성인의 물신을 성기 대체물 *penis substitute* 이라고 규정지었다.

> 이는 모든 남근기에 대한 대체물이 아니라 특정한, 아주 특별한 남근기의 대체물로서 초기 어린 아이에게는 대단히 중요했으나 나중에는 상실된 것이다. 즉, 정상적으로는 이를 포기해야 하는데, 물신의 목적은 바로 상실하지 않기 위함이다. 간단히 말하면, 물신은 여성(어머니) 성기의 대체물로서 어린 남자 아이가 그렇게 믿었고, 떠나가지 않기를 바라는 물건이다.

이는 현실 부정을 감수한 믿음이며 거세 공포를 이기고 이를 방어할 물건인 것이다. 여자의 성기를 보았을 때 느꼈던 충격으로 인해 물신을 삼게 되었으며, 이 경험이 야기한 거세 공포를 완화시키기 위해서 물신을 보유하고자 한다. 물신은 어머니가 가지고 있어야 할 남근기이며, 이를 통해 공포를 해결하기 위한 것이다. 즉, 이는 어머니의 상상적 남근기이다. 프로이트는 다음과 같이 서술하고 있다(Freud, 1953: vol. 21, 206).

> 아마 남성 가운데 여성의 성기를 보고 거세 위협의 무시무시한 충격에 시달리지 않은 인간은 없을 것이다. 왜 어떤 사람은 동성 연애자가 되고, 어떤 사람들은 물신을 만들어 내며, 대부분의 많은 사람들이 이를 극복하게 되는지 그 이유를 설명할 수 없다.

프로이트가 제기한 이 문제에 대한 답을 찾기 위해서 많은 연구가 진전되었는데, 자아와 성적 본능이 비정상적으로 발전하게 만드는 사건을 분리시키는 과정에 집중되어 있다. 후기 프로이트 이론들은 이 개념의 내용은 그리 변화시키지 않으면서 이 개념을 확장하여 오이디푸스 이전 단계에서 자아 발전이 교란되어 성기 단계에 모순이 커지게 되었다고 본다.

정신 분석학 문헌에서는 물신주의를 어린 시절의 충격을 나타내는 전적으로 성인 남성에게만 국한되는 현상으로 취급하고 있다. 이의 중요한 결과를 보면, 물신주의자는 물신이 없는 상태에서 여자와의 어떠한 성관계도 불가능하게 된다. 현실적으로 여성이 남근기를 가지고 있지 않다는 것을 직접 인식하게 되면 거세 공포가 외적으로 나타나므로 물신을 통해 이를 방지하려는 것이다. 물신이 없다면 물신주의자는 이성과 성행위를 할 수 없게 된다. 즉, 물신은 거세 공포를 극복할 수 있는 어머니의 잃어버린 남근기를 대표한다. 물신은 어떤 힘을 가진 것도 아니고, 어떤 일을 하는 것도 아니다. 이는 단지 장면을 완성시킬 뿐이다. 즉, 물신은 기호학적으로 이것 없이 성행위를 수행할 수 없게 하는 하나의 기호이다. 이 때 사회 관계는 물신을 통해서 맺어지게 된다. 물신은 장면을 완성시키고, 이것 없이는 행동을 할 수 없게 된다. 물신이 사회 생활을 지속할 수 있게 해 준다. 남성의 물신주의 뒤에 내재한 특정 시기의 거세 공포증에 대한 이론 가운데에는 여성의 물신주의가 단 한 건도 언급되지 않다는 것에 대해 놀라지 말기 바란다(Bak, 1974 참조)

그러므로 프로이트의 이론 틀에서 물신주의는 초기 구강기, 항문기, 생식기의 성적 발달 과정과 관련이 되며, 특히 오이디푸스 단계의 거세 공포와 밀접히 관련되어 있다. 모든 남성은 이 과정을 거치게 되지만, 이 시기에 겪게 되는 사건에 따라 건강한 사람도 건강하지 못한 결과가 초래된다. 건강한 사람은 이성 간 성행위의 도착 단계를 넘어 발전하여 남자는 다른 매개물 없이 여자와 관계를 맺고 이를 통해 만족하게 된다. 병적인 사람은 이성 간 성행위의 도착 단계에서 발전하여 남자는 생명 없는 물체를 통해서만 여자와 관계를 맺을 수 있게 된다. 이 때 물신을 통해 남근기를 가진 여자로 보게 되며, 자연적인 성적 차이를 부정하게 되는 것이다. 후자는 현실을 왜곡시킴으로써 허위로 충족되어야 하는 필요를 절실히 느낀다. 건강한 자가 현실을 직시한다면, 후자는 신비화시키는 것이다. 이 문제의 중심은 현실적이고, 자연적이고 보편적인 필요(성적 만족)에 근거하고 있다. 이러한 만족을 충족시키는 방법에 따라 정상과 비정상으로 규정된다.

결론

이 장에서는 사용 가치와 교환 가치의 관계를 정확히 이해하려고 시도하였다. 이 점에 관한 마르크스의 연구를 분석하고 물신주의의 보다 일반적인 개념에 광고를 연루시킴으로써 현대 사회에서 이 둘의 관계를 가장 정교하게 개념화시킬 수 있을 것으로 본다. 여기서는 특히 사용 가치가 어떻게 교환 가치에 종속되는가의 양식을 제시하려고 했다. 그러므로 광고의 '내용'을 다루기에 앞서, 이를 구체적으로 현대 사회의 경제 체제에서 맥락을 잡아 가야 한다. 상품의 상징화는 단순하게 어떻게 상품이 소비되는가에 대한 것뿐만 아니라, 상품이 어떻게 생산되는가도 포함한다. 사용 가치와 교환 가치의 관계는 적절한 상징화와 의미의 영역이 자본주의 시장으로 협소화되고 광고가 이 과정에 핵심적 역할을 하는 양태를 보여 주고 있다.

그러므로 '상품의 물신주의'는 현대 사회에서 인간과 사물 간의 관계를 이해하기 위한 광범위한 틀을 제공한다. 그러나 물신주의의 개념은 실로 광범위한 것이다. 인류학과 정신 분석학에서는 인간과 사물의 관계에 얽힌 문제를 묘사하는 것 외에 넓은 물신주의의 개념을 사용하고 있다. 이 개념에 관한 계보학적 설명은 현대의 광고에 존재하는 인간과 사물의 관계를 설명하는 데 물신주의가 유용한 개념인가 하는 문제를 일으킨다. 이 문제에 대해서는 제5장에서 대답을 제시하고자 하며 여기서 나온 결론은 제6장에서 논의하기로 하겠다. 그러나 광고에 대한 실증적 연구를 제기하기 전에 광고의 물적 상황을 보기 위한 기초적 논의를 전개할 필요가 있다. 일반 경제에서 교환 가치가 사용 가치를 지배하는 현상이 인간과 사물의 관계를 이해하는 지름길이 된다. 상징적 내용과 스타일을 구성하는 물질적 상황에 대한 보다 특정적인 영역을 규정한다면 바로 커뮤니케이션 산업이 된다. 여기서도 교환 가치에 대한 탐구(미디어 투자자의 이윤)가 의미(사용 가치)에 대한 탐구를 우선하고 지배한다. 커뮤니케이션 산업에 대한 유물론적 분석이나 광고에 나타난 인간과 사물 간의 관계에 대한 여러 측면에 대해서는 다음 장에서 논하기로 하겠다.

제3장

의식의 안정화: 상징주의의 정치 경제

Separate loads. Mutual interests. Lee jeans.
Lee

앞 장에서는 경제적 틀 내에서 광고 제도의 맥락을 광범위하게 그려 보려고 했고, 교환 가치의 체계가 어떻게 상품의 위치를 정하는 의미 체계를 한정하는지 보여 주려고 했다. 이 장에서는 보다 구체적으로 광고 메시지를 창출하고 소비하는 상업 커뮤니케이션 산업의 물리적 상황에 초점을 맞추고자 한다. 제1장에서 논의했다시피, 광고가 소비 사회에서 인간의 필요를 정의하고 만족시키는 데 중심적 역할을 하기 때문에, 이것이 매우 중요한 문제가 된다. 이는 광고가 (허위) 필요를 '만들어 내기' 때문이 아니라, '필요의 영역이 커뮤니케이션의 장으로서 역할을 하기' 때문이다(Kline & Leiss, 1978: 18). 특히, 광고의 역할을 현대 커뮤니케이션 산업의 틀에서 이해할 필요가 있다. 후에 논의할 주요 초점은 상업 매체, 특히 (광고가 후원하는) 상업 텔레비전 방송에 관한 것이다. 커뮤니케이션 영역에서도 교환 가치가 사용 가치를 복속시킨다는 점을 제시하려 한다.

사용 가치, 교환 가치 그리고 미디어 연구

여기서 첫번째 목적은 현대 자본주의에서 미디어의 역할을 정확히 이해하기 위한 것이다. 커뮤니케이션이 학문 분야로서 비교적 신진 학문이긴 하지만, 이 문제를 개념화하는 데 이미 중요한 시각의 차이들을 발전시키고 있다는 것을 알 수 있다. 미디어에 대한 초기 연구는 주로 수동적 인간에게 전능한 힘을 발휘하는 것에 중점을 두었던 것으로 보

* 이 장의 논의는 빌 라이반트 Bill Livant 와 내가 공동으로 발전시킨 것이다. 나와 그의 공헌을 따로 떼어 생각할 수 없다. 빌은 단순히 착상을 도와 준 것이 아니라 여기 저술한 내용의 많은 부분이 그의 미발간 저술이나 나와의 서신 교환에서 직접 따온 것이다. 이 책의 나머지 부분과 일관된 문체를 유지하기 위하여 1인칭을 사용하겠지만, 이 장은 진정으로 공동 작업에 의한 것이라고 봐야 한다.

이며, 선전 효과에 대한 분석과 연관된 것으로 보인다. 1930년대 후반부터 라자스펠드와 그의 동료들은 실증적 연구로 미디어의 영향력에 대한 기존의 가정에 대해 의문을 제기하면서, 미디어의 '효과' 이론을 전개하게 되었다. 이들은 단기적 메시지 효과에 초점을 맞추고 태도 변화만을 가지고 미디어 영향의 지표로 삼으면서, 미디어가 사실은 현대 사회의 중요한 요소가 아니며 미디어의 힘은 언제나 공동체의 의견 지도자를 통해서 매개된다고 결론 내리고 있다. 미디어가 인간에게 큰 영향을 주지 않는다는 생각은 인간이 미디어와 어떻게 관련되는지에 초점을 맞추는 대신 관심을 여러 방면으로 분산시킨다. 이 관심은 미디어에 대한 '이용 충족'의 접근법을 확립시키는 기반이 되었다. 1960년대 중반, 지배적인 '효과' 이론의 패러다임은 몇몇에게 비판을 받게 되었다. 미국의 미디어 연구자들은 커뮤니케이션 산업이 사회 생활에 큰 영향을 주지 않는다는 결론에 대해 의문을 제기하기 시작했으며, 연구의 초점을 태도 변화에서 태도 형성으로 돌리게 되었다. 즉, 미디어가 특정 이슈에 대한 인간의 마음을 변화시킬 수는 없지만, 의견을 형성하는 데 어떤 역할을 하는가? '현실의 사회적 창출'이라는 광범위한 틀에서 볼 때, 미디어는 인간이 세계를 이해하게 되는 과정에서 세계의 '창'이 된다. 의제 설정론이나 계발 이론 학파는 이러한 이론의 재조명을 통해 나왔다.

유럽에서는 지배적인 '효과' 이론 패러다임에 대한 반응이 상이한 방향으로 나아갔다. 비판적 사회 사상 계열에서 연구하는 이론가들이 미디어 분석에 관련된 담론을 확장시키게 된 것이다. 사회 현실을 창출하는 미디어의 역할에 대해 의문을 제기하는 것 외에도, 비판적 접근법은 경제나 정치 같은 다른 사회 제도와 미디어와의 관계에 대해 문제를 제기하게 되었다. 넓은 범위의 사회의 권력 구조와 연계를 보이는 것이 가장 유용한 분석이 된다. 이런 의미에서 '이데올로기'가 미디어의 역할을 이해하는 데 주요한 기술적, 분석적 용어가 되었다. 이런 시각에서는 다음 두 가지 문제를 중점으로 방대한 분량의 문헌을 쏟아

냈다. 첫째, 미디어 이데올로기의 내용은 무엇이며, 이것이 기존의 권력과 특권 구조와 어떻게 관련성을 가지고 있는가? 둘째, 이런 이데올로기는 미디어 산업의 조직적, 직업적 틀 내에서 어떻게 생산되는가?

이러한 연구가 지대한 공헌을 한 것이 사실이지만, 최근에 와서는 커뮤니케이션의 비판적 시각이 선진 자본주의의 핵심을 이해하는 데 실패했다는 평가를 받게 되었으며, 토대와 상부 구조 등의 전통적 개념이 대중 매체에 발생하는 역동적인 변화를 설명하기에 충분치 못하다는 지적이 나오고 있다. 러셀 제코비 Russell Jacoby 가 문화에 대한 비판적 분석에 대해 광범위하게 서술하고 있듯이, "이 개념이 하나도 틀린 것은 없지만, 어느 하나도 현상의 특정 부분을 설명하지 못하고 있다"(Jacoby, 1980: 31). 주류 학자들이 커뮤니케이션의 혁명과 '정보 사회'의 발전을 말할 때, 대중 매체의 여러 이슈에 대한 상승하는 중요성을 유물론적 시각에서 구체적으로 설명해 주어야 할 필요성이 대두되었다.

커뮤니케이션 분야에 새로운 비판적 시각을 확립하고자 하는 데 두 가지 양상이 발생하게 되었다. 첫째는 커뮤니케이션을 또 하나의 산업 과정으로 보는 시각인데, 이는 시장 팽창을 위해 판매 상품을 생산하고 잉여 가치를 갈취하기 위한 방법으로 문화 상품의 내용이 영향을 받게 된다는 입장이다. 이를 가장 잘 대표하는 사람으로, 영국의 커뮤니케이션 학자 니콜라스 간햄 Nicholas Garnham 을 들 수 있다.

> 마르크스주의자들이 대중 매체 내용상의 이데올로기에 집중하는 한, 점점 더 확고하게 일반화된 상품 생산의 논리에 의거해 가는 문화 영역 일반의 역동적 발전에 저항할 수 있는 일관된 정치적 전략을 발전시키기 어렵게 된다. 우리의 문화, 문화적 생산과 소비, 재생산, 또 이 과정에서 대중 매체의 역할을 이해하기 위하여 정치 경제 일반의 중심 문제를 직시해야 할 필요가 있다(Garnham, 1979: 145).

간햄이 보기에 현대 사회에서 커뮤니케이션의 주된 양상은 자본이 가장 이윤을 많이 내면서 스스로 재생산될 수 있도록 하는 최종 영역이 되면서, 전통적으로 상품 생산 영역 외곽에 있었던 행동 영역이 점점 내면화되면서 문화의 산업화(상품화) 과정이 진행된다는 것이다.

전통적인 대중 매체의 비판적 시각에 도전하는 두 번째의 시도는 댈러스 스마이스 Dallas Smythe 에게서 찾아볼 수 있는데, 1977년에 저술한 논문과 저서 ≪ 종속의 길 *Dependency Road* ≫(1980)이 그 효시가 된다. 스마이스에 의하면, 마르크스주의가 커뮤니케이션에 관한 한 '맹점'을 가지고 있는데, 이들이 선진 자본주의에서 대중 매체의 경제적 역할을 무시하고 이데올로기 개념에 집중하고 있기 때문이다. 스마이스는 이 문제에 대해 두 가지 독창적인 설명을 제공한다. 첫째는 대중 매체가 수용자를 상품으로 만들어 광고주에게 판매한다는 것이다. 대중 매체의 프로그램 내용은 사람들이 보게 하기 위해 제공하는 '공짜 점심'일 뿐이라는 것이다. 수용자 역량을 광고주에게 판매하는 것이 자본주의 커뮤니케이션 전체 체계의 핵심이 된다. 둘째, 광고주는 수용자가 스스로에게 상품을 판매하게 하므로 수용자 역량을 작동시킨다는 것이다. 그러므로 수용자는 일반 상품의 분배와 소비가 원활히 되도록 광고주를 위해 일하게 된다. 스마이스가 커뮤니케이션의 정치 경제를 정확히 이해하게 만드는 데 지대한 공헌을 했다는 것은 대단히 중요하다. 하지만 상품 생산자 일반을 위한 수용자의 노동을 강조함으로써 스마이스는 커뮤니케이션의 구체적 분석으로부터 이탈하여 대중 매체 밖으로 분석의 초점을 돌려 수용자의 소비 행태를 강조하고 있다. 궁극적으로 스마이스는 커뮤니케이션을 보다 넓은 사회 재생산과 자본의 재생산 맥락에서 분석하고 있다.

명백한 사실은 간햄이나 스마이스가 기존의 주류 미디어 연구와 비판 이론에 만족하지 못하여 새로운 시도를 한 것이다. 그러나 정확히 그들이 파기하고자 한 것은 무엇인가? 좀더 면밀하게 살펴보면, 그들이 파기하고자 한 것은 커뮤니케이션에 대한 메시지 중심의 분석이라는 것을 알 수 있다. 즉, 다시 말하면 상징주의를 출발점으로 하는 기존의 시각을 파기하고자 한 것이다. 보다 근본적이고 심오한 차원에서 그들은 커뮤니케이션의 소비자 모델을 파기하고자 한 것이라는 것을 알 수 있다. 라이반트 B. Livant(1979)가 말했듯이 미디어 분석 용어는 수용자와 메시지의 관계를 둘러싸고 맴돌았다. 수용자는 대체적으로 그들이 받고 소비하는 메시지에 의해 정의된다.

간햄과 스마이스가 커뮤니케이션을 이런 방향으로 새롭게 분석한 것은 나름대로 정당한 이유가 있다. 미디어 사회학의 전 영역이 매스 커뮤니케이션을 연구하는 중심 인자를 메시지로 보고 이에 고착되어 왔다고 라이반트는 주장한다(Livant, 1981b). 실제적으로 주류 이론이건 급진 이론이건 모든 연구는 메시지의 구성, 흐름, 생산, 수용, 행태적 효과 등 모두 메시지에 초점을 두고 이루어졌다. 커뮤니케이션의 새로운 기술의 영향을 논하는 데 수용자에게 많은 채널이 주어질 것이라는 것도 결국 메시지에 관한 논의인데, 채널은 근본적으로 메시지의 흐름을 말하기 때문이다. '새로운 국제 정보 질서'에 관한 세계적 논의조차도 메시지와 그 흐름에 초점을 두고 있다. "매스 커뮤니케이션 연구자들은 많은 차이점에도 불구하고 거대한 내재적 합의를 이루고 있는데, 매스 커뮤니케이션은 메시지의, 메시지에 관한, 메시지에 대한 연구라는 것이다"(Livant, 1981b: 11).

그러나 메시지에 기초한 분석에서 구체적으로 극복해야 할 것은 무엇인가? '이데올로기'를 파기시킨 것은 무엇인가? 간햄과 스마이스는 의미 체계를 분석하는 데 집중한 미디어의 '문화 연구'에 대항하고자 했다. 실제 생산과 전송, 수용, 메시지의 이용에 초점을 둔 다양한 노력을 하나로 묶어 준 것이 바로 의미에 대한 강조이다. 메시지 분석은 역사적으로 이런 메시지의 의미에 관한 연구들이었다. 이것이 이데올로기(광고, 정치적, 헤게모니적) 연구에 내재한 것이며, 매스 커뮤니케이션의 기호학적 접근과 버밍엄 문화 연구 학파의 민속지학적 연구에도 내재해 있다.

그러면 의미와 메시지의 관계는 무엇인가? 의미와 메시지의 관계는 일 대 일로 성립되지 않는다는 것이 명백하다. 메시지는 하나의 의미만을 가진 것이 아니다. 메시지와 같이 상품에 있어서도 마찬가지이다(제2장 참조). 실로 비판적 전통에서 많은 연구들은 메시지로부터 의미가 파생되는 것을 특정한 상황에 의한 것으로 파악해 왔다. 의미는 메시지가 주어지는 상황에 따라 질적 특성을 가지게 된다. 메시지를 소비하면서 의미를 소비하게 되는 것이다. 메시지의 사용 가치는 (상황에 따른) 이들의 의미이다. 물리적 사물에 대한 소비와 마찬가지로 사용 가치는 소비자가 이를 통해 얻게 되는 의미를 뜻한다. 이런 의미는 '뱃속으로부터 나올 수도 있고 환상에서' 나올 수도 있다. 메시지의 사용 가치는 이들의 의미이다. 주류 이론이든 비판적 시각이든 기존의 커뮤니케이션 연구는 바로 사용 가치를 연구해 왔다. 그러나 상업화된 대중 매체의 영역 내에서 메시지는 사용 가치와 동시에 교환 가치도 갖는 것이다. 좀더 정확히 표현하면, 메시지의 사용 가치는 교환 가치의 체제 내에서 통합되는 것이다. 사용 가치를 이해하기 위해서는 교환 가치와의 관계에 대해 정확한 맥락을 잡아 줄 수 있어야 한다. 이는 연구의 초점을 메시지의 사용 가치(의미)로부터 전환시켜야 한다는 것을 뜻하는데, 의미를 이해하는 것이 중요하지 않아서가 아니라, 교환 가치에 의해 창출된 조건을 완전히 이해해야만 구체성 속에서 의미를 이해할 수 있기 때문이다. 의미가 메시지의 내용(사용 가치)을 말한다면, 커뮤니케이션의 내용으로부터 추상화시켜 이를 한정시키는 가치의 형태를 이해할 필요가 있다.

대중 매체가 역사적으로 어떻게 출현했는가를 고려한다면, 메시지를 연구의 출발점으로 하는 시각을 파기해야 할 필요가 더 명백해진다. 레이먼드 윌리엄스는 라디오의 출현을 다음과 같이 묘사하고 있다 (Williams, 1974: 25).

> 라디오나 그 뒤에 나온 텔레비전 같은 방송의 경우 투자는 주로 분배의 수단에 주어졌으며, 기술적으로 가능하고 호감을 끌 수 있는 분배가 이루어지는 한에서만 생산에도 주력하게 되었다. 이전의 모든 다른 커뮤니

> 케이션 기술과 달리 라디오와 텔레비전은 내용에 관한 어떤 사전적 정의도 없이 추상적 과정으로서 주로 전송과 수용을 위해서 만들어진 체계이다. 문제가 제기되면, 주로 기생적으로 해결되었다. 이 새로운 기술 수단으로, 의사 소통을 통해 전달되는 국가의 중대사, 공공 스포츠 경기, 연극 등이 있었다. 방송 기제의 공급이 수요를 앞질렀을 뿐 아니라, 커뮤니케이션의 수단이 내용을 앞질렀다.

게다가, 미국의 방송을 구조화시킨 중심 인물은 곧 메시지 외의 다른 것에서 이윤을 많이 남길 수 있다는 것을 깨달았다. 1920년대 후반 전국 네트워 방송국(CBS와 NBC)과 지방 지국 간의 관계는 두 가지 상이한 프로그램의 유형에 기초하고 있다. 광고주가 지원하는 프로그램인 경우 지국에서 방영되도록 네트워 방송국이 돈을 댔다(네트워 방송이 수용자에게 전달되도록 지방 방송국에 지불). 지원을 받지 않는 프로그램인 경우는 지국이 네트워에 돈을 지불하였다. 광고주로부터 지원을 받지 않는 프로그램이 지원받는 것보다 많을 당시에는 방송국의 숫자가 훨씬 적었고 비용도 상당히 많이 들었다. 그래서 네트워이 수용자를 광고주에게 파는 한편, 메시지를 지국에 팔았다. CBS 사장이었던 윌리엄 팰리 William Paley 는 이 점을 파악하고 있었으며, 전국 네트워 방송국과 지국 간의 관계를 변화시키는 방법이 방송 산업을 진보시키는 중심적 요소라는 것도 잘 알고 있었다. 데이비드 할버스탬 David Halberstam 은 팰리에 대해 다음과 같이 서술하고 있다(Halberstam, 1979: 40).

> 중요한 시기는 초창기이다. 처음부터 그는 전망을 갖고 있었으며, 어떻게 될 것인가를 감지하였다. 그는 이제 뉴욕에서 거의 망해 가는 그의 좁은 사무실에 앉아 자신의 책상만 주시하고 있는 것이 아니라, 혹은 매디슨가의 몇몇 잠재적 광고주를 상정한 것이 아니라, 후방에 있는 수백만의 미국 시민을 찾아 냈다. 이들 시민의 대다수는 전자 미디어에 연결되지 않고 있는데, 이들은 라디오 이외에 어떤 오락의 형태도 가지지 않았다. 그의 감수성과 자신감으로 이들에게 다가갈 수 있다고 생각했고, 다른 사람과 달리 무언가 이들에게 제공할 것이 있다고 생각했다. 그는 실제

수용자라는 것이 없는 시대에 미래의 수용자를 전망할 수 있었다. 그는 전망만을 가진 것이 아니라, 어떻게 시작할지를 알았고, 수용자가 많아질수록 보다 많은 광고주가 참여하기를 원할 것이기 때문에 네트웍의 이윤도 커질 것이라는 것을 알았다. 수용자가 많아질수록 보다 나은 광고주를 잡을 수 있다면, 이는 보다 많은 돈을 벌 수 있는 것을 의미하고 보다 나은 프로그램을 만들 수 있다는 것을 의미한다. 또한 이는 다시 보다 많은 수용자를 갖게 된다는 것을 의미하며, 이는 보다 많은 방송국이 CBS의 지국이 되기를 원한다는 것을 의미하게 된다.

팰리는 지국을 끌어들이기 위해 기발한 전략을 택했다. 그는 스폰서 없는 프로그램을 무료로 나누어 주기 시작하였다. 한때 지국들은 비용 없이도 CBS에 가입할 수 있었다. 물론 CBS는 대가를 원하게 되었는데, 그것은 지국이 2주 전에 통보를 한다는 조건 아래 어떤 방송시간대에나 스폰서가 있는 네트웍 프로그램을 방영해야 한다는 것이다. NBC의 경우는 프로그램 방영을 위해 각 방송국과 개별적으로 교섭을 벌여야 했기 때문에, 많은 지국은 네트웍 프로그램을 NBC 본부가 원하는 시간에 반영하려고 하지 않았다. 그 반면 CBS는 서부 끝에서 동부 끝에 사는 모든 수용자를 광고주에게 보장해 줄 수 있었다. 지국들이 CBS에 벌떼처럼 몰려갔다. 이런 착상을 공고만 하고 난 후에도 원하는 지국의 숫자가 2배로 불어났다. 라이반트는 다음과 같이 서술하고 있다(Livant, 1981b: 3).

> 팰리의 '새로운 묘책'은 수용자를 팔기 위하여 메시지를 판매하는 것을 중단해야 한다는 바로 그것이었다. 이는 바로 NBC가 인식해야 하는 것인데, NBC는 구태 의연한 생각에 머물렀다. 이 새로운 묘책은 구태 의연한 생각에 단순히 덧붙일 수 있는 것이 아니다. 이를 극복해야만 가능한 것이다. 미디어에 의해 판매되는 것이 메시지라는 생각을 파괴해야만 했던 것이다.

50년 전부터 방송 산업 자체는 메시지를 파괴하면서 형성되었다. 팰리는 수용자를 판매하는 데 관심이 있었지, 메시지를 파는 데는 관심을 두지 않았다. 이는 그가 메시지에 관심이 없었다는 것을 뜻하는 것이 아니라, 메시지를 어떻게 수용자의 교환 가치 구조에 접합시키는가 하는 데 관심을 가졌다는 것을 말하는 것이다.

상업 미디어에서 시간의 가치 형태:

절대 잉여 가치와 상대 잉여 가치

이제 상업 미디어가 기초하고 있는 교환 가치 체제를 정확히 이해할 필요가 있다. 그러기 위해서는 상업적 커뮤니케이션 산업의 경제적 논리를 이해할 필요가 있으며, 이와 관련된 세 가지 문제에 답을 해야 한다. (1) 상업 미디어에 의해 판매되는 상품 형태는 무엇인가? (2) 미디어 상품은 누가 생산하며, 어떤 조건 아래에서 생산하는가? (3) 이 과정에서 가치와 잉여 가치의 원천은 무엇인가? 일단 이 문제들에 대한 답을 얻게 되면, 광고의 역할과 광고 메시지를 이해할 수 있는 적절한 틀을 도출해 낼 수 있다. 이 문제들을 차례로 논의하도록 하겠다.

상업 미디어에 의해 판매되는 상품의 형태는 무엇인가? 계속 진행되고 있는 분석을 통해 볼 때 방송 상품이 무엇에 기초하고 있는지 명백하게 드러난다. 미디어는 수용자를 광고주에게 파는 것이다. 그러나 수용자의 무엇이 대중 매체에 그토록 중요한지 보다 면밀하게 살펴볼 필요가 있다. 커뮤니케이션에 대한 모든 강조점에도 불구하고 스마이스는 이 문제를 직접적으로 제기하지는 않았다. 단지 그는 광고주를 위해 쓰이는 수용자의 역량이 중요하다고 보았다. 광고주가 이 점에 관심을 갖는다는 것에 대해서는 이견의 여지가 없지만, 그렇다고 해서 미디어가 똑같은 것에 관심을 갖는다는 것을 의미하지는 않는다. 광고주가 광고비를 지불하고 무엇을 사는지에 대해 알아보면, 많은 혼동이 사라지게 된다. 이 문제에 대해 당연한 해답은 광고주가 시간을 사는 것이다. 여기서 나올 수 있는 질문의 하나는 '누구의 시간'인가 하는 문제이다. 이 문제의 해답 또한 어렵지 않게 내릴 수 있다. 바로 수용자의 시간이며, 보다 정확히는 수용자의 시청 시간이다. 광고비가 수용자의 규모와 인구학적 요소에 의해 결정된다는 사실이 이 점을 충분히 확실하게 한다. 미디어가 스폰서에게 '시간'을 팔 때, 추상적 시간을 파는 것이 아니라 특정한 수용자의 시간을 파는 것이다. 더 나아가 이는 (스마이스의 주장과 달리) 수용자가 스스로에게 판매하는 시간도 광고주의 상품을 소비하는 시간도 아닌, 바로 시청하고 청취하는 커뮤니케이션에 의해 규정된 시간을 뜻한다. 광고주가 시청자를 살 때는 그의 시청 시간을 사는 것이다. 이것이 미디어가 팔아야 하는 것의 전부이다. 미디어가 수용자의 구매 행위를 보장할 수 없고, 그들이 판매하는 것은 바로 (커뮤니케이션 수단을 소유하고 있기 때문에) 그들이 통제하는 수용자의 시청 시간이다.

이것은 논의를 명백히 하고 문제를 해결하는 데 중요한 논점이 된다. 스마이스의 경우, 수용자로서 판매되는 상품은 실제 가치를 실현하기 위해 광고주가 이용할 (주관적인) 수용자의 역량이다. 이 대신에 필자는 상품이 (객관적인) 수용자의 시청 시간이라는 것을 강조하고 싶다. 문제는 무엇이 교환되는가이지 이것이 어떻게 사용되는가가 아니다. 만일 스마이스가 옳다면, 광고를 내보내는 동안 판매가 저조한 경우 광고주는 수용자의 역량을 상품으로 판매한 미디어에게 상품의 가치를 제대로 반영하지 못한 광고 상품을 팔았다고 항의하여 돈을 돌려 달라고 할 수 있을 것이다. 물론 광고주와 미디어의 관계는 이런 식으로 성립될 수 없다. 미디어는 잠재적인 수용자의 역량을 판매하고, 보장할 수 있는 단 한 가지는 수용자가 시청하는 행위일 뿐이다. 어떻게 광고주가 상품의 의미를 형성하는 데 시청 행위가 그들의 책임이라고 할 수 있을까? 광고주가 미디어로부터 보상받을 수 있는 유일한 경우는 수용자의 시청 규모가 광고를 위해 산 시간의 가치만큼 높지 않을 때라는 점은 시사하는 바가 크다. 이런 상황에서 광고주가 보상으로 '상품을 만들라고' — 즉, 다른 프로그램에 광고 시간을 달라고 — 요구할 수 있을 것이다.

이 점에 대해서 광고에 관한 가장 중요한 분석이 이루어졌다. 수용자의 시청 시간은 상품의 가치 일반을 실현하기 위해 자본이 지배하는 '공짜 시간'이라는 것이 정확히 묘사되었다. 예를 들어 스튜어트 유웬이나 폴 바란 Paul Baran, 폴 스위지 Paul Sweezy 는 이 점에 초점을 두고 연구를 진전시켰다. 스마이스 역시 마찬가지다. 상품의 수요를 창출하는 것은 광고의 기능적 역할이며, 이것이 매우 중요하게 되었다. 여기서 이와 같은 접근법이 중요하다는 점을 부정하지는 않는다. 그러나 수용자에 대한 연구가 여기에 그쳐서는 안 된다. 라이반트가 지적했다시피 시장으로서의 수용자는 상품을 조직화하는 최초의 형태가 되며, 마지막 형태는 아니다(Livant, 1979: 103).

시청 시간을 미디어의 상품으로 인식하는 것은 미디어와 수용자를 메시지에 근거하여 정의하는 전통을 깨뜨리는 획기적 발걸음이 된다. 이는 매스 커뮤니케이션의 내부적 문제를 제기한다. 미디어의 역동성은 대중 매체에 축적되어 있다. 스마이스가 파기시킨 것은 실로 허구적이다. 그의 논의는 막다른 골목에 도달하는데, 이는 메시지 중심으로 매스 커뮤니케이션을 분석하는 전통을 충분히 파기시키지 못하고 있기 때문이다. 스마이스가 전개시키고 있는 전체 분석의 중심은 바로 수용자가 소비자 이데올로기를 받아들인다는 점이다. 대안적 라이프스타일을 형성하는 데 수용자의 저항적 행위가 중요하다는 점을 스마이스가 아무리 강조한다 해도, 그는 무모하게도 자신의 맹점에 이미 깊이 빠져 있다. 다시 한 번 강조하지만 의미의 형성이 이슈가 되었다. 수용자가 상업적 메시지를 받아들이건 거부하건, 이런 주관적 요소가 중요하게 된 것이다. 스마이스는 다시 메시지의 사용 가치로 돌아가 고찰하고 있는 것이다. 이와 반대로 시청 시간에 대한 연구의 초점은 교환 가치의 분석을 바탕으로 한 유물론적 시각으로 수용자 중심의 매스 커뮤니케이션 분석으로 탈바꿈해야 한다.

누가 미디어의 상품을 생산하며, 어떤 조건에서인가? 이 문제를 연구하면서야 메시지 중심의 정의에서 벗어날 수 있다. 그러나 이 문제에 대한 적절한 이해를 구하기 위해 호기심에 찬 연구들이 진전되었다. 전국 네트워 방송국은 스스로가 생산자이며 수용자의 판매자라고 여기게 되었으며(Bergreen, 1980; Reel, 1979: 4~5), 비판 이론가들은 이를 표면적인 가치로 여기면서도 방송국이 수용자를 교환하면서 동시에 수용자를 생산한다고 보았기 때문에 이 개념을 받아들이고 있다. 커뮤니케이션에 대한 마르크스주의자들의 비평에서 이 문제에 대해 많은 혼란을 빚고 있다는 점은 참으로 기이하다. 마르크스주의자들이 자동차 산업이나 석유 화학 산업, 또 심지어는 커뮤니케이션의 하드웨어 산업에 대해서까지도 이 점을 제대로 이해하고 있으면서 말이다. 이런 사례들의 경우 비판 이론가들은 부를 창조하는 것은 노동과 자연이지만, 가치를 창조하는 것은 노동뿐이라고 보고 있다. 이 경우 자본주의 사회의 중심적 신화인 '자본의 생산성'을 꿰뚫어 볼 수 있다(Marx, 1976). 그러나 비판 이론가들의 번득이는 판단력이 커뮤니케이션 분야에 오면 어느새 사라지고 만다. 여기서 메시지가 만드는 마법적 왜곡에 의해서 자본의 생산성이라는 신화는 여전히 우리를 혼란스럽게 만들고 있다.

이런 함정을 피하기 위해서 통상적으로 혼란을 초래하는 몇 가지 사항을 구분하여 기억할 필요가 있다. 첫째, 메시지의 생산과 수용자의 생산을 구분해야 한다. CBS 보도국 기자들은 뉴스를 만든다. 이를 시청하는 시청자가 뉴스를 만드는 것은 아니다. 그러나 수용자도 CBS 기자들과 똑같이 수용 시간이라는 상품을 만드는 데 참여하게 된다. 방송국은 아무도 시청하지 않는 메시지를 만들어 낼 수 있다. 이 경우 메시지는 수용자를 생산하지 않고 만들어진 것이다. 만일 아무도 CBS 저녁 뉴스를 시청하지 않는다면, CBS는 이 시간을 팔기는 고사하고 뉴스를 방영할 수도 없게 된다. 이렇듯 수용 시간이라는 상품은 방송국과 수용자에 의해 동시적으로 생산되는 것이다.

둘째, 그러므로 수용자의 생산과 이들의 교환을 구분할 필요가 있다. 언론 산업체 내에서 미디어가 수용자를 생산한다는 얘기가 무성하지만, 산업이 판매하는 것을 생산하지는 않았다. 방송국은 다른 사람(수용자)에 의해 생산된 시간을 단지 판매할 뿐이다. 커뮤니케이션의 수단을 소유하고 있다는 단지 그 이유 하나만으로 이들은 다른 사람들이 생산한 상품의 판권을 가지고 있는 것이다. 그들이 단지 교환하는 것에 대해 생산을 논급하는 양태는 1세기 전에 맨체스터 제조 업자의 말과 거의 비슷하다(예를 들어 엥겔스가 1891년에 쓴 마르크스[1952]의 서문을 보라). 이 둘은 모두 자본의 생산성이라는 신화를 스스로 충족시키고 있다. 일단 우리가 이런 혼란을 정리하게 되면, 두 번째 문제에 대한 해답은 수용자와 방송국이 같이 수용자의 시청 시간을 상품으로 생산한다는 것을 알 수 있게 된다.

가치와 잉여 가치의 원천은 무엇인가? 본국과 지국 방송국 라이선스를 통해, 그리고 커뮤니케이션 수단의 소유권을 통해, 전국 네트워을 가진 네트웍은 하루 24시간 동안 방송 시간을 통제한다. 그러면 네트웍이 통제하는 이 시간을 어떻게 가치 있는 것으로 만드나? 상업 텔레비전에 대한 피상적 경제 법칙은 매우 단순한 것 같다. 네트웍의 비용은 운영 비용과 프로그램 비용의 합으로 정의할 수 있다. 수익은 광고수입에 의한 것으로 프로그램을 보려는 수용자의 시간을 광고주가 사면서 치른 값이다. 네트웍은 비용보다 수익이 더 높기를 희망한다. 이는 공허한 희망 사항 이상의 것으로 VHF 방송국을 소유하고 있는 한 손해 볼 염려는 거의 없다. 1985년 통계에 의하면, 프라임 타임에 30초짜리 네트웍 광고의 평균 비용이 11만 9000달러였다. 프라임 타임(저녁 8~11시) 광고 판매 수입만도 각 방송사별로 1주일에 6000만 달러가 넘는다.

그러나 상업 텔레비전 경제학의 이러한 피상적 법칙 이면을 파고

들어가, 구체적으로 누가 어떻게 가치와 잉여 가치(이윤)를 창출하는가에 대해 질문을 해 봐야겠다. 이 문제에 대해 상세히 파헤쳐 보기로 하자. 네트웍은 시청자가 시청하도록 하기 위해서 독립 제작자들로부터 프로그램을 산다(혹은 계약을 맺는다). 그리고 나서 네트웍은 이것으로 빈 시간을 메우고 시청자의 시청력 *watching-power* — 즉, 시청할 역량이나 힘 — 을 매입하여 통제하게 된다. 네트웍은 이러한 시청 행위를 구매하여 이 '원료'를 가공하고 그들이 지불한 비용보다 훨씬 높은 가격으로 광고주에게 판매한다. 한 네트웍이 30분짜리 시트콤을 방영하기 위해 독립 제작자에게 40만 달러를 지불했다면, 실제 방영 시간은 24분이고 나머지 6분은 광고 시간이다. 6분의 광고 시간이 30초짜리 광고 12개로 구성되어 있고, 30초짜리 광고마다 10만 달러의 광고비를 받는다고 가정하자. 이 때 네트웍 비용은 40만 달러이고 수입은 120만 달러가 되어 30분짜리 방송으로 80만 달러의 수익을 남기게 된다.

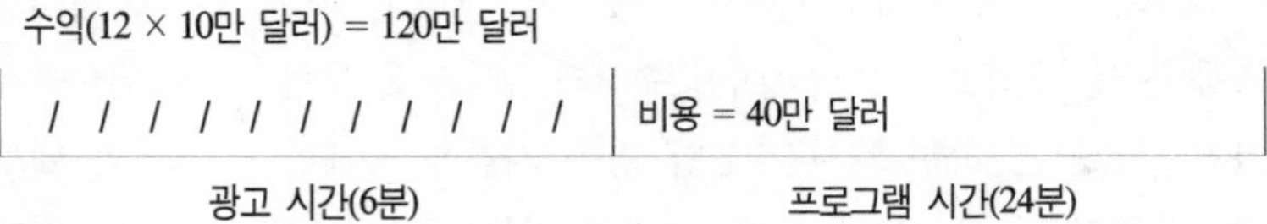

이 과정에서 가장 중요한 요소는 수용자의 시청 행위라는 것을 기억해야 한다. 매매되는 것은 바로 수용자의 시간인 것이다. 수용자가 보지 않는다면 광고 시간은 가치가 없을 것이다. 이 점을 염두에 두면 이제 가치와 잉여 가치가 어디에서 창출되는가를 정확히 파악할 수 있게 된다. 12개의 광고 중에서 4개는 프로그램의 비용(수용자가 보기를 원한다는 가정 아래)을 충당하기 위해 수용자가 시청하는 것이다. 프로그램의 비용에 해당되는 가치를 창출하기 위해 4개의 광고를 수용자가 시청해야 한다는 것은 필연적이다. 이 4개의 광고에 대해서는 수용자가 자신을 위해서 시청하는 것이다. 나머지 8개의 광고는 수용자가 잉여 시간(프로그램 비용 이상)을 시청하는 것이다. 이 때 수용자는 커뮤니케이션 수단을 소유한 네트웍이나 지방 방송국의 잉여 가치를 생산하기 위해 시청하는 것이다.

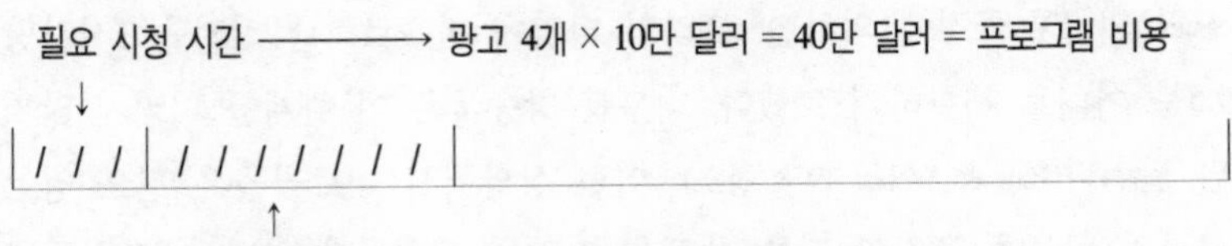

네트웍 입장에서는 필요 시청 시간을 될 수 있는 대로 줄이려고 하고, 잉여 시청 시간을 될 수 있는 대로 늘리려고 한다. 필요 시청 시간과 잉여 시청 시간 간의 비율이 네트웍에게는 매우 중대한 사항이 된다. 이 점에 대해 라이반트는 다음과 같이 말한다(Livant, 1982: 213).

> 잉여 시간을 늘리고 필요 시간을 줄이려는 분투가 대중 매체를 활성화시킨다. 이 비율에 따라 미디어의 잉여 가치가 생산된다. 교역에 관한 문헌은 필요 시간을 잉여 시간으로 바꿀 수 있는 대책에 대한 연구로 가득 차 있다.

이 둘의 비율을 조작할 수 있는 방법 가운데 하나가 광고 시간을 좀더 늘리는 것이다. 프로그램 시간이 광고 시간으로 바뀜에 따라서, 앞에 든 예에서 두 개의 광고를 더 첨가시키면 프로그램 방영 시간이 23분으로 줄어들게 된다. 이 경우 필요 시간과 잉여 시간의 비율(프로그램 비용이 일정하다는 가정 아래에서)이 4 : 8에서 4 : 10으로 떨어지게 된다. 이는 실제로 지방 방송국들이 신디케이트를 통해 진행한 일이다. 프로그램의 비율이 더 많은 광고를 내보내기 위해 줄어들게 된 것이다. 실제 광고 시간을 확장하는 이런 전략을 절대 잉여 가치의 전유라 부를 수 있다. 이 시나리오에서 총 광고 시간을 늘리기 위한 계속적인 시도가 있을 수 있다.

그러나 어느 시점에 이르면 광고 시간을 늘리는 데 한계에 부딪히게 된다. 광고가 너무 많고 프로그램이 충분치 않으면 수용자가 더 이상 시청하지 않을 것이다. 전국 방송 협회(NAB: National Association of Broadcasters)의 TV 규정에 의하면, 프라임 타임에 비프로그램 시간을 1시간당 9.5분 이내로 제한하기로 했다. 대부분 방송국은 이 한계를 지키지 않지만 말이다(Ray & Webb, 1978 참조). 이런 상황에서 네트워들은 필요 잉여 시간의 비율을 조작할 다른 새로운 전략을 세워야만 한다. 네트워들이 더 이상 절대 시간을 늘려 광고를 보도록 할 수는 없지만, 광고를 더 집중적으로 보도록 — 수용자들이 더 열심히 보도록 — 할 수는 있다. 수용자와 시청 시간을 재조직함으로써 이 목적을 달성할 수 있다. 로렌스 버그린 Lawrence Bergreen 이 말하듯 "시간을 늘릴 수는 없지만, 이를 분할하여 확장한 형태로 가공할 수 있다"(Bergreen, 1980: 289). 이는 시청 시간을 확장하는 것이 아니라 제한된 분량의 시간을 분할하는 과정으로 상대 잉여 가치의 전유라 부를 수 있다. 필요 시간과 잉여 시간의 비율은 주어진 시간 안에서 재분할을 통해 달성된다.

이 목적을 달성하는 데 주요한 두 가지 방식이 있다. 첫째는 시청자를 인구학적으로 재조직하는 것이다. 1950년대 후반 이후 시장 연구가 정교화되고 광고주가 비교적 정확히 타깃 시장을 집어 낼 수 있게 되면서, 미디어는 이렇게 분절된 수용자를 스폰서에게 판매하는 것이 이윤이 높다는 것을 발견하게 되었다. 에릭 바노우 Erik Barnouw(1978)는 날마다 방송인들이 알맞은 인구학적 분포를 창출하기 위해 매달리는 것을 잘 보여 주고 있다(Gitlin, 1983 참조). 광고주는 1000명의 수용자를 확보하기 위해 얼마만큼의 비용(1000명당 비용)이 드는가에 따라 여러 미디어의 효과를 비교하여 판단한다. 그러나 모든 종류의 수용자의 시청 시간이 다 똑같은 가치를 갖는 건 아니다. 어떤 시장은 광고주가 접근하고자 하기 때문에 더 가치 있게 나타난다. 예를 들어 프라임 타임에 광고주는 1000명의 시청자를 확보하기 위해 스포츠 방송 시간보다 더 낮은 비용을 지불한다. 스포츠 중계의 시청자는 대부분 성인 남자이기 때문에 광고주가 높은 가격의 상품(자동차 같은)을 팔기 위해 이들에게 접근하려고 혈안이 되어 있다. 이 상품의 광고주는 1000명의 남자에게 접근하기 위해 프라임 타임에 1000명의 여자들에게 접근하기 위해 쓰는 비용보다 더 높은 비용을 기꺼이 지불하고자 한다. 존 드로린 John DeLorean이 다음과 같이 말하고 있듯이 말이다(Johnson, 1971: 224).

> 스포츠 중계 시간에 1000명당 7달러를 지불하는 것과 바나나(프라임 타임)에 1000명당 4달러를 지불하는 것에서 생기는 차액은 지불해도 충분히 그만큼 가치가 있다. 이 비용을 들여 모디 프릭커트 나부랑이를 상대하는 것이 아니다. 자동차 같은 것을 살 수 있는 결정권을 가진 남자들에게 접근하는 것이다. 이 방법보다 확실하게 그들에게 메시지를 전달할 다른 방법은 없다.

물론 남자들도 프라임 타임에 텔레비전을 보지만, 스포츠 중계처럼 집중해서 보지는 않는다. 프라임 타임에 자동차 광고주는 남자 시청자만을 위해서가 아니라, 차를 사는 데는 관심도 없는 다른 시청자들을 위해서도 비용을 지불해야 한다. 프라임 타임에 광고주가 1000명당 돈을 지불하고 산 시간은 부적절한 시청자들 때문에 손실이 많다. 수용자를 특화시키고 분절시킨다는 것은 (광고주의 시각에서) '손실' 없이 수용자를 '집중적으로 시청'하게 하는 것이다. 이런 시청 시간은 미디어에 의해 높은 가격으로 판매되기 때문에, 이런 식으로 구성된 수용자가 더 높은 강도와 효율성으로 '열심히' 시청하게 된다고 말할 수 있다. 실제 시청 시간의 가치가 상승하기 때문에, 필요 시청 시간은 감소하고 잉여 시청 시간은 증가하게 되어 더 많은 잉여 가치를 내게 된다.

이 점을 예시하기 위해서 다음의 예를 들어 보자. 토요일 오후 한 지방 방송국에서 30분에 2000달러 하는 프로그램을 방영한다. 이 프로그램의 시청자는 10만 명이고 여자, 남자, 어린이가 모두 섞여 있다. 이런 수용자 시간에 대해서 광고주는 30초짜리 광고를 내보내면서

1000명당 10달러를 지불할 용의가 있다. 30분짜리 프로그램에 10명의 광고주가 스폰서한다면, 각기 1000달러($10 × 100)를 내게 된다. 이 때 광고 수입은 1만 달러이다. 필요 시청 시간은 광고 2개, 60초에 해당한다. 나머지 4분은 방송국의 잉여 시간이 된다. 필요와 잉여 시간의 비율은 2 : 8이다.

필요와 잉여 시간의 비율을 높이기 위해서 방송국측은 광고 시간을 더 많이 잡을 수 있지만, 이게 불가능하다고 가정하자. 이 때 또 하나의 다른 전략은 광고주에게 더 높은 가격으로 판매할 수용자들을 많이 끌어들일 프로그램을 편성하는 것이다. 방송국은 스포츠 중계를 30분당 3000달러에 살 수 있다고 하자. 수용자는 변함없이 10만 명이고 대부분 성인 남자들로 구성되어 있다. 광고주는 이들 수용자에게 접근하기 위해 1000명당 20달러를 지불할 용의가 있다. 수용자가 보아야 할 필요 시청 시간은 프로그램 비용(3000달러)에 해당하는 가치를 창출하는 데 필요한 시간이다. 수용자는 필요 시청 시간을 충족시키기 위해 한 개 반에 해당하는 광고(45초)를 보면 된다. 이 때 필요와 잉여 시간의 비율은 1.5 : 8.5이고 비율은 앞서보다 감소하였다. 이런 논리에 의하여 지난 20년 동안 텔레비전에서 스포츠 중계가 크게 늘어났다. 토요일 아침 어린이 프로그램 뒤에 담긴 논리도 역시 이런 경제적 논리에 의한 것이다. 네트웍들에게 토요일 아침은 빈 공간이었다. 이 자리를 아주 분화된 어린이 시청자에게 돌려, 장난감과 사탕, 약 등을 효과적으로 팔려는 광고주들을 끌어들인 것이다. 이런 경제적 논리는 케이블 텔레비전이나 협송 *narrowcasting* 에도 그대로 적용되는데, 이질적인 수용자 집단을 상대하는 것보다 특화시키는 것이 더 가치가 높아진다는 간단한 논리에 기초하고 있다. 포드 자동차사 링컨 머큐리 지사의 광고 부장인 존 B. 밴더지는 다음과 같이 말하고 있다.

> 자동차 가격이 상승할수록 이를 구매하거나 구매할 꿈조차 꿀 수 있는 사람은 더욱 소수가 된다……. 상품 가격이 높아질수록 방송 광고의 매

력이 줄어들게 되는 것이다……. 케이블 TV 시청자가 구매할 능력이 더 있을 것 같다. 이른바 매스 커뮤니케이션이란 것이 매우 급격하게 변화하고 있다. 아마 (미래에는) 매스 커뮤니케이션이란 것이 없어질지 모른다. 앞으로는 특정 대상을 타깃으로 한 커뮤니케이션이 될 것이다(*Vancouver Sun*, 1983).

현재로서는 전국 네트워 방송이 가까운 장래에 케이블에 먹힐 것 같지 않으며, 네트워이 프라임 타임에 이 분야의 독보적인 존재로 활약하고 있다. 하지만 네트워 자신이 시간대별로 특화되어 가는 경향을 보이고 있으며, 케이블 기술을 가진 협송에 시청률과 광고비를 어느 정도 빼앗기고 있는 것이 사실이다. 협송에 관해서는 다음에 다시 논의하기로 하겠다.

미디어가 상대 잉여 가치를 창출하는 또 하나의 주요 방법은 시간의 분할에 의해서이다. 인구학적 관심이 시청 인구를 재조직하는 것이라면, 시간 분할 방법은 시청 과정에 관계하는 것이다. 가능한 시간의 한계 내에서 재분할함에 따라서 필요와 잉여의 비율을 늘리게 된다. 이를 위해서는 더 짧은 광고를 방영해야 하며, 실제 지난 25여 년 동안 광고의 절대적 시간은 시간당 2.5분밖에 늘지 않았지만 비프로그램의 숫자는 급격히 증가하였다. 1965년 3개의 네트워 방송국은 1주일에 평균 1839개 광고를 방영하였다. 1970년 이 통계는 2200개로 늘었으며, 1975년에는 3487개로, 1980년에는 4636개로, 1983년에는 4997개로 증가하였다(*Television / Radio Age*, 1985년 6월). 오늘날 30초짜리 광고가 주류를 이루며, 15초짜리 광고도 많이 있다. 1985년 15초짜리 광고는 전체 네트워 광고의 6.5 %를 차지했는데, 1986년에는 18 %로 증가하였다.

기본 경제 논리는 다음과 같은 방식으로 작용한다. 예를 들어, 광고 시간에 30초짜리 광고 5개가 방영된다고 가정하자. 광고비가 각기 10만 달러라면, 네트워 방송국의 수입은 50만 달러이다. 이 시간 동안 수입을 늘리기 위해 방송국은 다음과 같은 변화를 줄 수 있다. 광고 5개를 내보내는 대신 15초짜리 10개의 광고비로 6만 달러씩을 받을 수 있다고 하자. 이 시간에 대한 수요가 충분할 경우에 방송국의 수입은 50만 달러가 아니라 60만 달러가 된다.

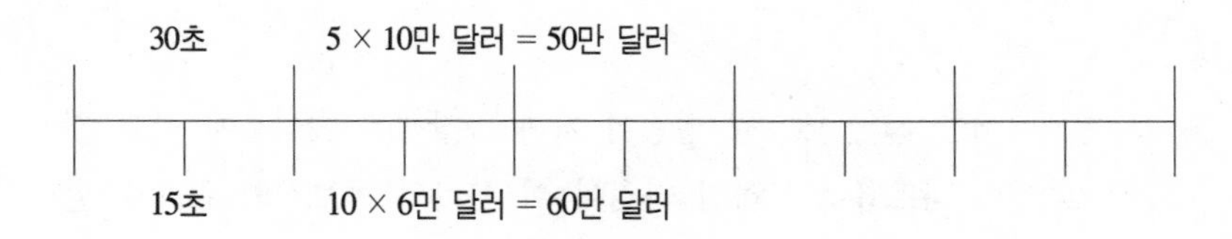

그러면 왜 광고주는 이런 가격 상승을 받아들일까? 결국 광고주는 초당 더 높은 비용을 지불하지만, 개당 더 낮은 비용을 지불하게 된다. 그러나 광고주는 시간의 가치에 관심을 갖기보다는 시장 판매가 이루어질 수 있는 빈도에 더 많은 관심을 갖는다. 이런 식으로 하면 광고비를 그다지 높이지 않고 두 번 방영할 수 있다. 실제 광고주는 같은 광고를 30초짜리와 15초짜리로 적절히 섞어 내보내면 같은 정보를 전달하는 데 더 효과적으로 작용한다고 믿고 있다. 프로그램 가격이 일정하다면 시청자가 시청해야 하는 비용에 해당하는 필요 시간은 더 적어질 것이다.

이를 위한 또 다른 방법은 '시간 압축'이라 불리는 기술이다. 36초의 메시지를 음조의 왜곡 없이 30초로 줄일 수 있다. 이전의 36초짜리 5개 메시지를 압축하여 30초짜리 6개로 방영할 수 있다. 방송국이 5개에 각각 10만 달러를 취합한다면(총 50만 달러), 압축한 6개 광고에 대해서는 9만 달러만 가격을 매긴다고 해도(총 54만 달러) 필요 시간은 줄어들고 잉여 시간은 증가한다. 이제 프로그램에 드는 비용이 10만 달러 수준을 유지한다고 가정하자. 첫번째 경우(36초짜리) 필요 시간은 36초이다. 6개의 30초짜리 광고에서 필요 시간은 30초가 된다. 이에 따라 잉여 시간은 길어진다.

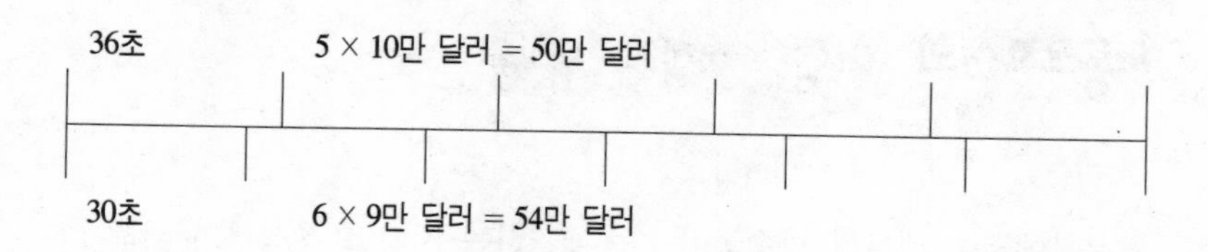

다시 말하지만, 왜 광고주가 이 점에 관심을 보이겠는가? 존 앤드루 John Andrew 는 이 점에 대해 다음과 같이 말한다(Andrew, 1981).

> 상식적으로 광고주나 다른 사람들은 단지 모델이 빨리 말함으로써 돈을 절약할 수 있다고 생각할 수도 있을 것이다. 그렇지가 않다……. 빨리 말하게 되면 사람들은 분명치 않게 말하는 경향이 있다. 시간 압축적 음성은 명확하게 들리지 않는다. 또 하나의 문제는 사람들이 그들이 생각할 수 있는 속도만큼 빨리 말할 수 있다는 것이다.

실제로 한 연구에 의하면, 시간 압축적 광고가 보다 높은 기억력 점수를 기록했다고 밝히고 있다(MacLachlan & Siegel, 1980).

방송 광고의 경제적 논리를 올바르게 이해하고자 하는 데 주의를 기울였으며, 네트웍 방송국이 시간을 어떻게 가치화시키는가 하는 매우 중요한 요인을 강조하였다. 다음 단계로 논의를 전개시키기 전에 여기서 고려하고 있는 시간은 수용자의 시간이라는 점을 강조하고 싶다. 이 과정에서 인구학적 구성에 중심이 되는 것은 특정 수용자의 시간이다. 시간의 분할을 유도하는 것은 인간의 지각 한계(시청의 한계)이기도 하다. 광고주가 10초짜리 광고를 아주 잘 만들 수 있다고 해도, 이것이 수용자들에게 먹혀들지 않으면 아무 소용이 없다. 이 체계를 제약하는 것은 인간의 보고 듣고 인식하고 배우는 활동이다. 한 광고사 간부가 말하다시피 “만일 미국의 소비 대중이 15초짜리를 받아들이고 반응한다는 것을 증명할 수 있다면 7.5초짜리 광고도 그리 오래 되지 않아 등장하지 않겠는가?”(*Fortune*, 1985년 12월 23일). 다음에서 광고의 내용을 다루면서 더 많고 더 짧은 광고에 대한 문제를 다시 논의하겠다.

노동으로서의 시청: 시청과 임노동

앞부분에서는 네트웍 방송국이 가치매김하는 시간을 분석하기 위해 마르크스의 경제 이론에서 잘 알려진 개념을 이용하였다. 이는 그저 우연한 선택이 아니고, 마르크스 경제학의 전체 패러다임이 사회에서 생산성의 기초가 인간의 노동에 있다는 개념을 핵심으로 하기 때문에 선택했다. 자본주의 사회에서 자본이나 기술이 아니라 노동이 가치를 생산한다. 유사하게 미디어 경제학에서도 전체 과정에서 가장 중요한 것은 수용자의 시청이다. 노동 계급의 활동 없이 자본주의는 맥을 못 추게 된다. 똑같은 원리로 수용자의 활동 없이 방송은 현재의 형태를 유지하지 못하고 무너지게 된다. 산업 노동자와 시청 행위의 많은 유사성을 실감할 수 있다. 사실 시청 행위는 노동의 한 형태이다. 시청자가 텔레비전 광고를 보면서 가치와 잉여 가치를 창출하며 미디어를 위해 일한다는 점을 여기에서 주장하고자 한다. 이는 단순한 대입법이 아니다. 실제 시청 행위는 공장 노동의 연장이며, 이것은 단순히 은유적 표현이 아니다. 공장에서의 하루 노동의 생산성과 방송국에서의 하루 시청의 생산성을 설명하는 기본 개념을 비교해 보기로 하자.

마르크스는 하루 노동을 분석하면서 자본주의의 생산성은 한 가지 주요한 상품을 매각하는 데 근거하는데, 이 상품을 노동력이라고 했다. 생산 수단 중에서 스스로의 재생산보다 더 많은 가치를 창조하는 유일한 요소는 바로 노동력이다. 모든 상품과 마찬가지로 이는 가치와 비용 생산(혹은 재생산)의 비용을 가진다. 노동력의 비용(노동할 수 있는 역량)은 생계 수단의 수준을 사회적으로 결정하는 비용이다. 생계 수단은 노동자가 생활을 유지하고 다음 날 노동할 수 있게 하는 데 합당한 비용을 일컫는다. 최소 비용에 해당하는 가치를 생산하는 노동 시간의 양은 마르크스가 지칭한 사회적 필요 노동(노동력을 재생산하는 데 필요)을 말한다. 사회적 필요 노동 시간은 임금에 해당하는 가치를 생산한다. 나머지 노동 시간은 잉여 노동 시간이라 부를 수 있으며, 자본이 갖는 이윤에 해당하는 시간이다. 이로써 잉여 가치가 생산된다.

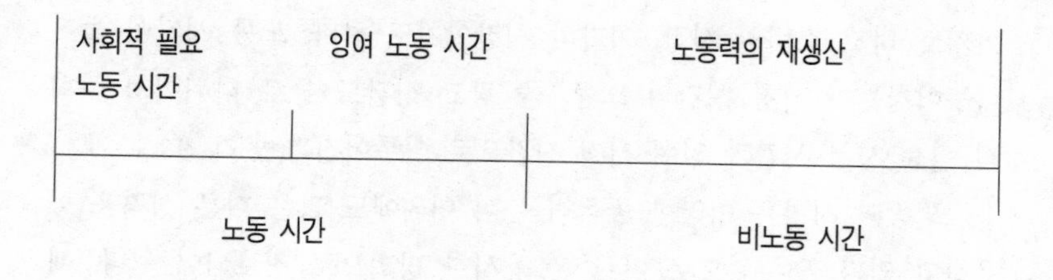

하루 중 노동하지 않는 시간 동안 노동자는 임금을 (주거비, 식생활비, 자녀 양육비 등으로) 소비하여 다시 건강하게 일할 수 있도록 한다. 즉, 비노동 시간 동안 노동력을 재생산하는 것이다. 만일 그렇게 하지 않으면(예를 들어, 먹지 않는다든가), 노동할 수 있을 만큼 건강하지 못할 것이므로 자본가에게 자신의 노동력을 팔 수 없다. 필요 노동 시간 동안 노동자는 자신의 임금에 해당하는 가치를 상품으로 생산한다. 나머지 시간은 자본가를 위해 일하는 시간이다.

이 모델이 앞서 분석했던 시청 시간의 가치화와 아주 유사하다는 것을 알 수 있을 것이다. 수용자 시간의 생산은 모든 다른 산업 생산 과정과 마찬가지이다. 자본가(네트웍 방송국)는 생산 수단(커뮤니케이션)을 소유하고 있으며, 이를 통해 상품을 생산할 수 있고, 자본가(네트웍)의 생산물에 대한 소유권이 부여된다(Jhally, 1982 참조). 고용자도 가치를 창출하는 생산 수단의 한 요소인 인간 노동력일 뿐이다. 노동자가 자본가에게 노동력을 파는 것과 마찬가지로 수용자는 미디어 소유자에게 시청력을 판다. 노동력의 사용 가치가 노동이듯이, 시청력의 사용 가치는 시청할 수 있는 역량인 시청이다. 이에 덧붙여 노동력의 가치가 사회적으로 결정된 생계 수준에 맞춰지듯이(이로써 노동력이 재생산될 수 있다), 시청력의 가치는 재생산 비용, 즉 프로그램의 비용으로 시청자가 자신이 원하는 것을 보고, 그 외 원하지 않는 것(광고 시간)도 보게 만든다. 이 공식에서 광고를 보는 시간만이 수용자가 '노동하는 시간'이 된다. 프로그램, 즉 시청력의 가치는 수용자의 임금에 해당되고 커뮤니케이션 산업의 자본 변수가 된다. 이는 시청력의 재생산을 위한 시간이기도 하고 소비의 시간, 여가의 시간이기도 하다. 노동 시간이 둘로 나누어지듯이 시청 시간의 노동, 즉 광고 시간도 둘로 나뉘어져 사회적 필요 시청 시간과 잉여 시청 시간으로 이루어진다(앞 절 참조).

노동과 시청은 이러한 공식적 분석 이외에도 많은 다른 성격을 공유하고 있다. 역사적으로 이 둘은 유사한 방법으로 진보되어 왔다. 예를 들어 초기 산업 자본주의의 역사는 자본가가 절대 노동 시간을 연장하고(절대 잉여 가치의 착취) 필요 / 잉여의 비율을 조작하여 노동 시간을 연장하려는 시도로 점철해 왔다. 상업 미디어 체제의 발전에서도 이런 단계가 있는데, 1920년대 후반부터 1960년대 초반에 이르는 시기의 방송 역사가 이에 해당한다. 상업 방송의 초기(1930년대에 이르기까지)에 방송인은 광고주를 설득하여 지원을 받으려고 애썼다. 팰리가 스폰서받지 않는 프로그램을 무료로 나누어 주는 획기적 사업을 진행한 이후(104쪽 참조), 전국 방송망을 가진 네트워 방송국은 더 이상 메시지 판매가 아닌 시청 시간을 판매함으로써 수입을 얻었다. 스폰서를 받는 프로그램이 많을수록 더 많은 시청자가 광고주에게 판매된다. 이는 사람들이 자본을 위해 시청하거나 청취하는 시간이 연장되는 것을 의미한다. 또한, 1960년대에 판매 시점 *spot-selling* 이 도입되면서 광고 회사는 프로그램에 스폰서 이름을 집어넣고 상품을 광고만 아니라 프로그램 여기저기에 전시시키는 방법을 사용하게 되었다는 것을 기억할 필요가 있다(Bergreen, 1980 참조).

그러나 이러한 노동 시간의 절대적 확장이 무한히 계속될 수 없다는 것을 마르크스는 인식하였다. 노조나 집단 협상을 통한 노동 계급의 저항이 노동 시간의 연장을 제한하였다. 이런 상황에서 자본은 노동의 강도를 높여야만 했다. 상대적 잉여 가치의 개념은 초기에는 노동력을 재생산하는 소비 상품의 가격을 하락시켜 필요 시간의 양을 감소시키는 것을 의미했다. 독점 자본주의 단계에서는 다른 두 요소가 상대적 잉여 가치의 착취를 가속화시키게 되었는데, 이것은 작업장의 재조직화와 기술적으로 효율적인 생산 도구를 도입하는 것이다(Braverman, 1974 참조). 마르크스가 "절대 잉여 가치의 생산은 노동 시간의 길이에 전적으로 의존한다. 상대 잉여 가치의 생산은 노동의 기술 과정과 사회 구성을 혁명화하였다"라고 말한 것처럼 말이다(Marx, 1976: 645). 인구학적 요소(노동 인구의 재조직화)와 시간의 재분할(노동 과정의 재조직화), 시간 압축(기술 혁신)의 중요성은 이미 앞서 강조한 바 있다. 이렇듯 시청과 노동은 절대 잉여 가치와 상대 잉여 가치 간의 운동에 있어서 많은 역사적 유사점을 갖고 있다.

1976년 영국에서 처음 출판된 매우 중요한 문헌에서 마르크스는 절대 잉여 가치에서 상대 잉여 가치로의 전이를 더욱 구체적이고 상세하게 서술하고 있다. < 생산의 즉각적 과정의 결과 >라는 논문에서 마르크스는 형식적 노동과 실제적 노동의 영역을 구분하고 있다(Marx, 1976: 943~1085). 여기서 마르크스는 자본주의의 팽창과 더불어 자본주의와 다른 생산 양식과의 관계에 대해 논의하고 있다. 그러므로 자본주의 생산 관계가 팽창될수록 다른 종류의 생산 관계(예를 들어, 농경에서 봉건적 관계)와 연관을 맺게 된다. 두 개의 상이한 생산 관계가 서로를 무시할 수 없고 상호 의존적이다. 그러나 처음에는 자본주의가 다른 종류의 생산 관계를 변화시키지 않는다. 단지 자본주의적 운영에 이들을 '얹어 놓을' 뿐이다. 마르크스에 따르면 "자본이 노동 과정을 종속시키며, 즉 기존의 노동 과정을 통괄하여 상이한 보다 복고적인 생산 양식으로 발전시킨다." 그러므로 자본이 이를 종속시키는 한편 이 지역에서 특별히 자본주의 생산 관계를 확립시키지는 않고, 그럴 필요도 없다. 구식 관계가 생산 관계를 재조직하지 않고도 자본에 유리하게 이용될 수 있기 때문이다. 노동에 대한 공식적 영역이 노동 시간의 길이, 즉 절대적 잉여 가치를 연장시키는 데 있다고 마르크스는 주장한다.

방송에서 시청 행위가 형식적으로 종속되는 것은 광고주가 프로그램을 직접적으로 통제할 수 있는 시기(그들이 시나리오를 쓰고 제작하는 시기)와 관련을 갖는다. 방송은 초기에 광고 미디어로 개발되지 않았다. 초기의 목적은 라디오 수신기를 판매하고자 하는 것이었다. 나중에야 AT & T가 공중파 시간을 판매하게 되면서 부가 수입을 올리기 시작했다. 광고가 크게 부상하는 1920년대와 1930년대도 네트워은 방송을 전적으로 장악하는 광고주에게 설비를 대여하거나 방송 시간을 판매하는 것 외에 더 이상 아무것도 하지 않았다. 여기서 자본(광고주)이 자신의 목적을 위해 '보다 전통적 *more archaic*' 시청 방식을 어떻게 관장하게 되는가를 알 수 있다. 광고주는 자신의 상품 소비와 연관된 시청자의 행위에만 주된 관심을 갖는다. 여기서 시청이란 같은 방식으로 조직화되지는 않았지만 자본주의 생산 관계에 부가되는 것이다.

그러나 두 개의 상이한 생산 관계가 언제까지나 나란히 양립할 수는 없다고 마르크스는 서술하고 있다. 실제 자본주의는 다른 생산 양식이 '소멸되어' 이전에는 (자본주의와) 독립적으로 존재하는 영역에 자본주의 생산 관계가 도입되도록 끊임없이 조장한다. 이를 실제적 노동 영역으로 이름 붙일 수 있다. 이 단계에서 (상대적 잉여 가치의 착취에 부합하는) "생산의 실제 형태 전체는 변화하여 특정한 자본주의 생산 형태가 (기술적 차원에서도) 조성된다"(Marx, 1976: 1024). 구식의 '전통적' 생산 형태는 사라져 자본주의 생산 관계로 대치된다. 구영역이 다른 영역에 더 이상 직접적으로 종속되는 것은 아니고 그 자체가 자본주의에 알맞게 되는 것이다. 다른 것에 주변적 (하지만 중요한) 행위가 된다는 것에는 괘념치 않고 생산성에만 주력하게 된다.

방송의 경우 형식적 시청에서 실제적 시청 영역으로 변하는 것은 1950년대 후반에 일어났다. 이 때 네트워은 광고주가 프로그램을 전적으로 통제하는 것에 반대하기 시작하여 '매거진 프로그램'이라는 개념을 도입하는데, 이는 네트워이 프로그램을 통제하고 여러 광고주에게 시간대를 판매하는 것을 말한다. 시청자가 한 광고주를 위해 30분 내지 60분 동안 시청한다는 것이 (방송사에) 비효율적이라는 것이 증명되었다. 미디어는 프로그램 편성을 합리화하여 시청 시간을 재조직함으로써 더 많은 수익을 올릴 수 있다. 판매 시점으로 나가게 된 것은 잉여 시청 시간에 필요한 비율을 늘리기 위한 시도에서였다. 한 광고주에게 시청 시간을 판매하는 것보다 여러 광고주에게 판매할 수 있는 프로그램을 생산하여 시청자를 끄는 것이 더 많은 가치를 생산할 수 있다. 한 광고주가 30분 내지 60분짜리 프로그램에 지불할 수 있는 비용은 한계가 있기 때문이다. 네트웍이 프로그램과 이에 따른 광고 시간을 조정할 수 있다면, 개개의 광고주는 더 낮은 비용을 지불한다 할지라도 여러 사람의 광고주에게 (시점을 팔아) 더 많은 수익을 올릴 수 있다. 처음에 광고주들은 자신의 이익을 미디어 자본의 일반적 이해관계 아래 복속시키고 합리화시키는 것에 대해 저항하였다. 그러나 결국 프로그램 비용의 상승과 광고주의 통제권 행사에 대한 법적 반대, 구태 의연한 스캔들 때문에 네트웍이 편성에 전적인 통제권을 행사하는 방향으로 나가게 됐다(Barnouw, 1978 참조). 이로 인해 특정한 자본주의 생산 관계에서의 시청 인구와 시청 과정이 이중으로 재조직되는 결과가 초래되었다.

이에 덧붙여 시청과 노동이 경제 전반에 노동의 성격을 공유하는 측면을 또 다른 차원에서도 찾아볼 수 있다. 이 둘은 모두 이런 행위를 행해야만 하는 사람들에게 불쾌한 것으로 생각된다는 것이다. 노동계급의 임금 노동 과정에 대한 저항의 역사나 여러 사회학적 연구에 비춰 볼 때 현대 사회의 많은 사람들에게 있어 노동은 즐길 만한 행위가 아니라는 것을 알 수 있다. 전반적으로 사람들이 일을 좋아하기 때문에 노동하는 것이 아니고, 해야만 하기 때문에 그들이 진정으로 원하는 것, 즉 소비를 위한 임금을 벌기 위해 하는 것이다. 노동은 목적을 위한 하나의 수단이지 목적 그 자체가 아니다. 노동은 일종의 소외된 행위이다. 이것처럼 광고 시간에 대한 시청자의 태도를 생각해 보자. 보기 좋은 광고를 제작하기 위해 (프로그램보다 훨씬) 많은 돈을 들이지만, 사람들은 될 수 있으면 이것을 피하려고 한다. 방을 잠시 나갔다 오든지, 다른 사람과 얘기를 하든지, 혹은 다른 프로그램을 보려고 채널을 돌려 버리기 일쑤다. (이 경우 다른 주요 네트웍으로 돌리는 것은 비생산적인데, 다른 곳에서도 똑같은 시간에 광고를 방영하는 경향이 있기 때문이다.) 실제 1984년 월터 톰슨 광고 회사가 조사한 바에 따르면, 1989년까지 55 % 내지 60 %의 텔레비전 시청자만이 광고 시간 동안 채널을 고정시켜 놓을 뿐이다. 광고를 보는 수준은 계속 감소하고 있다. 리모컨은 광고 시간에 채널을 돌리는 이른바 재핑[*zapping*. 리모컨을 이용해 연속적으로 채널을 바꾸는 것]을 부추기는 데 결정적 역할을 하였다. 이에 더하여 미국 데이터에 따르면, 시청자 가운데 30 %는 광고 시간 동안 방을 떠나거나 다른 테크놀로지로 대체한다고 지적하고 있다(Fiber, 1984). VCR의 보급 또한 광고를 시청하는 수준에 타격을 가한 주요 요소가 된다. 프로그램을 예약 녹화한 경우, 광고는 빨리 돌리기로 건너뛸 수 있다. 커뮤니케이션 수단의 소유자들은 여기서 문제에 부딪히게 되는데, 즉 시청자가 가치와 잉여 가치를 생산하는 노동(시청)은 하지 않으면서 프로그램만 시청(임금 수혜)할 수 있게 된 것이다. (이 문제에 대한 광고주의 반응은 다음에 다시 논의하겠다.)

이런 사실들은 광고나 텔레비전 산업에서 잊혀진 적이 없으며, 전통적 개념인 '시청률 *ratings point*'이 더 이상 의미가 없다는 것을 최근에 깨닫기 시작했다. 시청률은 프로그램 시청을 측정하는 것이지 광고 시청을 측정하는 것이 아니다. 실제로 프로그램과 광고의 시청 간에는 불균형이 존재한다. 광고주들은 자신들의 광고를 전혀 보지 않는 시청자를 위해 프로그램 비용을 충당하는 것에 대해 불만을 토로하기 시작하였다. 이로써 시청률 조사 회사는 시청률을 재는 새로운 실험을 시도하게 되었다. 가장 흥미 있는 것으로 '사람 측정'의 실험이 개발되었다. TV에 별도의 장치를 부착하여 버튼을 눌러 가정 내 각 개인이 시청률 측정에 참여하는 것이다. 각 개인은 시청하기 시작할 때 '켜고' 시청하지 않을 때 '끈다.' 이런 방법으로 광고주와 방송인들은 광고 시청 수준을 보다 정확하게 잴 수 있을 것이다. 이렇듯 텔레비전 시청과 노동과의 유사성 이상 더 명백한 것은 없다. 노동자가 공장에서 스위치를 켜고 끄듯이, 시청자도 같은 공정으로 평가될 것이다. 사람들이 프로그램 상영 중에 채널을 이리저리 돌리고 광고를 더 많이 본다면 아무도 이를 우려하지는 않을 것이다. 이러면 산업에 방해될 것이 없다. 그러나 케이블과 비디오 같은 새로운 테크놀로지가 광고 시간의 시청 패턴을 위협하게 되면, 방송 산업의 기초가 뿌리째 흔들리게 된다.

'모호': 방송, 협송, 두 미디어의 혁명

앞에서 논의했다시피 인구학적 요소(협송)를 강조하는 것은 상대적 잉여 가치를 착취하는 전략이다. 그러나 협송으로 이행하는 것은 동시에 시청 시간(곧 광고 시간의 시청도)을 연장시키는 중요한 방법이다. 1970년대와 1980년대를 거쳐 케이블이 계속적으로 확산됨에 따라 미국의 시청 패턴에 급격한 변화가 생겼다. 1975년과 1976년 사이 3개의 네트워 방송사는 프라임 타임에 89 %의 시청률을 기록하였다. 1985년 그 숫자는 73 %로 하락하였다. 그러나 이는 사람들이 텔레비전을 덜 시청하게 되었다는 것을 의미하지는 않는다. 실제로 1984년 가족의 평균 시청 시간은 1주일에 50시간에 이르고 있다. 나머지 시청 시간이 케이블 텔레비전에 쏠린 결과이다. 1985년의 통계에 의하면 일반 공중파 방송만 수신하는 가정의 경우 1주일에 42시간 22분만 시청하는 데 반하여, 케이블을 수신하는 가정의 경우 1주일에 거의 58시간 동안 텔레비전을 시청한다. 명백히 케이블 텔레비전(특화된 시청자의 협송 방식에 의거한)은 사람들이 텔레비전을 시청하는 전체 시간을 증가시켰다. 이들 여분의 시청 시간이 Pay-TV(광고가 없는)에 할당된 것이 사실이지만, 여전히 많은 부분은 광고 스폰서에 의한 프로그램이다. 이런 의미에서 협송은 절대 잉여 가치 또한 증가시킨다.

현재까지 분석의 목적상 프로그램과 광고를 엄격히 구분했다. 그러나 상업 미디어 발전사에 따르면 이 둘의 경계는 매우 '모호'하다. 프로그램의 기능이 단순히 미디어 시장에서 특정한 인구학적 집단의 시청 행위를 포착하는 것 이상의 의미를 지니고 있기 때문이다. 프로그램은 이외에도 광고를 삽입시키기에 적당한 환경을 조성해야 된다. 광고주는 소비의 라이프스타일을 강조하는 양립 가능한 프로그램을 찾는다. 그래서 1950년대에 인기 상승이었던 비판적 프로그램인 '명작 시리즈'가 노동 계급의 상황에 초점을 맞추고 복잡한 심리 상태를 다루었다는 이유로 네트워에서 방송이 중단되었다. 이런 것들은 광고주가 필요로 하는 화려한 소비 생활과 일치하지 않고 현대 생활의 문제에 즉각적이고 단순한 해결책으로 제공되는 상품과 양립하기 힘들다. 이런 명작 시리즈는 광고주의 판매의 필요성과 훨씬 일치되는 프로그램으로 대치되었다. 더 나아가 배우와 스타들은 프로그램과 광고 사이를 쉽게 왔다갔다한다. 좀더 명시적 차원에서 광고주는 프로그램 자체 내에 자신의 상품을 제시하려고 한다. 이 모든 방법을 통해 광고의 메시지 내용과 프로그램의 메시지 내용의 경계가 모호해진다.

많은 연구자들(예를 들어 Barnouw, 1978)이 이런 현상을 다루고 있다. 그러나 이런 경계의 모호성이 협송에서 상당히 강화된다는 점을 간과하고 있다. 분할된 시청자 부문에 대해 메시지 내용의 시점에서 프로그램과 광고 내용의 차이는 끊임없이 감소한다. 수용자의 특화 때문에 광고와 프로그램의 기준점이 매우 유사해진다. 프로그램과 광고 둘 다 메시지 '약호'를 형성하는 데 특정한 수용자에 의거하여 진행한다(제4장 참조). 방송의 대량 수용자가 쇠퇴하면서 프로그램이 다수의 수용자에게 인기를 끈다고 해도 필연적으로 특정 상품에 대한 대량 시장을 조성하는 것은 아니라는 것이 인식되었다. 그러므로 광고주에게는 인구학적 요소가 중요하게 되었다. 그러나 이 문제가 시청 자체의 영역에서 항상 인식되어 온 것은 아니다. 방송으로는 광고와 프로그램이 느슨하게 양립된다. 방송은 이런 모호함을 한계 지으며, 협송은 이런 한계를 뛰어넘는다.

메시지의 내용 면에서 '모호함'은 무엇을 의미하는가? 이 현상은 두 가지 측면을 가지는데, (1) 프로그램의 부분이 진정으로 광고라는 것과, (2) 광고의 일부분이 진정으로 프로그램이라는 것이다. 작업상 공식적인 균형이 존재하는 것 같지만, 실상 미디어의 사회 물질적 조건 속에서 (1)은 (2)를 지배한다. 이 과정에서 역동적 요소로 작용하는 것은 광고의 형식이다. 만일 프로그램의 부분이 진정으로 광고라면, 프로그램을 보는 시간도 진정으로 소비 시간이 될 수 없다. 오히려 이것은 노동 시간이고, 노동 시간의 길이가 결과적으로 연장된 것이다. 광고의 연장으로서 프로그램을 보는 것은 시청의 노동 시간량이 늘어난 것을 뜻한다. 이는 절대 잉여 가치에 공헌하는 것이다. 협송에 의해서는 수용자가 점차적으로 분할되면 절대 잉여 가치와 상대 잉여 가치 모두를 강화시킨다. 이런 시각에서 두 개의 '미디어 혁명'이 나타난다. 첫째 (방송이) 일하지 않는 여가 시간을 시청 시간(소비 시청 시간과 노동 시청 시간)으로 전환한다는 것이고, 둘째 (협송이) 소비 시청 시간(프로그램)을 노동 시청 시간(광고)으로 전환한다는 것이다. 광고 시간에 제한이 있기 때문에, 미디어는 기존의 시간에서 더 많은 잉여를 취해야 한다. 프로그램을 광고로 전환하거나 소비 시청 시간을 노동 시청 시간으로 전환시키는 '경계의 모호함'으로 이를 달성할 수 있다. 이런 과정이 방송의 경우에도 감지되지만, 협송의 경우에는 더욱 대규모적으로 강화된다. (다음 MTV 부분 참조.)

텔레비전에서 중계되는 스포츠는 이런 모호함의 예가 될 수 있다. 남성성과 형제애의 가치가 광고와 프로그램 모두에 제시되면서 스포츠의 인격이 이 둘을 넘나들게 된다. 스포츠 프로그램의 스폰서(볼보 자동차의 그랑프리 테니스 시합 스폰서나 AT & T 전화 회사의 챔피언 시합 스폰서 등)도 프로그램을 광고로 전환하는 것이다. 방송 자체의 영역에서도 분할된 프로그램은 경계를 모호하게 한다. 예를 들어 1983년 소비자 집단 ACT(Action for Children's Television. 어린이 텔레비전 운동)는 토요일 아침 어린이 프로그램이 프로그램이 아닌 30분 동안의 광고를 내보내기 위한 것이라는 것을 인식해야 한다고 연방 통신 위원회(FCC: Federal Communications Commission)에 청원했다.

경계가 모호한 것으로 가장 좋은 예는 '광고의 광고'이다. < 광고 쇼 *The Commercial Show* >라는 새로운 프로그램이 맨해튼 케이블에서 방영되었는데, 옛날 광고들이 방영되었고, 광고주들은 이들 옛날 광고들 사이사이에 새로운 (진짜) 광고를 내보내려고 돈을 지불한다(*Wall Street Journal*, 1982년 2월 4일). 여기서 모호성은 아주 완벽히 구사되어 소비 시간과 노동 시간의 차이를 극적으로 보여 준다. 같은 종류의 메시지가 근본적으로 상이한 기능을 한다는 사실을 더 적나라하게 보여 주는 예는 아마 없을 것이다. 메시지에 기반한 메시지 자체의 정의를 내리지 말아야 하는 이유가 바로 여기에 있다.

록 비디오, MTV, 문화의 '상업화'

1980년대 대중 문화 부문에서 가장 중요한 발전은 말할 것도 없이 '록 비디오'와 '비디오 음악'이라고 불리는 현상의 발견이다. 록 비디오는 음반에 사용된 노래 길이만큼 비디오 장면으로 구성되어 있다. 이것의 첫번째 기능은 음반의 광고를 위한 것으로 음반 판매를 부추기는 역할을 한다. 이러한 록 비디오의 지위는 비디오 제작비가 음반 회사의 광고 예산에서 나온다는 사실에서 잘 엿볼 수 있다. 실제로 록 비디오가 등장함으로써 새 앨범이 나왔을 때 밴드를 이끌고 순회 여행을 해야 하는 막대한 비용이 절약되었다. 일반적인 광고와 마찬가지로 비디오에 많은 예산이 소요된다. 오늘날 인기 있는 밴드들이 비디오 제작에 25만 달러 이상의 비용을 쓰는 일은 비일비재하다. 실제로 마이클 잭슨의 비디오 < 스릴러 *Thriller* >(영화 감독 존 랜디스 연출)는 100만 달러 이상의 제작비가 소요되었다. 이제 비디오는 음반을 판매하는 최고의 마케팅 수단이 되었다. 게펜 음반사의 존 칼로드너는 다음과 같이 말한다. "록 비디오는 예술이 아니다. 록 비디오는 예술을 판매하는 것이다." 이와 유사하게 주요 비디오 제작 회사 사장인 사이먼 필드는 "우리가 판매 수단을 만들고 있다는 것을 기억해야 한다. 여기에 광고는 들어가지 않는다. 우리가 할 일은 아티스트를 보기 좋게 꾸며 주는 것이다"라고 말한다.

이런 판매 증진을 위한 작품이 두 군데서 방영된다. 네트워 방송국이 비디오 쇼(< 금요일 밤의 비디오 *Friday Night Videos* > 같은 것)를 보여 주는 텔레비전 방송, 그리고 더 중요한 곳은 케이블 텔레비전이다. 케이블 텔레비전인 MTV(Music Television)는 미국의 대중 음악 산업의 성격을 극적으로 변화시켰다. 1981년에 발족한 MTV는 라디오 방송과 같이 운영되었다. 초기에는 레코드 판매를 신장시키려는 음반 회사로부터 무료로 비디오를 받아 방영하였다. 그러나 최근 들어서는 MTV가 유명한 음반사와 전속 계약을 맺어 특정 밴드의 배타적 방영권을 갖고 상당한 대가를 지불하게 되었다. 케이블 수신료와 음악 상품이 아닌 제조 업자에게 광고 시간을 판매하여 수입을 올리는 것은 물론이다. 초기 얼마 동안 MTV가 손해를 보기는 했지만, 1984년에 이르러 2900개 케이블 시장을 형성하고 2420만 수신자를 확보하였다. 1984년 1월부터 9개월간 4690달러 판매에 730만 달러의 이윤을 남겼다. 이윤 외에도 MTV는 대중 문화에 중요한 위치를 차지하는데, 대중 음악의 마케팅을 장악하고 있다는 점에서 그렇다. 얼마 되지 않아 MTV는 록 그룹의 마케팅에 결정적인 요인으로 작용하게 되었다.

MTV의 출현이 우연하게 시장의 성공을 이룬 것은 아니다. 실제로 MTV야말로 가장 치밀한 연구를 거쳐 만들어진 방송국이다. MTV를 설립하는 데 기본 전제가 된 것은 중요한 시장 요소인 14세부터 34세까지의 음악 열광자들이 광고주가 도달하기 매우 어려운 대상이었다는 점이다. 월터 톰슨 광고 회사의 미디어 감독인 론 카츠는 "사람들이 사는 음반에 광고를 수록할 수도 없고, 이들은 정규 텔레비전 프로그램도 그리 많이 보지 않는다'"(*USA Today*, 1984년 12월 27일)라고까지 말했다. MTV의 목표는 이런 독특한 시장을 광고주를 위해 포착하고자 했던 것이다. 이런 목적을 위해서 모든 수준에서 광범위하고 방대한 시장 조사를 행했다. 14세부터 34세까지의 인구 가운데 600명을 대상으로 록 비디오만을 방영하는 채널에 흥미를 가질 것인지의 여부에 관한 인터뷰를 하였다. 놀랍게도 85%가 긍정적인 대답을 하였다. 또한 어떤 아티스트가 나와야 하는지, 잠재적 MTV 시청자들의 라이프스타일, 태도 등을 조사하여 어떤 배경과 복장과 인물이 이를 잘 반영할지 결정하고자 했다. 사업적 측면에서 광고 회사의 설문 조사로 이들 시청자들에게 도달할지를 보고, 음반 회사들의 비디오 제공 여부도 알아보았다. MTV가 음반 회사에 주는 판매 포인트는 아주 간단한 원리인데, 음반 상품을 무료로 알려 주는 것이다. MTV의 국장 봅 피트먼은 "우리의 광고는 히트 곡을 내는 데 수백만 달러의 효과를 낸다"고 말하고 있다. 실제로 MTV가 음반 판매를 늘리는 데 얼마나 공헌하는지를 음반 회사에게 보여 주기는 아주 쉽다. MTV가 출범한 지 불과 6주 만에 MTV가 케이블로 방영되는 지역에서 몇몇 강렬하게 방영된 아티스트의 경우 벌써 상승세를 타기 시작했다. 스티븐 레비 Steven Levy 는 다음과 같이 말했다(Levy, 1983: 35).

> 다른 텔레비전 광고와 마찬가지로 비디오도 같은 효과를 보이는데, MTV 시청자들은 그 음반들을 사게 된다. 전국을 놓고 전략적 지도를 만들 수 있을 정도이며, MTV가 방영되는 지역을 표시해 보면 이 지역에서 특정한 음반의 판매 증가를 볼 수 있을 것이다.

이 새로운 노출을 통해 가장 이득을 본 밴드는 뉴 잉글리시 밴드로 라디오에서 방영되지는 않았으면서도 이미 세련된 비디오를 만들어 놓은 밴드들이다. (1980년대 초기 록 비디오 영역은 미국보다 영국에서 더 발달하였다.) 듀란 듀란 같은 그룹은 MTV를 통해 큰 성공을 이룬 그룹이다.

예를 들어 그들의 앨범 ≪리오 *Rio*≫의 경우 댈러스에서는 무척 잘 팔렸지만, 전체 레코드점에서는 반 정도만 팔려 어디나 일률적인 건 아니다. 잘 팔린 지역은 공교롭게도 케이블과 MTV가 방영되는 지역이었다. 이제 MTV는 앨범의 성공에 극히 중요한 요소로 등장했다. A. C. 닐슨 A. C. Nielsen 여론 조사가 이 사실을 한층 강조하는데, 이 조사에 의하면 MTV 시청자들은 평균 1년에 9개 앨범을 사며, 이들 가운데 63%가 앨범을 사는 데 MTV의 영향이 크다고 답변하였다. 이제 히트 비디오를 만들어야 히트 음반이 나올 수 있게 되었다. 즉, 음악만으로는 이제 충분치 않다. 음반 앨범이 성공하느냐 실패하느냐는 광고 비디오 제작(혹은 제작하느냐, 하지 않느냐)에 달려 있다.

그러나 이 새로운 환경에서 사람들이 접하는 음악의 종류는 다른 광고를 기반으로 한 서비스와 마찬가지로 MTV 프로그램에서도 인구학적 타깃 수용자의 욕망을 '반영'해야 한다. 이 경우에 타깃 수용자는 대체로 백인 거주 도시 10대들이다. 스티븐 레비는 MTV의 목적을 다음과 같이 말하고 있다(Levy, 1983: 35).

> 여기서 최상의 가장 도전적인 음악을 발견하고자 하는 목적이 아니고 특정 인구학적, 혹은 피트먼이 말한 '심리 구성적' 요건에 알맞는 미국인의 정열에 올가미를 씌우기 위한 것이다. 돈 있는 젊은이 가운데 레코드나 캔디 바, 비디오 게임, 맥주, 여드름 연고 같은 물건을 살 의향이 있는 이들을 대상으로 한 것이다.

MTV 역사 초기에는 흑인 밴드와 흑인 아티스트의 음악을 방영하지 않는 것에 대해 격론이 벌어졌었다. 이 결정은 음악성을 고려하여 이루어진 것이 아니고 "조사에 의하면 도시의 백인 젊은이들이 흑인이나 이들의 음악을 좋아하지 않아 이들 젊은이들을 소외시킬 우려가 있기 때문에" 내린 결정이다(Levy, 1983: 36). 마이클 잭슨이 흑인과 백인 수용자 모두에게서 성공을 거두자 MTV의 문제성이 일시적으로 완화되었지만 여전히 지금도 최상의 가장 도전적인 흑인 음악은 방영되지 않는다. 네트워 텔레비전과 마찬가지로 여기서도 '프로그램' 내용을 결정하는 것은 인구학적(심리 구성적) 요소이다. 흑인 수용자(대체적으로 가난하여 MTV 광고주들이 팔고자 하는 물건을 살 수 없는)들은 이 경우 바람직하지 않을 뿐이며, 그들의 음악도 마찬가지이다.

MTV에서 프로그램과 광고의 내용이 상호 혼합적으로 '모호'해지는 현상은 객관적이거나 주관적인 차원에서 완벽하게 이루어진다. 객관적 차원에서 경제적인 면을 보면 MTV에 등장하는 모든 것은 상업적이다. 비디오는 레코드 앨범을 판매하기 위한 것이고, 사이사이에 등장하는 광고는 다른 상품을 팔기 위한 것이다. 비디오가 광고의 수단 이외에 아무것도 아니라는 것은 특정 비디오가 MTV에서 방영되지 않으면 음반 회사가 이를 방영하기 위해 다른 광고와 똑같이 돈을 지불한다는 사실에서 잘 알 수 있다. 그러므로 MTV는 시청 시간의 24시간을 전부 광고 시간으로 만드는 절대 잉여 가치의 착취 수단에 의거하고 있다. 한편 MTV는 특정 부분의 수용자(이질적 대중이 아니다)의 시간을 판매하기 때문에 상대 잉여 가치의 착취 수단에도 의거한다.

이런 '모호'화 현상은 주관적 차원에서도 명백히 보인다. MTV에서 방영되는 메시지를 실제로 보면 어느 것이 프로그램인지를 비롯하여 비디오와 광고의 차이를 분간하기 힘들 때가 많다. 스타일, 속도, 영상 기술, 환상과 욕망이 MTV 메시지에는 모두 상호 호환적으로 난무하고 있다. 라이오넬 리치가 펩시 록 비디오에서부터 그 자신의 비디오에까지 출연하는데, 모두 광고의 스타일(혹은 그 반대)을 모방하고 있다. 유사하게도 CF 감독(봅 지랄디와 조지 로이스 같은)이 비디오 감독이 되어 두 개의 스타일을 서로 혼합하고 있다. 비디오(광고와 같은, 다른 프로그램과 다른)는 촬영 전에 연기를 하기 위한 대본으로 이런 것을 이용한다. 네트워 텔레비전에서는 프로그램과 광고를 구분 짓기가 상대적으로 쉬운 반면, MTV 같은 협송 형식에서는 '모호'함이 극적으로 강조된다. 실제 광고주는 록 비디오 안에 상품을 전시하려고 한다. 토론토의 매캔 에릭슨 회사의 부사장 브라이언 해로드는 다음과 같이 말한다. "록 비디오는 아주 흥미로운 것이다. 우리는 아주 교묘한 방법으로 (지금의 공영 텔레비전같이) 광고를 시작했다. 도달하기 어려운 수용자를 대상으로 한다. 그들은 별로 많이 읽지도 않는 텔레비전 세대이다. 록 비디오에 거는 기대가 크며, 이들과 대화할 수 있는 다른 방법은 없다."

> MTV의 가장 큰 성과는 비교적 미디어의 처녀지인 록 영역을 가정으로 끌어들였다는 것이고, 이를 극도의 상업적 비디오 영역과 결합시켰다는 것이다. 상품은 상품 이외에 아무것도 아닌 정체성을 상실한 물품이 되었으며, 오락과 상품 판매 간의 구분이 불가능하게 되었다.
>
> MTV는 텔레비전과 거리가 먼 세대에게 완벽한 미디어인데, MTV의 비디오는 환상과 현실을 포함하기 때문이다. 성적 환상은 10년 전쯤 자취를 감춘 존재하지 않는 록 공동체의 이빨 빠진 소문과 혼합되어 나타난다. 이것은 문제 되지 않는다. MTV에는 이견도, 대안적 시각도 존재하지 않는다. 이윤 생산을 위한 텔레비전은 사람들을 '소비적 형태'라 불리는 영역으로 끌어 넣기 위해 비현실적 환경을 창출하였다. MTV는 완전히 경영진으로서의 환경을 부가했다. 이는 사고 방식의 하나이며, 생활 방식이다. 이는 극도의 쓰레기 문화가 승리한 결과 도래했다. 후기 우드스톡[*post-Woodstock*. 1960년대 히피들의 저항 음악을 공연한 공원. 히피의 저항 정신에서 이탈한 세대를 가리킴] 인구가 G 스폿[*G spot*. 성적 흥분을 일으키는 성감대. 즉, 말초적 자극을 뜻함]에 잠식되어 가는 정교한 의도가 시도되는데, ≪*We Got it Made*≫ 음반의 스폰서인 광고주가 도달할 수 없는 것이었다……. MTV를 며칠 보면서 로큰롤이 광고에 의해 대치된다는 사실을 떨쳐 버릴 수가 없었다(Levy, 1983: 33).

환경에 대한 탐구와 인구학적, 심리 구성적 요소를 강조한다는 것을 알고 나면, 점점 더 많은 광고주들이 MTV를 겨냥한 광고를 만들기 시작한다는 사실에 대해 놀랄 것이 없다.

MTV가 시청자 시간을 가치화하는 현상에서 네 가지 중요한 효과가 발생한다. 첫째는 계약과 고르기에 관련된 사항이다. 록 비디오가 아티스트의 판매 수단으로서 가진 의미는 특정 레코드가 성공적으로 팔리느냐 하는 것 이상의 효과를 가진다. 이 범위를 넘어 음반 회사가 누구와 계약을 맺느냐 하는 기본 문제로까지 연장된다. 회사는 계약을 맺기 전에 가수의 비디오 잠재력을 조사하고, 가수 또한 비디오의 중요성을 인식하여 비디오 판매 전략에 힘써 줄 것을 요구하기도 한다. 이런 상황에서 음반 회사는 MTV에서 성공적으로 공연할 잠재력이 있는 그룹에 대해 자금을 지원할 가능성이 크다. 신디 로퍼의 경우 비디오 연기 때문에 CBS와 계약을 맺게 되었다. 새로운 밴드의 경우 음반과 테이프를 제시할 뿐만 아니라 이제 비디오도 제시해야 한다. 롤링 스톤스의 키스 리처드는 "새로운 밴드가 레코드 만드는 비용과 비디오 만드는 비용에 대해 고심한다면, 어디에 비중을 둘 것인가?"라고 말했다. 게다가 콘서트 지원자들도 MTV의 공연에 기반하여 밴드와 협상하게 된다.

둘째, 작곡의 경우이다. 현재 음악에서 비디오가 중심 역할을 함에 따라 대중 음악의 많은 작곡가들이 특별히 비디오를 염두에 두고 작곡을 시작한다는 사실에 대해 놀랄 것이 없다. 1983년에 릭키 리 존스는 노래와 비디오를 동시에 만들고, 올리비아 뉴튼존의 경우 비디오 제작자를 고용하여 스크립트를 쓰게 하고 작곡가가 음악에 끼워 맞추게 한다. 빌리 조엘은 "나는 때때로 영상을 고려하면서 노래를 작곡한다"라고 말하고 있다. 포머 두비 브라더스의 전 멤버인 패트릭 사이먼은 특별히 비디오를 염두에 두고 작곡을 하느냐는 질문에 대해, "물론 이 시대 음악이 걸어야 할 자연적 진보 형태라고 생각한다. 이는 매우 흥미진진하다. 나는 내 자신의 MTV를 원한다"라고 대답했다. 여기서 초점이 되는 것은 음악을 위한 광고가 실제 음악 자체에 영향을 준다는 것이다. 데이비드 마셜 David Marshall 은 다음과 같이 말한다(Marshall, 1984).

> 영상 이미지가 성공을 위한 지배적인 영역으로 돌입하게 되면서, 아티스트들이 자신의 메시지를 통제하는 권한을 포기하는 효과가 발생됐다……. 이런 포기 상태가 사실이라면, 비디오의 도입이 잠재적인 표현의 자유와

반대할 수 있는 권한을 상실하게 하고 기업의 상품화에 유리하게 하는 결과를 빚어 낼 수 있다.

셋째, 소비의 경우이다. 유사하게도 수용자가 대중 음악 산업의 문화재를 소비하는 방법은 마케팅을 위한 비디오 기술에 의해 영향을 받는다. 예를 들어, 음악을 듣기만 할 때는 한 노래에 대해 사람에 따라 상이한 경험을 하게 된다. 그 노래에 대해 개인적인 해석을 내리게 되고, 우리 생활의 특정한 시기, 장소, 생각, 감정에 따라 이를 연관시키게 된다. 이러한 소비의 개념적 원형은 어떤 의미에서 개방화된 채 남겨진다. 노래를 영상으로 해석하면 의미가 고착되어 수용자들에게 들어가는 경향이 있다. "MTV는 음반을 듣는 사람이 자신의 경험을 거기에 편집하거나 라디오 청취자가 음악을 자신의 생활의 일부분으로 보는 자유를 제거하는 방향으로 맥락을 없애는 것이 MTV적 맥락인 것 같다"(Gehr, 1983). 스티븐 레비는 "MTV가 없었던 세계에서는 우리의 환상에 따라 음악을 구성하고 개인적 의미에 자신의 이미지를 주곤 하였다. 이제 대중 이미지가 우리에게 제공되고 있다"라고 말한다(Levy, 1983). 그룹 토킹 헤즈의 데이비드 바이른은 자신의 비디오를 직접 연출하는 몇 안 되는 뮤지션 가운데 한 사람인데, "나는 노래 가사에 부합하는 영상을 상대적으로 적게 연관시키고자 하는 경향이 있다. 그렇지 않으면 노래를 비둘기장에 가두어 놓는 것 같고, 가사를 나름대로 해석할 수 없게 만든다"라고 말한다. 그러나 대부분의 그룹은 비디오의 스타일과 내용에 대해 이렇게 심사 숙고하지 않는다. 대체적으로 이런 책임감을 포기하고 비디오 전문가에게 맡겨 버린다. 이런 이유 때문에 많은 비디오의 영상이 노래의 주제와 연관을 가지지 않는 것같이 보인다. 비디오 감독이 수용자에게 강한 인상을 줄 이미지를 선택하면서 음악의 내용과는 무관한 비디오를 만드는 것으로 보인다. 비디오 감독들이 예술을 하는 게 아니고 예술 형식을 판매하기 위한 작업을 한다는 사실을 고려할 때, 이에 대해 지나치게 놀랄 것은 없다.

> 이런 이미지를 선택하는 것은 예술적 타당성이나 혹은 작곡가가 가진 생각에 부합하는 게 아니고 노래를 팔기 위한 수단이 기준이 된다. MTV와 이에 돈을 지원하는 광고주는 이런 록 이미지의 효과가 껌부터 49달러 95센트만 내면 당신 것이 된다고 하는 MTV 실크 윗도리까지 우리의 주목을 끄는 모든 것을 사려고 하는 감정이 생기도록 하는 데 희망을 건다. MTV는 로큰롤을 되풀이되는 광고의 영역으로 변하도록 한다(Levy, 1983: 78).

광고 산업계의 관습대로 일하는 비디오 작가나 제작자, 감독들은 상품을 판매하는 데 효과 있는 것으로 알려진 몇몇의 이미지 영역에서 일한다. "MTV에 나타난 것은 각 그룹에게 제시된 이미지의 메뉴 가운데 비디오를 만드는 데 필요한 5가지 정도의 이미지를 뽑으라고 한다. 이 가운데에는 백인 미녀, 고양이, 하이 힐, 호텔 방, 안개, 가죽, 눈, 탐정, 동양인 미녀 같은 청소년과 제임스 본드의 팬이 열광하는 것들이 포함된다"(Gehr, 1983: 40).

넷째, 비디오와 소비자 윤리에 관한 것이다. 비디오는 기본적으로 음반을 팔기 위한 광고이지만, 이는 협송 구조라는 호기심 어린 맥락에서 방영되며, 물론 이것이 MTV의 프로그램 자료가 된다. 한 차원에서의 MTV 기능은 시청 인구를 인구학적, 심리 구성적 차원에서 재조직하여 시청자 시간을 광고주에게 팔기 위한 것이고, 또 한 차원에서는 광고주의 광고를 적당한 환경에서 방영하기 위한 것이다. 이런 방법으로 MTV 비디오는 네트웍 프로그램과 마찬가지로 소비의 윤리를 반영해야 한다. 그러므로 유명한 록 밴드의 많은 비디오가 무조건 MTV에 방영되는 것은 아니다. 듀란 듀란이나 롤링 스톤스, 카스 같은 그룹은 모두 '외설'이라는 이유로 비디오 방영이 거절당했다. 아를린 자이크너 Arlene Zeichner 는 다음과 같이 서술하고 있다(Zeichner, 1983: 39).

> MTV에서의 성적 표현이 진정으로 뜨거운 것일 수는 없다. 피트먼은 엄격한 검열을 하고 있다. 록 비평가 존 파르에 따르면, 튜브의 < *White Punks on Dope* >이라는 비디오를 피트먼이 거부했다. 여기서 거의 전라

의 여인이 등장하고 마약을 옹호하는 메시지가 보여지기 때문이라고 했다……. 버디 홀리에서 클래쉬에 이르기까지 록 음악에 담겨진 가족, 학교, 국가에 대항하는 10대의 열띤 반항 정신은 MTV에 결핍되어 있을 뿐이다.

MTV는 수용자를 광고주에게 팔 뿐 아니라 순수한 환경, '분위기를 만들기 위해 감정과 무드를 사용한 비단일적인' 형태들을 판다(Pittman; Levy, 1983에서 재인용). 초기 역사에서 MTV는 프로그램 환경 때문에 주류 광고주들을 놀라게 하였지만, 그 이후 광고 산업계는 MTV가 광고와 양립 가능한 특수한 소비 환경을 조성한다는 사실을 알게 되었다. MTV가 주류 광고주들을 흡수함에 따라 비디오들은 더욱 중도의 길에 서게 되었으며 '섹스, 마약, 로큰롤'의 환상을 도시의 10대 소비자에게 판매하게 된 것이다.

캔디 바, 맥주 등을 파는 광고주 음반 회사들	⇒	MTV 비디오	⇒	계약과 고르기 작곡 음악의 소비 시청자 시간의 판매

MTV는 현대 대중 문화의 중심에 서 있다. 이것의 의미 영역에서의 사용 가치는 매우 중요하다. 그러나 이를 운영하는 것은 수용자 시간의 가치화이다. 수용자는 록 비디오에서 의미를 도출하지만(사용 가치), 이것이 발생하는 맥락은 록 비디오가 위치하는 교환 가치의 체계에 의해 지배되고 구조화된다.

더구나 MTV의 영향은 그 채널에서 나오는 메시지에 한정되지 않는다. MTV는 1984년에 또 하나의 방송사를 만들었는데, 좀더 나이 든 수용자(25세부터 54세)를 대상으로 한 VH-1이 그것이다. 여기서 비디오는 MTV에서 볼 수 없는 나이 든 아티스트나 음악 스타일(컨트리, 소프트 록, 발라드)을 선보인다. MTV는 네트워 텔레비전을 위한 프로그램도 만드는데, 내용은 전혀 없고 풍요한 젊은 수용자를 위해 스타일만을 추구하는 < 마이애미 바이스 *Miami Vice* > 같은 것이 그것이다. 텔레비전에서 특정한 색(빨강과 갈색)이 상영될 수 없는 것은 쇼뿐일 것이다. NBC의 마이클 만은 쇼에 대해 "성공의 비결이 무엇이냐고요? 대지의 톤이 아닌 전자적 감각을 느끼고자 해요"라고 말한다. 유사하게 오늘날 많은 영화들도(예를 들어, < 플래시댄스 >) 록 비디오를 멋있게 보여주는 것 이외에 아무것도 아니다. MTV는 미국 10대의 정신을 순전히 상업적이고 선진 자본주의의 축적의 역동성에서 파생된 메시지 형식으로 부가시켰다. 더 이상 내용을 밀어 내는 것이 아니라, 1980년대는 문화의 '상업화'가 극도의 승리를 거둔 시기이다.

시청의 노동과 소비: 소비 대 주목하기

앞에서 상업적 커뮤니케이션 체제의 본질적 논리를 가장 발전된 형태로 노정하는 미디어 체제의 영역을 다루었다. 그러나 MTV란 방송이 협송의 프로그램과 광고의 관계를 전형적으로 보이는 예는 아니다. 협송 방식은 미래의 커뮤니케이션 발전의 일부분이 될 것은 틀림없는 사실이지만, 현재로서는 어느 정도의 지배력을 가질지 확실하지 않다. 케이블이 어느 정도 침투하느냐에 따라 이 문제에 대한 해답이 주어질 수 있다. 그러나 현재로서는 프라임 타임에 3개 주요 네트워 방송사의 시청률이 75 %로 줄긴 했지만 이들이 상업 텔레비전의 구조와 관계를 지배하고 있다. 그런 의미에서 이 책 후반부에서는 네트워 방송의 광고와 프로그램을 주대상으로 하여 논의하도록 하겠다.

이 장을 시작하면서, 미국 상업 방송 체제를 바르게 이해하기 위해서는 메시지를 근간으로 한 분석을 탈피하여 미디어 메시지가 위치하는 교환 가치 체계를 이해해야 한다는 점을 강조한 바 있다. 이 장에서 이제까지 논의한 것은 미디어를 시간의 가치 형태에 근거하여 연구하였고 수용자가 커뮤니케이션 수단을 소유한 자(방송주)를 위해 노동한다는 논점을 전개하였다. 그렇다고 하여 저자가 메시지의 사용 가치(의미)에 관심을 갖지 않는다는 것이 아니라 메시지의 분석은 구체적 맥락에서 올바른 물적 기반 위에 이해되어야 한다는 것을 말하고자 하는 것이다. 여기서 메시지에 대해 논의하고자 하며 교환 가치 체제가 사용 가치 체제(의미)에 어떤 관련성을 갖는지 하는 문제를 다루고자 한다. 이 장에서 사람들이 메시지로부터 어떻게 의미를 이끌어 내는가를 상세하게 다루고자 하는 것이 아니고, 미디어의 메시지(광고와 프로그램)가 어떻게 현재와 같은 상태로 형성되었는가를 이해하는 데 초점을 두려 한다. 그 이유는 이런 메시지와의 관계에서 수용자가 의미를 형성해 가기 때문이다. 상품의 영역과 마찬가지로 의미도 자의적인 것은 아니고, 수용자가 메시지와 상호 연관을 맺게 만드는 사유 재산에 근거하여 형성되는 것이다. 메시지 체계를 이해하기 위해 먼저 탐구해야 할 문제는 교환 가치의 체계 내에서 메시지가 기능 하게 하는 것이 무엇인가 하는 것이다. 이 문제에 해답을 찾기 위해서는 메시지 체계 내의 차이를 알아 내야 한다. 순전히 물리적인 관점에서 기본적인 차이는 광고 메시지와 프로그램 메시지의 차이이다. 24분짜리 네트웍 프로그램을 하나 생산하는 비용은 대충 30만 달러(대개 분당 1만 2500달러)가 든다. 1984년을 기준으로 네트웍 텔레비전에서 30초짜리 광고 1편에 평균 5만 달러의 비용이 들고, 24분짜리에는 240만 달러(분당 10만 달러)의 비용이 든다. 왜 이 같은 차이가 나타나는가? 기존의 교환 가치 체계에서 광고와 프로그램이 상이한 기능을 하게 만드는 것은 무엇인가?

일반적으로 문화 연구 진영에서는 네트웍 프로그램에 대한 상당한 환멸감이 존재하며, 이들 프로그램이 침잠한 평범성의 늪을 깨고 스스로 상승할 수 있다는 희망을 갖고 있지 않다. 이들의 일반적인 설명 양식은 대다수 수용자의 (최하의) 공통 분모를 찾아 이에 호소할 필요성을 찾는다고 말한다. 물론 이것이 타당한 관찰이기는 하지만, 여기서 또 다른 측면을 강조해야 한다고 생각하는데, 프로그램의 기능에 관한 것이다. 네트웍 간부들이 프로그램을 편성하면서 관심을 갖는 것은 무엇인가? 그들이 광고주에게 파는 상품은 바로 수용자의 시간이므로 그들이 해야 할 일은 적당한 인구학적 구성을 이룬 많은 사람들이 그들의 쇼를 보도록 하고 텔레비전 수상기만 쳐다보는 것이 아니라 방영되는 것에 주목하게 해야 한다. 더 낮은 비용으로 이 일이 가능해질수록(시청력의 재생산), 수용자가 시청해야 할 필요 시간은 줄어들고 네트웍의 잉여 시간은 많아진다. 프로그램의 생산자(또 독립 제작자로부터 쇼를 매각하는 네트웍)는 특정한 메시지를 통해 수용자와 의사 소통하고, 수용자가 이에 대해 어떻게 생각하고 메시지에 어떻게 반응하는가에 대해서는 진정한 의미의 관심이 없다. 그들은 단지 수용자들을 시청하게 만들어 수용자의 시간을 광고주에게 파는 데 관심이 있을 뿐이다.

우리가 저질 텔레비전 프로그램을 많이 보게 되는 이유는 네트웍 방송사들이 수용자의 흥미를 끌기 위해 질 높은 프로그램을 방영할 필요가 없기 때문이다. '양질'의 프로그램을 방영해야 할 경제적 필요는 없다. 관심 있고 사고를 유발하는 의사 소통의 재료가 되는 것 대신에 단순히 주목 끌기에만 신경을 쓰면 그것으로 족하다. 후자가 전자보다 훨씬 하기 쉬운 일이다. 네트웍은 실제 공식화된 세트가 있으며 이에 따라 특정 프로그램을 구성하게 되는데, 그 구성 요소는 섹스, 모험, 폭력이다. 에릭 반아우 Erik Barnouw 가 "텔레비전에서 등급 매기기로 채널 돌리는 사람을 붙잡는 것이 매우 효과적이다. 대형 사고와 살인으로 군중을 붙잡을 수 있다"라고 말했듯이 말이다(Barnouw, 1978: 109). 그러나 텔레비전 쇼의 여러 장면을 구성하는 데 쓰이는 보다 정확한 공식이 있다. NBC의 < 가족의 유대 *Family Ties* >라는 프로그램을 제작한 게리 데이비드 골드버그 Gary David Goldberg 는 다음과 같이 말한다(CBS의 1982년 다큐멘터리 < 다이얼에 손대지 마라 *Don't Touch That Dial* >에서).

네트웍 방송사에는 우리 작가들이 말하는 것 같은 용어가 없다. 예를 들어, 훌륭한 방송 용어인 톱스핀[*topspin*. 최고 질주]을 들 수 있다. 톱스핀이 충분히 일어나는 경우는 없다. 방송 용어에서 톱스핀은 사람들에게 흥미를 주어 다음 장면을 보게 이끄는 것이다. 보통 사람들이 소지품을 잃어버릴 정도로 진짜 재미있으면 다음 장면으로 톱스핀하게 된다. 히트 *heat* 는 긴장을 불러일으키고, 보통 사람들은 다른 사람을 뚱뚱한 엄마라 부르든지 뭔가 거대한 것으로 부른다. 파이프 *pipe* 라는 용어도 여러분 파이프를 놓아야 합니다라고 한다. 여기 우리는 대학생을 상대하는 것이 아니라 많은 파이프를 상대한다. 파이프는 탄생부터 이 시간 그 방에 들어오기까지 모든 인물의 역사를 말한다. 어떤 시청자든지 그들 스스로가 인물의 성격을 규정지을 수 있다. 그러면서 이들은 블로우 *blow*, 후크 *hook*, 버튼 *button* 을 가진다. 어떤 이유에서인지 네트웍 텔레비전에서는 아무도 농담하지 않고 방을 떠날 수가 없다. 당신의 가정에서는 어떤지 모르겠다. 하지만 우리 집에서는 사람들이 그냥 나간다. 그러나 여기서 그냥 나갈 수 없고, 농담을 하고 방을 나가야 한다. 그것이 블로우냐 버튼이냐이다. 우리들은 버튼을 좋아하지 않고 버튼을 돌려 보다 나은 블로우를 얻으려고 한다. 다른 위성에서 방금 도착한 사람과 같은 것이 후크이다. 이들 수용자는 방금 거실에 도착하여 이제 막 시청하고자 하는 사람으로 일단 고착된 수용자이다.

시나리오나 인물의 발달, 동기, 그 시기의 현실성과 진실에 관한 것은 더 깊이 논의하는 적이 없다. 그러나 텔레비전 프로그램에서 언제나 히트, 톱스핀, 파이프 같은 것을 볼 것이고, 또한 잘하면 좋은 버튼, 후크, 블로우를 맞게 될 것이다.

토드 기틀린 Todd Gitlin(1983)이 상업 텔레비전을 '재구성된 문화'의 형태라고 명명한 것은 이들 요소가 끊임없이 재배열되고 재조정되는 것을 말한다. 네트웍 프로그램 제작자들의 용어는 공식을 만들고 예측하기 위한 용어이지 창의성을 가진 것은 아니다.

네트웍 텔레비전 프로그램이 진정으로 훌륭하고 양질의 것, 혹은 중간 정도의 예술적 질을 가질 필요조차 없는 이유는, 이들 프로그램이 텔레비전을 보는 대신 다른 것을 하지 말고 텔레비전을 시청해야 한다고 설득할 필요가 없다는 데서 기인한다. 네트웍 방송국은 사람들이 특별히 어떤 프로그램을 보기 위해 텔레비전을 켜는 것이 아니라는 사실을 잘 안다. 이는 습관적 행위이다. 어떤 것이 방영되든지 간에 텔레비전 총 시청자의 수는 대체적으로 변하지 않는다. 이런 상황에서 사람들을 끌어들이기 위해서 양질의 프로그램을 방영할 필요는 없다. 이들 방송국들은 총 시청자의 수를 변화시키기 위해 별로 할 수 있는 일이 없다는 것도 안다. 이 때 할 일은 시청자들이 자사의 프로그램만 보고 다른 방송국의 것을 보지 않도록 하면 된다. 지배적 목적은 사람들이 경쟁사들의 것을 외면하게 하는 것인데, 이 목적을 가능한 한 적은 비용으로 달성하면 필요 시청 시간도 그만큼 줄어들게 된다.

프로그램에 반해 광고가 수행해야 할 기능이 무엇이길래 프로그램에 비해 8배 이상의 비용을 들이게 되는가? 프로그램에 비해 광고는 많은 돈을 들여 공들여 만들고 비용을 아끼지 않는다. 스크린에서 보는 광고는 가능한 최선의 공연이며 최선의 커뮤니케이션 전략의 수행이다. 이 과정을 한 광고 제작자는 '형편없는 과잉 소비'라고 일컬었다. 마이클 아를린 Michael Arlen 의 < 30초 *Thirty Seconds* >(1981)는 AT & T의 30초짜리 광고 하나를 만들기 위해 들인 막대한 노력과 시간을 다큐멘터리로 만든 것이다. 편집과 시각, 음향, 음악의 조화는 1초마다 매우 세심한 주의를 기울여 만들었으며, 영상 촬영술은 최신식으로 이루어졌다. 폴 굿맨 Paul Goodman 은 "광고야말로 텔레비전에서 그 가능성을 최대한 만족시키는 유일한 부분이다"라고 말하고 있다. 에릭 반아우도 광고가 '미국의 예술 형태'를 대변한다고 말하고 있다. 기존의 미디어 체제 내에서 프로그램이 아니라 바로 광고가 창의적 노력의 중심점이 된다는 것에는 의심할 여지가 없다.

이같이 미디어 체제의 한 영역에 예술성과 창의성을 집중한다는 설명의 기축은 광고의 기능이 단순히 수용자의 주목을 끄는 데 그치는 것이 아니라 무언가 의사 소통하고자 하는 기능을 가진다는 것이다. 이것의 목적은 시청하고 나서 행동에 영향을 미치고자 하는 데 있다. 광고는 사람들을 일정한 방향으로 움직여 생각하고 반응하게 만들어야 한다. 이는 우리의 감정과 욕망, 꿈을 이끌어야 한다. 광고는 수용자의 사고 과정에 능동적으로 개입하여 광고주가 희망하는 대로 시장에서 그들의 상품을 사도록 이끌어야 한다. 한 광고 제작자가 "광고의 기능은 당신이 의사 소통하기 원하는 것과 의사 소통하게 하는 것이다. 당신들의 주목을 끌기 위해 남자 누드를 TV에 보여 줄 수 있다. 그러나 이것이 내가 의사 소통하고 싶어하는 것은 아니다"라고 말했듯이 말이다. 의사 소통은 주목을 끄는 것보다 더 어렵기 때문에 프로그램을 만들 때보다 많은 자원이 집중되어야만 한다.

더욱이 앞서 상대 잉여 가치와 시간의 재분할을 분석할 때 논의했던 것같이, 최근에 심각한 시간 제한이 광고와 관련된 미디어 체제에 도입되었다. 오늘날 대부분의 광고는 30초를 초과하지 않으며, 더 짧은 광고로 더 많이 내보내려는 추세로 변하고 있다. 광고는 빠른 시간 내에 그들이 할 일을 해야 하고, 시청자가 힐끗 보는 것 이상의 시간을 쓰지 않으면서 전달하고자 하는 것을 전달해야 한다. 광고주는 그들이 비싸게 지불한 1초의 몇 분의 일도 모두 이용하기를 원한다. 광고 영화 편집자인 호위 라저러스 Howie Lazurus 는 최근 20년 동안 그가 관찰한 변화를 다음과 같이 말한다(Arlen, 1981: 180~2).

> 내가 처음 편집을 시작했을 때, 대부분 광고물은 솝 오페라[*soap opera*. 연속극] 방식으로 편집이 이루어졌다. 즉, 모든 장면은 연속 편집이며 균형을 이루었다……. 절대로 하지 말아야 할 것은 한 장면에서 다른 장면으로 점프하는 것이다. 편집할 때는 거기에 음악이 들어가야 한다. 이는 편집 장면이 온다는 신호를 보내는 것이고, 편집되었다는 신호이고, 이제 새로운 장면이 도입된다는 신호를 보내는 것이다. 또한, 많은 대화가 있었다. 가장 세련된 광고에서도 사람들이 줄기차게 얘기를 했다. 내 생각으로는 균형 기법이 도입된 이후 1960년대에 한동안 많은 연출가들은 자신의 목적을 위해 영상 기법을 실험하였다……. 가장 인기 있었던 기법은 햇빛 아래서 촬영하는 것이었다……. 요즘은 기본적인 새로운 기법은 비그넷[*vignette*. 배경을 흐리게 한 반신 사진] 광고이다. 내 생각으로는 이는 고전 영화의 접근으로 대화 없이 영상을 강조한 스타일이나 마법적인

영상은 연출하지 않는다. 비그넷 광고에서 기억해야 할 중요한 점은 훨씬 더 많은 정보를 여기서 볼 수 있다는 것이다. 실제 비그넷은 60초짜리 광고가 30초짜리로 바뀌면서 이에 대응하여 나타난 것이라고 볼 수 있다. 이는 많은 정보를 하나로 묶을 수 있는 훌륭한 방법이다. 이 모든 장면과 감정, 편집된 장면들, 장면들. 또한, 이는 매우 자유로운 스타일의 접근으로 기초적 비그넷 주제가 있는 한 단순히 하나를 밀어 내고 다른 것을 올려놓을 수 있다. 이는 부분이 상호 교환될 수 있기 때문에 꿈 같은 작업을 가능하게 한다.

광고의 내용과 스타일은 허락된 시간의 양에 따라 조건 지어지고 구조화된다. 광고 시간이 짧아짐에 따라 현대의 비그넷 양식이 지배적으로 되고 광고의 라이프스타일이 형성되었다. 에릭 반아우는 다음과 같이 말한다(Barnouw, 1978: 83).

모든 예술의 자원을 끌어들일 수 있는 극적 미디어가 사적 가정으로 무대를 옮기게 되면서, 텔레비전은 이런 심리적 압력을 비대칭적으로 받는 기회를 가졌다. 좀더 여유 있는 60초짜리 광고를 대신해 30초 광고가 지배적이 됨에 따라 이 점이 강화되었다. 이제 기술적인 설득이나 자료 수록, 이유를 설명하는 광고를 내보낼 시간이 없게 되었다. 모두 어떻게 해야 하는지 알게 되었는데 즉석 드라마, 위협과 약속을 하는 것이 그것이다.

시간의 문제와 매우 밀접하게 연관된 것이 '혼잡성'의 문제이다. 현재 미디어 상황은 전에도 언급했다시피 여러 가지 상이한 광고 메시지의 수가 급증했다. 광고주들의 관심은 이런 '환경적 소음'이 그들 메시지의 효과를 높일 수 있냐는 것이다. 문제는 어떻게 특정한 광고가 여러 군집 가운데에서 튈 수 있느냐는 것이다. 광고의 수가 많다고 해서 정보의 과부하로 광고의 효과가 줄어들까? 광고 시간의 수요 때문에 방송국의 관심은 보다 많은 시간대를 초당 보다 높은 비용으로(광고주에게는 건당 가격은 하락) 판매하는 것이다. 광고주는 어느 시점에서 15초짜리 광고보다 30초짜리 광고가 비용 면에서 효율적인지, 혹은 그 반대인지 결정해야 한다. '혼잡성'의 문제를 다루면서 광고주는 수용자가 그들의 메시지를 어떻게 인식하고, 시청자에 의해 의미가 어떻게 형성되는지 등의 수용자 반응에 관심을 가진다. 혼잡성의 문제를 해결하는 데 중심 요소는 바로 수용자의 시청 행위이다. 메시지의 사용 가치가 메시지가 위치하는 교환 가치의 체제에 의해 구속된다는 것을 광고주들은 잘 알고 있는 것 같다. 여러 군집된 광고 가운데 두드러지기 위해서 광고는 수용자를 둘러싸고 있는 다른 모든 것들보다 더 질이 좋고 재미있어야 한다. 이로써 일반적으로 유럽의 광고가 북미의 광고보다 왜 더 예술적으로 우세한지를 설명할 수 있을 것이다. 한 연출가에 따르면, 다음 사항을 알 수 있다.

> 유럽 인들은 수많은 세월 동안 광고가 없었다. 그러나 광고를 하면서 '잡지 형식'으로 하게 되었다. 즉, 모든 광고를 한데 묶어 집단화한 것이다. 각기 매혹적인 것으로 결국에는 상품을 선전한다. 당시 영국의 광고 회사는 타이드[미국의 유명한 빨래 세제]를 팔기 위한 기법을 가르치러 온 미국인들의 놀림감이었다. 그러나 상품이 일정 균형점에 도달하자 여기서도 매혹적인 방법이 필요하게 되었다. 유럽 인들이 감정적인 것에서 잘 팔기 위한 방법(여전히 매혹적으로)으로 간 반면에, 최근에 와서는 변화가 발생하였다. 그들에게서 교훈을 배워야 한다. 우리 미국은 자만심에 차서 우리가 모두 알고 있다고 생각하지만, 정작 그들에게 배워야 한다. TV가 그 이유인데, 유럽 인들은 잡지 방식으로 20개의 광고를 모두 같이 만들었는데, 문제는 1094번째 광고라면, 어떻게 그것을 기억하게 하는가이다. 어떻게 두드러지게 하여 기억에 남게 할 것인가? 만일 파는 데 전념하면 소비자는 "오, 누가 그게 필요해, 나는 가서 맥주나 마실래"라고 말할지 모른다. 영국이나 일본에서는 보다 교묘하고 재미있어야 한다는 것을 알았다. 그래서 미국에서도 보다 많은 감정이 개입되어야 한다는 것을 배웠다. 그러므로 주목과 관심을 끌면 사람들은 그 상품을 기억할 것이다. 여기에 많은 창조적 동기가 있는 것이다(*SCA*, 141~2)

이 모든 문제는 비디오와 리모컨이 보급되면서 복잡하게 되었다. 수용자가 재핑하지 않게 하려면, 더 양질의 광고를 만들어야 한다. "광고주에게 해결책이란 광고를 더 재미있고 시각적으로 매력적으로 만들어, 채널을 돌리거나 광고를 건너뛰지 않게 해야 한다"(*New York Times*, 1985년 10월 20일). 뉴 미디어 환경에서 광고는 단순히 파는 게 아니고, 재미있어야 하고 지금보다 더 재미있게 만들어야 한다. 그러므로 광고 산업이 '가장 똑똑하고 최고의' 예술적, 창조적 능력을 가진 사람을 고용하려고 하는 것에 대해 별로 놀랄 것이 없다(*SCA* 7장 참조).

미디어의 교환 가치 체제에 의한 한계가 광고의 내용과 스타일에도 부과된다. 교환 가치는 일방적인 메시지 / 수용자 관계를 구조화시킨다. 30초 동안 특정한 브랜드의 상품이 더 우수하다는 것을 논리적으로 설명할 시간이 없다. 시간의 구속력 때문에 라이프스타일 이미지를 근간으로 한 광고로 나아가게 한다. 혼잡성과 리모컨 때문에 상품이 아니라 인간에게 초점을 둔 빠른 속도와 시각적으로 어필하는 광고를 제작하는 방향으로 나아가게 되었다. 물론 여기에 이런 방향으로 이끄는 데는 다른 요인(마케팅 이론, 심리학, 사회학적 사고)도 있다. 하지만 현재 구성되어 있는 교환 가치 체제는 광고의 생산자가 그 안에서 그들의 활동에 관해 생각해야 하는 틀을 제공한다. 현재 광고 회사와 광고주의 상호 관계는 30초 동안 보다 많은 상품에 대한 정보를 제공하려는 광고주와 30초 동안 시청자는 한 가지 초점 이상은 이해할 수 없다고 설득하려는 광고 회사의 창조적 전문인과의 관계로 맺어져 있다. 상품에 대한 담론이 실제 피상적인 차원에서 이루어진다면, 행위자의 의도를 단순히 알아 내려고 하기보다 물적 상황을 고려하여 설명해야 한다. 예를 들어 15초 광고로 간다면, 시간적 제한을 해결하기 위해 강조되어 왔던 비그넷 광고가 변화될지도 모른다. 광고 전문가 가운데 일부는 15초 광고가 이미지 형성 광고(사실보다 분위기나 안개 낀 카메라 촬영을 사용한 소프트셀 *soft-sell* 광고)로 충분치 않다고 생각한다. 15초짜리 광고는 메시지를 굉장히 빨리 급작스럽게 두드리고 갈 것(빌보드같이)이라고 말한다. 레오 버넷 광고 회사의 연출가이자 부사장인 잭 스미스는 "15초짜리 광고가 '두통을 빨리 치료해요' 같은 하나의 메시지를 전달할 수는 있지만, 그 외에 이 약은 '위를 상하게 하지 않아요' 같은 주장을 하기 위해서는 30초짜리 광고가 알맞다"라고 말한다. "너무 많은 것을 한꺼번에 시도하지 않는 것이 중요하다"라고 그는 덧붙인다(*Fortune*, 1985년 12월 23일, p.75).

의아스럽게도 짧은 메시지가 소비자에게 어떤 영향을 미치며, 인간과 사물의 관계가 어떻게 변화하는지 개념화하는 데는 별다른 주의를 하지 않았던 게 사실이다. 그러나 많은 논평가들이 대통령 후보자에 대한 30초 광고는 정치 논쟁에 질을 떨어뜨리는 부정적 영향을 미친다고 분석하였다. 찰스 구겐하임 Charles Guggenheim 은 짧은 정치 광고에 기초한 정치 체제를 다음과 같이 논평하고 있다(*New York Times*, 1985년 11월 15일).

> (이런 정치 체제는) 선거 과정의 존엄성이 파괴된다…… 어떤 미디어 전문가에게 물어 보든지 30초 동안 그가 할 수 있는 것은 의심을 창조하고, 공포를 조장하며, 불안감을 이용하는 것이다. 치고 뛰는 것이다. 30초, 60초 광고는 비꼬거나 반신반의하는 기성 상품을 만들 뿐이다. 짧기 때문에 수용자는 광고의 질이 낮고, 설명도 잘못하는 것을 그냥 받아들이게 된다.

덧붙이면 정치적 메시지가 감추어진 얼굴 없는 제작자에 의해 만들어짐으로써 담론의 책임성이 사라지게 된다. 구겐하임은 광고가 최소 2분만 되어도 정치적 담론의 톤이 변화될 수 있고 피상적 시각 이미지 대신 실제 내용에 초점을 재조명하게 될 것이라고 주장하기도 한다. 만일 그게 정치의 경우 사실이라면, 인간과 사물의 관계를 규정하는 상품 광고의 담론의 경우에도 사실일 수 있지 않을까?

메시지의 기능을 이렇게 이해하게 되면 이제 상업 커뮤니케이션 산업의 메시지 체계의 기본적인 분리 현상을 볼 수 있는 입장에 서게 된다. 광고가 그렇게 잘 만들어졌는데, 일반적으로 프로그램 질이 낮게 만들어지는 이유는 커뮤니케이션 상품 체제에서 이 둘이 서로 다른 지위를 점유하고 있기 때문이다. 프로그램은 소비자에게 '팔려야' 하는 메시지로서 실은 소비자 상품이다. 현대 시장에서 볼 수 있는 다른 소비자 상품과 마찬가지로 획일적으로 질이 낮게 생산된 대량 생산 체제의 산물이다. 일반적인 소비자 상품과 마찬가지로 프로그램 메시지는 피상적 충족과 장기적 실망을 주며, 이로써 시장에 다시 물건을 사러 돌아오게 만든다. 이들 상품은 대중 수용자를 위해 가능한 값싸게 만들어졌다. 한편 광고는 자본 상품으로 간주될 수 있으며, 생산 수단을 가진 소유주에 의해 특정한 브랜드의 상품의 수요를 자극하기 위해서 사용되는 것이다. 공장의 기계와 같이(소비자 상품과 달리), 이들 상품은 일정 시간이 지난 후 못 쓰게 되어서는 안 된다. 이것이 의도하는 설득의 대상은 소비자이지만, 이것은 소비자에게 '팔리는' 것이 아니고, 소비자가 이를 사는 것도 아니다(우리가 아는 한 사람들은 광고를 보기 위해 텔레비전을 틀지는 않는다). 광고는 실로 자본 상품으로서 상품의 유통과 분배의 영역에서 사용된다. 자본으로 이용되는 다른 것과 마찬가지로 특정한 기능을 위해 최선의 상품을 만들려고 비용을 아끼지 않는다. 또한, 다른 자본 상품과 마찬가지로 이들은 세금 면제 상품이다. 프로그램 시간(소비 시청 시간) 동안 수용자는 그들 스스로를 위해 의미를 창조한다. 광고 시간(노동 시청 시간) 동안 수용자는 자본을 위한 의미를 창조하게 된다. 광고의 기능은 의사 소통을 위한 것이지 단지 이목을 끌기 위한 것은 아니며, '텔레비전에서 최상'의 것이며, 미디어의 가능성을 최대한 실현하는 유일한 부분이 바로 광고이다.

대안적 설명 1: 상품으로서의 시청률 순위 조사

방송인은 수용자 시간의 소유권자이며, 광고주는 이러한 상품의 매각자이다. 그러나 이 둘이 거래상 직접적으로 관계를 맺고 협상하는 것은 아니다. 이들의 관계는 몇몇 다른 산업 조직에 의해 중계된다. 첫째, 광고 산업계가 이 두 영역 간을 다리 놓아 주는 구실을 한다(*SCA* 6장, 7장 참조). 그렇지만 광고 회사들 자신이 순위 조사를 하여 가능한 최상의 시청 시간을 광고 의뢰인에게 팔려고 한다. 시청 시간의 매매는 물론 전체 시청 인구의 행위를 직접적으로 관찰하여 행해지는 것이 아니고, 전체 수용자를 '대표하는' 표본을 추출하여 이들의 행위를 측정한다. 전국 텔레비전 시청 순위에 대해서는 한 회사가 이 산업을 지배하고 방송인과 광고주의 관계를 연결시키는데, 그 회사가 바로 A. C. 닐슨이다. 이 회사가 시청자 시간을 사고 팔고, 거래하게 하는 '숫자'를 제공한다.

시청률 조사를 하는 업체에서는 전통적으로 수용자의 시청, 청취 행위를 순전히 객관적으로 측정(그리고는 이 정보를 관심을 가진 집단에게 판매한다)한다고 하지만, 최근에 비평가들은 겉보기에 객관적으로 보이는 수용자에 관한 데이터가 사실은 사회적 산물이며 정치 경제적 요인의 결과물이라는 점을 강조한다. 도널드 허비츠 Donald Hurwitz 에 따르면, 우리들이 수용자에 관해 갖는 견해는 연구 결과에 많이 의존하게 되며 "연구는 누가 어떤 목적으로 질문하는가에 따라 달라지게 된다"(Hurwitz, 1984: 207). 방송의 시청률 조사는 방송인과 광고주가 협상하는 데 서로 신뢰할 수 있는 객관적 기준이 필요하기 때문에 생겨난 것이다. 이런 상황에서 방송인의 관심은 가능한 한 시청률을 높이려는 것이고(이로써 광고비가 높아진다), 광고주 입장에서는 시청률을 낮게 측정하여 이익을 얻을 수 있다. 어떤 시각이 채택되느냐에 따라 시청률 조사 기관의 역사가 방송사의 '시녀'(Shanks, 1977)로 나타날 수도 있고, 광고 산업의 시녀(Barnouw, 1978)로 보여질 수도 있다고 논평한다. 다른 이들 가운데 스마이스 같은 학자는 이 둘 다에게 공평하게 봉사한다고 논평하고 있다(Smythe, 1977). 에일린 미한 Eileen Meehan(1983; 1984)은 이 모든 시각이 잘못되었고 "시청률 조사 자체를 더 이상 인간 행위에 대한 보고로 취급해서는 안 되고 사업상의 필요, 기업의 전략으로 형성된 상품이라고 봐야 한다"고 말하고 있다(Meehan, 1984: 221). 시청률 조사 기관은 중립적이고 객관적인 입장에서 수용자를 진정으로 측정하는 것이 아니다.

이들은 상품(시청에 관한 정보)을 생산하는 것이고, 이는 과학적 절차에 의해 만들어진다기보다는 상당한 이윤을 내기 위해 상품을 생산하고 판매해야 하는 필요성을 만족시키기 위한 여러 수요를 충족시키고자 만들어진 것이다.

시청자 조사의 객관성에 연루된 경제적 요소란 닐슨 기업이 시청자 전체를 일반화하기 위해 사용한 표본 규모를 보면 명백히 알 수 있다. 수 년 동안 닐슨이 사용한 표본은 1200가구이다(경쟁 회사의 압력으로 닐슨이 1990년에 2000가구로 확대하긴 했지만). 이 말은 표본상의 각 가구가 대략 7만 가정을 '대표'했다는 말이 된다. 그러므로 표본상의 각 가구의 시청 습관이 시청자 조사에 막대한 영향을 주게 된다. 예를 들어 10가구의 행태가 시청률 한 단위의 변화를 일으킬 수 있다(이는 프로그램 제작자와 네트워 방송국에게는 수백만 달러의 가치를 가진 것이다). (그러므로 막대한 영향력 때문에 부패의 가능성도 높다. Reel, 1979 참조). 통계상 오류를 낳을 수 있는 범위인데, 정보 제공에 대한 가격을 올리지 않고 조사 가구 수를 늘리면 닐슨으로서는 비용이 너무 많이 들기 때문에 이 정도의 소규모 표본을 사용하는 것이다.

표본의 규모도 문제지만, 이보다 비평가들에 의해 제기된 더 심각한 문제는 표본이 전체 시청 인구를 대표하는가 하는 대표성의 문제이다. 예를 들어 닐슨의 표본에 속한 사람들이 모두 연구에 참여한다고 동의한 것은 아니며, 다른 여러 연구 결과에서 보여 주었듯이 실제 비참여자들은 조사에 참여한다고 동의한 사람들보다 전체적으로 텔레비전을 덜 본다. 또한, 협조자들은 상대적으로 나이가 젊고, 고등 교육을 받은 계층이며, 대가족에서 생활하는 사람들이다. 이와 더불어 닐슨의 표본은 단독 주택과 아파트 거주자에게만 해당하는데, 전체 인구 가운데 3 % 가까이는 기관이나, 군대, 기숙사, 호텔, 여관 등에 거주한다.

닐슨의 표본이 전체 시청 인구의 대표성을 왜곡하는 가장 심각한 문제는 인종 차원에서 나타난다. 이 점에 대해서 토드 기틀린은 다음과 같이 서술하고 있다(Gitlin, 1983: 52).

흑인과 남미인, 노인들과 빈민층의 기호는 체계적으로 무시되는가? 이것이 사실이라고 해도 광고주들은 개의치 않을 것이다. 이런 사람들은 어쨌든 물건을 많이 사는 사람들이 아닐 테니까……. 흑인과 남미인들은 다음과 같은 두 가지 이유에서 닐슨 가구 조사에서 등한시된다. 첫째는 닐슨이 센서스 데이터에서 표본을 추출했다는 점이다. 센서스 기구가 아직도 빈민 가구의 단위를 과거에 소수 집단에게 그랬던 것처럼 등한시하고 있다면, 닐슨의 표본 또한 전임 NBC 간부 폴 클라인이 말한 것처럼 '편향'되게 나타난다. 두 번째 이유는 대부분 설문 조사에서 교육을 제대로 받지 못한 사람들은 질문을 받아도 잘 협조하려 하지 않으며, 교육받지 못한 사람 가운데 흑인과 남미인이 불균형적으로 많다.

게다가 일단 표본 대상이 된 후에는 한동안 이들이 고정적인 대상이 되는데, 닐슨이 단기간에 다른 가구를 측정하려면 많은 비용이 들기 때문이다. 그러므로 표본의 변화가 극히 느리게 나타나는데, 이 말은 특정한 시청 습관이 시청률 측정에 '영구적' 양상이 된다는 뜻이다.

그러므로 시청률 조사가 전체 시청 인구와는 다르다는 것이 여러모로 나타난다. 이는 문화 정책에 관해 중요한 의미를 지니는데, 네트워 방송국이 그들 자신의 행위를 정당화시키기 위하여 겉보기에는 인상적인 시청 조사를 제시하기도 한다. 그러나 시청률 조사가 실제로 빈민층과 소수 계층에 대해 불균형적이라면, 시청률은 시청 행위를 측정하는 게 아니라 선재된 경제적 한계 내에서 다른 목적을 위해 통계를 내는 결과가 된다. 이런 시각에서 에일린 미한은 다음과 같은 주장을 펴고 있다(Meehan, 1984: 223).

메시지나 수용자가 교환되는 것이 아니라, 시청률이 교환될 따름이다. 시청률은 단일한 기업에 의해 특정한 목적으로 생산되는 것으로 — 어떤 시기든, 어떤 산업의 어떤 기업이든 마찬가지로 — 이윤을 최대화하고 비용을 최소화하기 위한 것이다. 이로써 시장에서 자신의 위치를 지키고, 독립성의 영역을 확장하고, 수요의 불연속성을 방지하고 계속성을 만족시키고자 한다.

미한의 논점은 널리 받아들여지고 있지만, 이 장에서 논의한 시청 시간이라는 상품을 생산하고 판매하는 틀에는 도전하지 못한다. 시청률에 대한 논점은 방송인과 광고주의 관계를 이해하는 데 깊이를 더해준다. 그러나 궁극적으로 아무리 시청률이 잘못되었다 해도, 이것이 여전히 주요 경제 행위자들에 의해 협상 용어로 이용되고 있다는 점이 중요하다. 아무리 비과학적이라고 해도 시청 시간이 매매의 초점이 되어 측정되고 있다.

대안적 설명 2: 차별 지대

이 장에서 제기한 틀이 상업 텔레비전의 역동성을 설명하는 데 논쟁점을 불러일으키고 특이하다는 점은 인정한다. 필자는 이 문제를 다른 논문에서 상세히 논의한 바 있으며(Jhally, 1984), 많은 학회 모임에서 비판(Truchill, 1984; Lebowitz, 1984)을 받은 적도 있다. 시청 행위를 노동으로 보는 이론에 대해 가장 근본적인 반대 의견은 일반적으로 경제 영역에서 노동자가 생존하기 위한 자본을 얻기 위해 노동해야 할 강제성이 작용하지만, 수용자의 활동에는 이러한 강제성이 없다는 점이다. 수용자는 자유롭게 시청하지 않으면 그만이고, 이로써 미디어 산업을 위한 잉여 가치를 생산하는 일도 그만두면 된다. 이런 반대 의견에 대해서는 제6장에서 다루고자 한다.

놀랍게도 시청 행위를 노동으로 보는 이론에 대해 부정적으로 반응하는 사람들은 비판 이론 전통의 바깥에서 온 비평가들이 아니라 확고한 마르크스 학파 내에 속하는 이론가들이다. 가장 심각한 반대는 '패러다임' 내부에서 '정통' 마르크스주의자들에 의해 제기되었다. 보다 중요한 점은 이런 비판이 단순히 필자가 논의한 시각을 헐뜯는 부정적인 것이 아니라, 상업 미디어를 선진 자본주의의 상품 체계에서 살펴보려는 대안적 시각을 제시한다는 것이다. 여기에서 이러한 대안적 시각을 소개하고, 수용자의 시청을 가치화하는 행위로 보는 필자의 시각에서 이 대안에 대한 의견 개진을 시도하려고 한다. 다음에서는 마이크 르보비츠 Mike Lebowitz(1984)가 제기한 명시적 비판과 패트리샤 애리아가 Patricia Arriaga(1983; 1984)가 그의 저서에서 전개한 묵시적 비판을 소개하고자 한다.

르보비츠 비평의 요점은 시청 행위를 노동으로 보는 시각이 비과학적일 뿐만 아니라 출발점부터가 비마르크스주의적이라는 것이다. 마르크스는 과학의 역할이 가시적이고 단순히 피상적 운동(외양)을 실제적, 내면적 운동(본질)으로 환원시켜 보여 주는 것이라고 주장한다. 마르크스는 이를 위해 현실에 존재하는 형태로서 분할되고 경쟁하는 자본을 연구하기 전에, 총체적으로 필연적 순환 운동으로서의 자본을 추상화된 형태로 접근한다. 그러므로 출발점은 자본의 일반화된 형태여야 하며, 잠재적으로 잉여 가치를 지닌 상품으로서 자본을 다루어야 한다. 이러한 잉여 가치는 생산 과정에서 노동자를 착취한 결과로 나타나지만, 가치가 실현되는 것은 상품을 판매함으로써이다. 상품이 판매되기 전까지의 각 시점은 자본의 입장에서는 비용이 된다. 유통의 영역에서 자본에 연관된 유통 시간 동안이나, 생산을 지속적으로 하기 위해 추가적 자본이 요구되는 경우가 이에 해당된다. 또한, 유통 시간 동안은 자본의 흐름을 감소시키고, 자본으로의 이양을 감소시킴으로써 연간 잉여 가치를 감소시킨다.

이 때 자본의 관심은 유통 시간을 줄여서 총 유통 비용을 감소시키고자 하는 데 쏠리게 된다. 이러한 노력 비용이 유통 속도를 가속화하여 판매 속도가 빨라지는 데 따라 얻게 되는 이익보다 적어지는 한, 합리적인 비용이 된다. 그러므로 자본은 총 유통 비용을 최대한 감소시키기 위하여 여러 경로(미디어를 통한 광고를 포함하여)를 통해 유통 비용을 쓰게 된다. 여기서 미디어에 드는 비용은 판매 대금으로 환산된다. 이런 '근본주의자'적 시각에서 소비자는 상품의 매각자로서만 계산된다. 르보비츠가 여기서 말하고자 하는 것은 자본의 내면적 운동, 그 깊은 본질에 관한 것이다.

그러나 이런 깊은 논리가 자본의 외양에 그대로 반영되는 것은 아니다. 여기서 우리는 미디어 자본가들이 경쟁하는 산업 자본가들의 비용을 끌어들이기 위해 경쟁하는 양상을 취급하고 있는 것이다. 이런 경쟁의 양상은 특정한 미디어 자본가가 산업 자본가로 하여금 가장 매력적인 수용자에게 접근하게 하여 가장 빠르게 그들의 상품 판매를 증가(유통 시간을 가장 많이 감축)시킬 수 있다는 것을 보여 주려고 하는 것이다. 표면적으로 발생하는 일이며, 본질이 변하는 것은 아니다. 산업 자본은 유통 비용을 감소시킬 방법을 찾는 것이다. 미디어 자본가는 이를 위해 수용자에게 접근할 수 있는 길을 제공하며, 이로써 산업 자본의 잉여 가치를 공유하게 되는 것이다. 소비자는 물건을 매각하면서 이 과정에 참여하게 된다. 그러나 미디어 자본가(방송인)의 입장에서 보면, 이들이 광고주에게 판매할 수용자를 생산하는 것처럼 보일 수 있다. 외양으로는 방송인들이 소비자를 산업 자본가에게 판매하는 것으로 나타나지, 방송사들의 행위를 산업 자본가의 상품을 소비자에게 판매하는 과정의 한 부분으로 보지는 않는다. 르보비츠는 다음과 같이 말한다(Lebowitz, 1984: 8).

> 마르크스가 여러 번 논급했다시피, 이제 경쟁에서 모든 것이 뒤바뀌었다. 외면상 자본주의 생산의 실제적 행위자에 대한 이념과 개념이 '필연적으로 뒤바뀐' 것이다. 이는 경쟁에 의해 창출된 환상이다……. 바로 이러한 내면적 관계와 운동이 필연적 역전 때문에, 마르크스는 자본을 외면적으로 실제 행위자에게 나타나는 형태로서가 아닌 총체적으로 추상화된 형태로 연구해야 한다는 필연성을 주장하게 되었다. 이것이 바로 마르크스가 의미한 과학이다. 이 때문에 과학이 필요하다. 그러나 이런 패러다임에 의문을 제기하면서, 출발점을 미디어 자본가의 의도적 개념으로 잡은 것이다. 이 출발점은 — 이들의 의도적 개념을 인용하여 증명으로 내세우면서 — 수용자와 수용자의 시간을 산업 자본가에게 판매한다는 역전

의 개념이다.

즉, 출발점부터가 마르크스의 방법론적 전제를 완전히 부정한 것이다. 아무리 마르크스의 말 — 가치, 잉여 가치, 가치화, 절대 및 상대 잉여 가치, 잉여 시청 시간 등 — 을 장황하게 논의하고 있다고 해도 여기서 나온 것은 전적으로 비마르크스적 논의이며, 기본 전제부터 비마르크스적인 결론을 도출하고 있다는 사실을 부정할 수는 없다. 이런 전제로부터 수용자가 노동하며 착취당하며 잉여 가치의 원천이라는 결론이 도출된다는 것은 우연이 아니다.

여기서 르보비츠에 따르면, 저자(라이반트와 함께)가 노동의 범위를 맹목적, 이상주의적으로 확대하여 미디어 산업의 이윤의 근원을 신비화했다는 것이다. 실제로 설명해야 할 신비주의는 없다. 모든 가치는 자본주의 경제의 생산적 산업 영역에서 생산된 것이다. 미디어는 단지 이 가치를 실현하는 데 본질적인 요소로 작용했을 뿐이다. 미디어는 다른 데서 생산된 생산물을 판매하는 데 매개적 역할을 한다. 실제 미디어는 산업 잉여 가치의 일부분을 임대료로 받는 것이다. 시청 행위를 하는 수용자의 행위, 수용자의 원래 성격으로는 어떠한 가치도 생산하지 않는다. 그러므로 이로써 설명할 것은 없다.

르보비츠의 비평에서 지대의 개념은 시간의 가치화에 대한 대안으로 살짝 비칠 뿐이고 구체적으로 발전되지는 않았다. 한편, 패트리샤 애리아가는 이 개념을 상당히 설명하려고 했다(Arriaga, 1983). 논의의 출발점은 마르크스의 농토 지대에 대한 이론, 특히 차별 지대의 이론이다. 지대는 토지의 소유주가 토지를 이용하는 권리를 주면서 대가를 받는 것이다. 자본가가 지주에게 지불하거나, 운영을 위한 고정 비용의 일부분이 된다. 마르크스는 여러 종류의 토지가 어떻게 상이한 지대를 받게 하는가에 대해 연구하였다. 이를 설명하기 위해 그는 두 가지 개념을 발전시켰는데, 그 하나는 상이한 토지가 토질에 따라 차별 지대를 매겨지게 되는 DF-I이고, 두 번째는 첫번째에 근거하지만, 자본의 상이한 적용에 따라 차별 지대가 생기는 DF-II이다. 이 두 요소의 조합으로 차별 지대가 생성된다. 이를 바탕으로 애리아가는 다음과 같이 쓴다(Arriaga, 1983: 43~4).

> 마르크스의 이론에서 차별 지대는 자본주의 농업에만 국한되는 것이 아니라 자본의 생산성이 자본 재생산뿐 아니라 자연이나 외적 조건과 연관될 때는 언제라도 적용된다……. 그러므로 방송 미디어는 지대의 틀 내에서 분석될 수 있다는 점을 제안하고자 한다……. 방송 미디어의 경우 결정적 요소는 방송국이 운용되는 지역에 소비자가 집중되어야 한다는 방송국의 위치이다. 기존의 미디어의 광고 성향에 따르면 도달할 수 있는 소비자의 숫자가 중요해진 것은 이들의 소비 수준 때문이다. 지리적 위치가 농업과 같이 중요한 산업이 있으며, 이런 산업의 경우는 대부분 개인이 통제할 수 있는 범위 밖에 있다. 장소의 차이 때문에 같은 양을 투자했다고 해도 방송국에 따라 결과가 다르게 나타나며, 방송국이 도달할 수 있는 수용자의 규모도 달라지게 된다……. 그러나 이런 생산성의 차이가 재생산 요인에 관련된 것이 아니고, 방송국이 그 안에서 작동하고 있는 각 시장의 성격을 형성하는 사회 경제적, 인구학적 조건 같은 특정한 외적 조건에 따른 것이다.

여기서 애리아가는 더 나아가 특정 시장의 '자연적 비옥도*natural fertility*'에 따라 수용자의 지대가 가격으로 결정되는 기제를 설명하고 있다.

르보비츠와 애리아가의 논의를 반박하는 주장을 체계적으로 펼치려는 것은 아니고, 그들의 논쟁을 보다 긍정적으로 이용하여 나의 접근으로 모아 가려고 하는 의도이다. 여기서 두 가지 기본 논점을 제시하고자 한다. 첫째, 애리아가의 입장은 DF-I, 즉 방송 시장에서 수용자의 자연적 '비옥도'에 기반을 두고 있는 것으로 보인다. 그러므로 동일한 자본 투자(커뮤니케이션 수단이나 프로그램에 있어)가 상이한 규모의 시장에서 상이한 생산성을 내게 된다. 시장의 규모가 클수록 작은 규모의 시장보다 더 많은 광고 수입을 낼 수 있다. 보다 생산성이 높다는 조건은 규모가 작은 시장의 방송국 자본의 재생산에 한정되지 않는다. 그러나 앞 장에서 말했듯이 방송인은 실상 시청 인구를 재조직하거나,

혹은 (동시에) 시간의 분할에 의한 시청 과정의 재조직화를 통해 그들이 통제하는 시간의 생산성에 크게 영향을 줄 수 있다. 실제로 애리아가와 르보비츠의 비평은 마르크스가 지칭한 '인간 노동의 형식적 범위'에 관한 것이지 '실제적 범위'에 관한 것은 아니라고 할 수 있다. 이런 유형은 자본에 대한 예전의 농업적 사고 방식과 그에 따른 사회조직의 효과에 합당한 것이라고 할 수 있다. 또한, 새로운 전국 케이블망(MTV나 ESPN 등)에서 자본은 예전의 방송 시장의 생산성을 재생산할 수 있게 되었다.

두 번째는 첫번째와 연관되어 그들의 비평이 농토의 지대라는 특정한 지대 개념에 기초하고 있기 때문에 생긴 문제인 것 같다. 고전적 지대 이론은 토지 생산에 기초한 것이다. 토지 소유주에게 상이한 수입을 가져다 주는 것은 토지의 자연적 토질로 설명된다. 최근에 데이비드 하비 David Harvey(1982) 같은 비판적 지리 학자는 지대와 생산성에 대한 개념을 총체적으로 재고하고 있으며, 도시화와 도시 현상을 통해 이를 설명했다. 빌 라이반트는 농촌과 도시의 토지 관계에 대해 다음과 같이 논평하고 있다(Livant, 1985).

> 농촌의 생산성에서 파생된 고전적 지대 이론은 도시의 토지에 대한 수입을 설명하는 데 적합하지 않다. 이유는 간단하다. 사회적 생산 과정에서 도시의 토지는 도시의 공간이 되었다. 토지가 공간이 되는 변화 과정에서 농촌 지대의 결정적 요소가 되었던 토지의 모든 자연적 성격은 쇠퇴하였다. 도시 토지의 소유주가 받는 지대는 전적으로 그 토지에서 '발생한' 인간 노동력에 의해, 인간 행위에 의한 상이한 가치화에 의해 생성되는 것이다……. 지리 학자들은 언제나 토지의 '자연적 성질' 그 자체나, 이것이 인간사에 연루되는 것만을 고려하여 왔다. 도시는 이런 자연적 성질에 무관하다. 이것은 현대의 지대 문제와 공간에서 행하는 현대의 모든 인간 노동의 형태를 결정한다. 즉, 인간 노동은 공간적이다. 그러므로 도시 지대의 성격을 명확히 하기 위해서 '도시 공간' 그 자체의 의미를 형성해야 한다.

도시 상황에서는 지대 문제에 결정적인 것은 위치이지 생산성이 아니다. 위치는 상대적 개념으로, 가치화되는 인간 행위와의 관련성에 크게 의존하게 된다. 그러나 '방송 지대'의 이론에서 권력으로서의 인간 행위(시청)는 단지 사라질 뿐이다. 대신 수용자는 원천적 재료로서 자본의 행위자(방송 산업에 종사하는 자본가와 노동자)를 위해 노동하며 이들에 의해 통제된다.

결론

이 장에서 중심이 되는 논점은 상업 미디어 체제에서 시청 행위가 경제 일반에서 노동 시간의 가치화 과정과 동일하다는 것이다. 그렇다고 해서 그들이 똑같은 종류의 행위를 한다는 것은 아니고, 명백히 그들은 다른 종류의 상품을 만들어 낸다. 공장 노동으로는 물질적 상품을 생산하지만, 시청 행위는 그렇지 않다. 또 다른 논문(Jhally, 1982; 1984)에서 제안했다시피, 눈에 보이지는 않지만 객관적으로 상품이 생산되고 교환된다. 그러나 여기서 문제가 되는 것은 내가 한 영역(공장 노동)을 다른 영역(시청)에 억지로 대입하여 범주를 만들려고 했다는 것이다. 이제 상이한 현상을 다루면서 산업 노동을 모델로 삼으려 했다는 오류를 깨닫게 되었다.

자본주의에서의 대중 매체는 인간의 객관적인 잉여 점유의 행위로 진보되어 왔다. 시청 행위의 주관성이 적절한 물적 조건의 발전 아래 객관적으로 달성되어 왔다. 이런 잉여 점유의 발전이 자본의 가치 형태의 보다 높은 발전 단계라고 볼 수 있다. 이런 논리는 마르크스가 말한 이전 형태의 논리를 재생산하지만, 구체적 형태에 있어서는 실상 새로운 단계에 접어들었으며, 인간 행위 자체의 가치 형태로 나타나게 된 것이다. 이것이 실증적으로 반영된 것은 의식의 과정이 가치화되어 간다는 것이다. 그러므로 스마이스가 현대의 대중 매체를 '의식 산업 *consciousness industry*'이라고 이름 붙인 것은 부분적으로 타당한 것이다. 잘못된 점은 대중 매체가 아직까지는 거꾸로 개념화되었다는 점이다. 이는 무엇을 보내는가(메시지)에 따라 성격이 형성되는 것이 아니라 무엇을 앗아 가는가(가치)에 따른 것이다.

이제 이 장의 앞에서 논의한 것을 되돌아보면, 전통적 메시지 개념과 사용 가치(의미)에 관한 것이었다. 그러나 이제 올바른 물질적 시각으로 광고 메시지를 연구할 수 있게 되었다. 시간이 가치화되는 조건 속에서 의미가 어떻게 형성되는가를 볼 수 있게 된 것이다. 의미의 영역(경제의 영역과 마찬가지로)에서 사용 가치가 교환 가치에 종속되는 것을 보았다. 광고의 내용을 이해하기 위해서는 그 내용이 창조되고 의미가 구성되는 조건을 인식하는 데서부터 출발해야 한다. 다음 장에서는 텔레비전 광고를 이해하기 위한 출발점을 논의하기로 하겠다.

제4장

수용자 약호

앞의 두 장에서는 광고의 위상을 보다 광범위한 틀로 설명하였고, 마르크스의 상품 물신론 개념을 통해 경제 일반의 역동성을 살펴보았다. 인류학과 정신 분석학의 전통에서 물신주의는 인간과 사물의 관계를 고찰하는 개념으로 유용하게 사용되어 왔다. 제3장에서는 상업 미디어의 정치 경제를 아주 상세하게 분석하였다. 거기서 텔레비전 광고가 방영되는 시간 동안, 인간과 광고 메시지 간에 의미만 생성되는 것이 아니라 시청 행위(시청 시간의 사용 가치와 교환 가치 간의 관계)가 가치를 갖게 되는 설명 틀을 개발하였다. 이러한 광범위한 틀을 이해한 바탕 위에서 이제 광고 메시지 자체를 올바르게 이해하고자 하는 시도를 할 수 있게 되었다.

여기서 이것이 광고 메시지를 이해하기 위해 필수적으로 알아야 하는 모든 것이라고 말하고자 하는 것은 아니다. *SCA*에서 광고의 유형과 내용을 구조화하는 여러 다른 요소들을 논의한 바 있다. 전통적 라이프스타일을 파괴하는 자본주의 경제 자체의 광범위한 운동과 20세기 뉴 미디어의 발전으로, 기회가 확대되면서 이에 대한 광고 산업의 반응, 광고 산업 내에서 무엇이 효과적인 전략인지에 대한 가정의 변화, 광고 회사가 중개하고 산업 내에 흡수해야 하는 대중 문화의 광범위한 변화 등을 포함하고 있다. 그러나 여기에서는 *SCA*에서 논의하지 않은 사항만을 다루려고 한다.

이 장에서는 앞 장에서 다룬 사항과 관련하여 광고 메시지를 이해하기 위해 보다 구체적인 개념 틀을 제시하는 것으로 논의를 시작하고자 한다. 이 장의 끝 부분에서는 제5장에서 실증적으로 검증할 수 있는 광고의 유형과 내용에 대한 가설을 세워 보고자 한다.

특화로의 움직임: 시장 분할

앞 장에서는 상업 대중 매체의 구체성에 초점을 맞출 필요가 있다는 것을 강조했지만, 이 말이 커뮤니케이션 체제가 보다 넓은 물질적, 사회적 과정에서 괴리된 자율적 제도라는 뜻은 아니다. 실제로 스마이스는 시청자가 상품 일반의 잉여 가치를 실현하는 데 참여하는 것이 방송 산업의 내면에 깔린 역동성을 이해하는 데 절대적으로 필요하다고 역설한 바 있다(Smythe, 1980). 상품 일반의 생산 없이는 수용자가 광고주나 미디어 산업을 위해 일할 수 있는 기회조차 가지지 못하게 된다. 상품을 판매할 필요가 없다면 수용자 시간을 살 사람도 없을 것이고, 이것을 상품으로 창출할 이유도 없어지게 된다. (제3장의 차별 지대 부분을 특히 참조.)

상대적 잉여 가치의 착취(협송, 분할, 특수화를 통해)로 발전하게 된 것도 보다 광범위한 경제의 변화, 특히 제조업의 전략 변화에 기인한 것이다. 이 전략 가운데 가장 중요한 것이 소위 시장 분할이라고 일컬어지는 것이다. 웬델 스미스 Wendell Smith(1972)는 이를 "중요한 시장의 분할된 부분들 간에 여러 상이한 상품을 선호하는 동질적 시장의 규모가 작아지고 이질적 시장(다양한 수요의 성격)으로 형성된 것"이라고 정의한다. 전체 시장을 두고 경쟁자들 간에 상표를 달리하기보다는 분할된 부분이 대중 시장 내부에서 특정한 시장에 도달하기 위해 전력을 집중하는 것이다. 기업측에서는 이것을 20세기에 가장 중요하고 가장 영향력 있는 마케팅 개념이라고 인식한다(Frank, 1972). 다니엘 포프 Daniel Pope는 다음과 같이 말한다(Pope, 1982: 265).

> 실제로 시장 분할이 국내 광고주들의 원칙으로 자리잡게 된 것은 현시대에 국내 광고가 매우 발전할 수 있는 가능성으로 작용한다. 이전 세대에서는 이것이 광고 회사의 구조나 사업, 광고 전문가들의 원칙, 광고 자체의 유형과 내용에 영향을 미쳤다.

새로운 시장 분할은 과거 25년 동안 수용자를 인구학적, 심리학적 성격에 따라 나누어 측정할 수 있는 통계의 발전에 힘입어 가능하게 되었다. 분할은 여러 방법으로 가능한데 경제적 차원, 즉 대상 수용자의 소득 수준이 가장 중요한 변수이다. 지리적 위치나 사회 경제적 지위, 인성, 이용 형태, 좋아하는 상표 등 다른 범주를 삽입하여 정의 내릴 수 있다. 그러나 판매 전문가인 마이클 레이 Michael Ray 에 따르면, 이 모든 요인들 중에서 가장 유용한 요인(좋아하는 상표를 만들기 위한 게 첫째 목표)은 가장 어렵고, 신빙성 없는 것이다(Ray, 1982). 분할을 묘사하는 문제의 해결책으로는 심리 묘사적 *psychographics* 방법을 발전시키고 이용하는 방법이 있는데, 이는 기본적으로 상이한 종류의 범주를 기술적으로 조합시키는 것이다. 이런 연구 방법은 '라이프스타일 패턴'이라고 불리기도 한다. 광고 회사 간부인 조셉 플러머 Joseph Plummer 에 따르면, 이 연구는 경직한 인구학적 데이터에 '풍부하고 다각적인 심리적 성격과 깊이 있는 연구'를 합하는 것이다(Plummer, 1979: 125~6).

> 라이프스타일은 인간의 행태적 동향과 감정, 태도, 의견 등을 같이 다루는 것이다. 라이프스타일은 또한 계량화와 규모가 큰 표본을 사용하는 경향으로 강직한 접근법과 유사하다. 또 라이프스타일은 사람들의 행위, 관심, 의견에 대해 질문하고 대답을 얻고자 짜여져 있다. 인간의 행위를 노동과 여가 시간을 어떻게 보내는가에 따라 측정하고, 비근한 환경에서 중요성을 어디에 두는가에 따라 관심을 측정하고, 사회적 문제, 제도, 자신에 관해 어떤 입장을 갖는가에 따라 의견을 측정한다. 그리고 마지막으로 나이, 소득, 주거지 같은 기초적 사실을 조사하게 된다.

군집이나 요인 분석의 결과를 도식화하여 '능동적 성취자,' 혹은 '노동자 외향적 인간형' 등으로 수용자의 라이프스타일을 분할된 부분으로 나누어 보게 된다. 심리 묘사적 연구는 특정한 종류의 상품에 대한 소비자의 태도, 생활 방식을 동일화시키는 데도 사용된다. 예를 들어 1970년 제너럴 푸드사는 개밥 시장을 분할하여 개밥 사는 사람들의 유형을 알고자 심리 묘사적 연구를 실시했다(Bernstein, 1979).

이런 종류의 연구 가운데 가장 탁월한 것은 아널드 미첼의 ≪미국인의 9가지 라이프스타일 *The Nine American Lifestyles*≫을 들 수 있다. 미첼은 라이프스타일을 '가치, 욕구, 신념, 필요, 꿈, 특정한 시각 등의 독특한 체계로 정의되는 특별한 것'으로 묘사하기 위한 용어로 사용하였다(Mitchell, 1983). 미첼과 그의 동료 연구자들은 개인적, 사회적, 시장 차원을 포괄하는 틀을 발견하여 한 차원의 변화가 다른 것에 어떻게 영향을 미치는지, 또 사회 집단의 규모와 구성이 시간이 지남에 따라 어떻게 변화하는지를 성공적으로 예측할 수 있기를 기대했다. 이러기 위해서 그들은 'VALS(values and lifestyles)'라는 그들 나름의 분류 체계를 고안하여 9개의 라이프스타일을 구성하는 틀을 내놓았다.

<table>
<tr><td>필요에 의한 집단 — 11 %</td><td>생존자의 라이프스타일 — 4 %
자기 보존의 라이프스타일 — 7 %</td></tr>
<tr><td>외부 지향적 집단 — 67 %</td><td>소속인의 라이프스타일 — 35 %
모방자의 라이프스타일 — 10 %
성취자의 라이프스타일 — 22 %</td></tr>
<tr><td>내부 지향적 집단 — 20 %</td><td>나는 나 라이프스타일 —5 %
실험적 라이프스타일 —7 %
사회적으로 의식화된 라이프스타일 — 8 %</td></tr>
<tr><td>외부와 내부 지향의 조합 집단 — 2 %</td><td>통합된 라이프스타일 — 2 %</td></tr>
</table>

위의 표는 1980년 설문 조사에 응한 응답자를 이러한 범주로 묶어 미국의 성인 인구의 비율을 보여 준 것이다. 이러한 기초적 분류 체계가 프랑스, 이탈리아, 스웨덴, 영국, 서독에도 적용되었다. 미첼이 지적하듯이 이 틀은 필요, 혹은 욕구의 위계 체계라는 잘 알려진 개념으로부터 요소를 조합시켜 놓은 것으로, 가장 유명한 것으로는 에이브러햄 머슬로우 Abraham Maslow 와 데이비드 리즈만 David Riesman 의 내부적, 외

부적 지향성의 분류를 원용한 것이 있다. 이 유형에서 가장 특기할 만한 것은 실제 사회 집단을 범주화함과 동시에 심리적 성숙도를 보이는 개인적 자아 발전의 단계를 위계적 체계로 묘사하고자 하는 시도이다. 미첼은 "아마도 이 연구의 가장 궁극적인 사업상의 유용성은 시장 분할에 있을 것이다"라고 말하고 있다. 이 분류 체계가 광고를 정확히 기획하고 타깃을 맞춰 상품이 소비자에게 부합되도록 하는 작업을 통해 사업을 도울 수 있다고 이들은 주장하고 있다. 라이프스타일의 광고는 '성향 *predisposition*'으로 분할된 수용자와 의사 소통하는 광고를 제작할 수 있게 하며, 광고가 "적당한 시간에 알맞은 메시지로 적당한 사람에게 전달될 수 있도록 한다"(Ray, 1982: 482).

특히, 방송(새로운 케이블 기술 역시)은 수용자의 분할에 관심을 갖게 되면서 협송과 특수화의 방향으로 나가게 되었고, 여기서 상업 미디어는 제조업의 시장 분할과 그들이 메시지를 전달하는 수용자의 분할과 일치시키고자 한다. 제3장에서 살펴보았듯이, 광고주에게 파는 것은 추상적 시간이 아니며, 일반 수용자의 시간도 아니다. 상업 방송의 물질적 과정을 뒤에서 이끄는 것은 특정 수용자의 시간을 생산하고 판매하는 것이다. 에릭 반아우는 1970년대 상황을 다음과 같이 표현하고 있다(Barnouw, 1978: 71).

> 네트웍 방송사의 경영인들은 이제 그들의 스케줄을 인구학적 상품 수요에 따라 설문 조사하려는 경향을 보인다. 협상은 사람들을 무더기로 나르는 교류와 비슷하다. 한 광고 회사는 네트웍 방송국에게 다음과 같이 말한다. 광고 의뢰인은 Y라는 샴푸를 팔기 위해 18세부터 49세의 여자들을 위해 180만 달러를 투자할 준비가 되어 있다. 이 경우 다른 시청자들은 물론 관심 밖이다. 광고 의뢰인은 부적합한 시청자들을 위해 돈을 지불하려 하지 않는다. 그러나 18세부터 49세의 여자들을 위해 1000명당 Z 달러를 지불할 의향을 가지고 있다. 방송국에서는 어떤 광고 시간대를 줄 수 있는가?

반아우는 1970년대 텔레비전의 홍수가 슈퍼마켓의 인구학적 구성을 반영한다는 논평을 하고 있다. 아마 1980년대 새로운 협송 체제(MTV 같은)는 분할된 시장의 심리 묘사적 구성을 반영하고 있다고 말할 수 있다. MTV는 인구학적인 것만 아니라 생활의 총체적 의식을 포괄하고 있다. 텔레비전 프로그램에서 시장 분할 효과가 매우 중요하고 흥미 있는 주제이지만, 나는 더 이상 이 문제를 논의하지 않으려 한다. 대신 새로운 시장 분할과 텔레비전 미디어가 광고의 유형과 내용에 미치는 효과에 초점을 맞추고자 한다.

광고와 의미의 범주

다니엘 포프는 시장 분할이 사용자 중심의 광고의 성장, 극적·내러티브적 유형의 발생, 특정한 상품에 대한 선전의 퇴화라는 세 가지 상호 관련된 중요한 방향의 근원이 된다고 주장한다(Pope, 1982). 첫째, 마케팅의 분할 전략을 경쟁자들 간에 단순히 상표를 다르게 만드는 것과 비교해 본다면, 전자는 사용자 중심이고 후자는 상품에 초점을 둔 차이가 있다고 포프는 말하고 있다. 상품에 초점을 둔 광고는 대략 1900년부터 1950년까지 광고 산업을 지배했으며, 보여 주기 전략(USP, Unique Selling Proposition으로 알려진 장치에 의해)에 기반을 둔 것으로 일정한 상표가 다른 것보다 우월하다는 것을 보여 주는 것이다. USP의 선두 주자 로저 리브스 Rosser Reeves 는 "우리의 문제는 — 의뢰인이 사무실에 찾아와서 두 장의 연두색 1달러짜리 지폐를 책상 앞에 내밀면서 '내 것은 왼편 것이오. 이게 더 낫다고 당신이 증명해 줘야 하오'라고 말하는 것이다"(Pope, 1982: 287). 이와 반대로, 분할 전략은 사용자에게 초점을 두기 때문에, 다른 것보다 내 상표가 더 우월하다는 것을 증명할 필요 없이 소비자에게 이익이 된다는 것을 강조하면 된다. 진실과 속임수의 전통적 기준을 새로운 '라이프스타일'의 광고에 적용시키는 것에 대해 포프는 다음과 같이 말한다.

> 분할과 서비스 마케팅의 등장은 사용자 중심의 선전 부분을 눈에 띄게 증가시켰다. 상품의 진실성만을 보게 되는 윤리적 평가는 광고의 설득적 행위를 잃게 한다. 소비자가 '소비 공동체'로 들어오도록 광고로 어필하면, 상품이 좋다는 것만 아니라 그런 공동체가 매력적이라는 것을 강조하게 된다. 광고가 쾌적한 환경에서 상품을 전시하고 매력적인 모델과 배우들을 쓰게 되는 데 놀랄 것이 없다. 상품이 아니라 배경이 소비자의 욕망의 대상이 될 때에 상품만으로 광고를 판단하는 것은 불충분하다.

*SCA*에서 잡지 광고의 역사적 연구에서 사용자 중심적(혹은 상황 중심적) 광고로의 이행을 살펴볼 수 있다. 이런 최근의 단계(1960년대 중반에서 시작)에서는 사람과 환경의 관계를 강조하게 되는데, 이는 사용한 결과를 통해서가 아니라 특정한 라이프스타일에 어울어진 '상황'을 말하는 것이다.

둘째, 사용자 중심의 광고가 성장하는 것과 밀접히 관련된 상황으로 상품의 성격보다는 소비자의 이익을 강조하는 내러티브적이고 극적인 유형이 증가하게 되었다. 이런 종류의 스타일적 기제가 광고에서는 항상 역할을 해 왔지만, 사회적 동질성과 인정받는 것을 강조하던 데서 분할 전략에 따라 '자아 충족, 도피, 개인적 환상'을 강조하는 것으로 눈에 띄게 변화하였다. 텔레비전이 마케팅에 도입되면서 이런 발전의 효과가 두드러지게 나타났다. 텔레비전이 사용하는 상품을 효과적으로 전시하고 소비자의 이익을 제시할 수 있게 했기 때문이며, 극적인 비그넷 광고가 이런 전시 효과에 유용하게 작용하였다(Pope, 1982: 291). *SCA*에서 1945년 이후는 상품이 물신화되어 (마법적으로) 개인을 변화시키고 다른 사람들을 유혹하는 것으로 작용하는 '개인화'의 시기로 묘사되었다.

셋째, 시장 분할로 상품에 대한 강경하고 노골적인 정보를 제시하는 경향이 쇠퇴하였다. 소비자 중심의 광고로 대중 시장에 어필하는 상품 선전이 아니라 분할된 수용자들 공통의 경험, 인식, 태도를 내보낼 수 있게 되었다. 1960년대 후반부터 텔레비전을 시청하는 뇌 활동의 성격에 대한 연구를 응용하면서 이러한 새로운 방향의 광고가 한층 가속화되었다. 지금 제너럴 일렉트릭의 여론 조사 담당관인 허버트 그루그만은 통상 논리적이고 합리적, 분석적 사고 과정을 처리하는 뇌의 왼쪽 반구는 감정적이고 총체적으로 정보 과정을 처리하는 오른쪽 뇌보다 덜 능동적이라는 것을 발견하였다. '정상적' 상황에서는 왼편과 오른편이 조화적으로 정보를 처리하지만, 텔레비전을 볼 때 이 조화가 무너지고 시청자는 비합리적이고 감정적인 어필에 취약해진다.

토니 슈바르츠 Tony Schwartz 는 이와 같은 발견을 커뮤니케이션의 '공명' 이론이라 이름 붙여 가장 멋있게 표현했다(Schwartz, 1974). 이의 "가장 중요한 임무는 자극(광고)의 집합을 고안하여 개인 내면에 이미 저장된 정보에 공명하게 하며 이로써 바람직한 학습과 행태적 효과를 유도한다." 슈바르츠는 의미의 커뮤니케이터로서 메시지 자체에 관심을 두는 것이 아니라 수용자를 위한 메시지의 사용 가치에 관심을 두고 있다.

> 우리가 의사 소통하는 것의 의미는 청취자나 시청자가 커뮤니케이터의 자극과 함께 자신의 경험으로부터 이끌어 내는 것이다. 청취자나 시청자의 두뇌는 전체 커뮤니케이션 체제의 필요 불가결한 구성 요소가 된다. 그의 인생 경험과 그가 받는 자극의 예상이 커뮤니케이션의 의미를 결정하는 데 커뮤니케이터의 산출과 상호 작용한다(Schwartz, 1974: 25).

광고주가 할 일은 분할된 수용자의 세계를 이해하여 창조된 자극이 저장된 정보를 활성화시킬 수 있게 하는 것이다. 이를 위해서는 청취자가 소유한 정보에 공명을 일으켜야 한다. 그러나 공명을 반영과 혼동해서는 안 된다. 광고인 제리 구디스가 말했듯이, "광고는 사람들이 어떻게 행동하는가가 아니고 사람들이 꿈꾸는 것을 반영한다…… 우리 광고인들이 하는 일은 여러분의 감정을 싸잡아서 다시 여러분에게 파는 것이다"(Nelson, 1983). 그러므로 광고는 수용자의 경험으로부터 나온 자료를 쓰지만 이를 독특한 방법으로 다시 재구성한다. 이는 의미를 반영하는 것이 아니고 오히려 이를 구성하는 것이다. 슈바르츠에 의하면, 광고주들은 '구조화된 기억 상기'의 사업을 벌여야 한다. 그것의 목적은 시장에서 그 상품을 봤을 때 유쾌한 감정이 일 수 있도록 광고를 짜는 것이다. 슈바르츠가 말했듯이 "얼마나 많은 사람이 메시지를 받고 기억하는지 나는 관심이 없다. 내가 관심을 갖는 것은 자극에 의해 얼마나 많은 사람들이 영향을 받는가이다"(Schwartz, 1974: 69).

기호학에서 파생된 접근법은 사람들이 광고로부터 의미를 도출하는 과정을 연구하는 데 아주 유용하게 쓰인다(좀더 자세한 논의는 *SCA* 8장 참조). 기호학은 기호에 대한 연구이며, 보다 구체적으로는 기호의 체계이다. 기호는 의미의 체계 내에서 중요성을 갖는 것이며, 기표(물질적 요소)와 기의(정신적 요소, 이념)로 구성되어 있다. 이 두 요소는 둘 다 똑같이 필요하며 분석적으로만 분리될 수 있는 것이다. 예를 들어 우리 문화에서 다이아몬드는 영원한 사랑을 의미한다(다이아몬드는 영구적이다). 현실에서 '사랑과 영구적 다이아몬드'를 일치시키지만, 분석적으로는 이를 세 가지 요소로 나눌 수 있다. 즉, 기표(다이아몬드), 기의(영원한 사랑), 기호, 곧 기표와 기의의 통일체(사랑과 영구적 다이아몬드)가 그것이다. 다른 의미 체계에서, 혹은 다른 문화권에서 다이아몬드는 전혀 다른 것을 의미할 수도 있다. 사물로서의 다이아몬드가 영원하고 깊은 사랑을 의미할 내생적 성격이 없기 때문이다. 이것이 기표와 기호의 차이이다. 기표로서 다이아몬드는 텅 빈 의미를 가진다. 기호로서 다이아몬드는 꽉 찬 의미를 가진다. 제2장에서 논의했듯이 자본주의는 원래 상품이 텅 빈 의미를 가졌는데, 생산 과정이 상품을 기표로서 만들었다면 광고는 이를 기호로 만들었다. 예를 들어 다이아몬드와 관련하여 에드워드 엡스타인 Edward Epstein 은 ≪ 다이아몬드의 흥망 성쇄 *The Rise and Fall of Diamonds* ≫(1982)라는 저서에서 광고(N. W. Ayers 광고 회사의 DeBeers에 의해 실행된)가 희소성의 가치만을 가질 뿐인 하나의 돌에서 어떻게 우리 문화권에서 가장 중요한 상징인 깊은 사랑을 의미하게 됐는지를 묘사하고 있다.

주디스 윌리엄슨Judith Williamson은 저서 ≪광고의 해독 *Decoding Advertisements*≫(1978)에서 수용자가 광고 메시지로부터 의미를 끌어 내는 방법을 아주 자세하게 분석하고 있다. 논의의 중심점은 의미가 수용자에게 전달되기보다 수용자를 통해 창출된다는 것이다. 전형적으로 의미를 구성하는 단계를 세 단계로 볼 수 있다. 첫째는 하나의 기호를 다른 의미로 전이하는 것이다(즉, 사람이나 사회적 상황, 자연적인 것, 다른 사물, 감정 등의 의미를 상품으로 전이하는 것). 예를 들어 촛불이 켜진 식탁에서 한 병의 값비싼 포도주를 놓고 부부가 낭만적으로 저녁을 함께하는 장면에 아무 문자나 설명 없이 포도주와 이 상황을 연결시키는 것이 그것이다. 의미의 전이는 광고의 공식적 내부 구조 내에서 상호 병립을 통해 완수되는 것이다.

현대 광고에서는 하나의 기호에서 다른 것으로 의미가 전이되는 것을 광고 자체의 내용으로 노골적으로 표현하는 경우는 드물다. 예를 들어 딩고 신발을 광고하기 위해 O. J. 심슨 같은 미식 축구 스타를 내세우는데, 그 신발이 심슨과 같다는 말을 하지는 않는다. 우리가 심슨을 딩고 신발에 의미 전이시키는 것이다. 그러나 그 사람이 의미가 있을 때에만 사물을 사람에게 전이시키는 것이다. 의미의 전이는 광고 시청자의 능동적 참여를 요구한다.

> 광고는 그 자체의 생명을 가지고 있는 것 같다. 광고는 다른 미디어의 내부와 외부에 존재하면서 우리가 알아차릴 수 있는 언어지만 우리가 동일화시키지 못하는 목소리로 우리에게 말한다. 이는 광고가 '주체'가 없기 때문이다. 물론 사람이 광고를 고안하고 제작하지만 미지의 얼굴 없는 존재라는 것을 드러내지 않는다. 광고는 어떤 경우에도 그들이 말하는 것처럼 하지 않아 그들의 말이 아닌 것이다. 그러므로 말하는 사람이 있어야 할 자리에 공간이, 간격이 남게 된다. 광고의 특이한 성격 가운데 하나가 우리에게 그 간격을 메우게 하는 것이며, 이로써 우리가 청취자

이며 동시에 말하는 사람, 주체이며 객체가 되게 하는 것이다(Williamson, 1978: 13~4).

의미는 위에서 받는 것이 아니라 끊임없이 재창조한다. 우리에게가 아니라 우리를 통해서 나오는 것이다. 광고가 하지 못한 일을 우리가 해야 하지만 '이는 광고의 형태로서만 할 수 있는 일이다.' '광고의 단위 간에 변형할 수 있는 공간으로' 우리가 빨려들어가는 것이다. 의미는 이 공간, 상호 교류의 영역에만 존재하는 것이다. 우리의 영향력이 작용하는 영역이며 '우리가 그 공간이다'(Williamson, 1978: 44). 이렇듯 수용자의 중요한 매개 작용이 바로 슈바르츠가 말한 '참여'이며, 광고는 수용자를 조작하는 것이 아니고 의미를 생산하는 데 이들의 참여를 환영하는 것이다. 이는 마셜 맥루언의 개념에도 함축되어 있는데, 수용자가 텔레비전 이미지를 소비하면서 '노동한다'는 개념이 그것이다. 의미의 전이는 첫번째 사물, 첫째 기호(심슨)가 전이될 수 있는 의미를 가진다는 사실에 기초하여 성립된다. 광고는 우리가 의미를 상품에 전이시키도록 하고 기표를 기호가 되게 한다. 우리는 심슨이 무엇을 뜻하는지, 그가 대중 문화와 스포츠의 세계에서 의미하는 것이 무엇인지 미리 알아야 한다. 전이를 완성시키기 위한 수단으로 사용하는 의미 체계를 윌리엄슨은 준거 체계라고 하였다. 이는 광고주와 수용자 모두가 자료로 쓰는 지식군을 구성한다. 이로써 대중 매체의 광고는 매개자로서의 역할을 하는 것이다. 수용자는 적절하게 메시지를 해독하고, 광고주는 수용자의 사회적 지식으로부터 자료를 끌어들여 이 자료를 메시지로 변형시킨다(약호화하기). 광고주는 여러 수용자들과의 의사 소통 과정을 완수하기 위해 알맞은 형식을 개발하고 내용을 구성한다(Hall, 1980).

성과 광고의 유혹

수용자 자체의 행동이 메시지의 사용 가치에 중요한 역할을 한다는 인식에 의해 광고주의 조작과 음모적 통제에 대한 개념이 유용성을 잃게 되고 우리의 관심을 상실하게 된다. 그 대신 시청 행위가 일어나는 맥락을 이해하는 데 우리의 관심을 돌리게 한다. 앞 장에서는 이를 가치화의 시각에서 살펴보았다. 여기서는 광고 자체가 의미에 부합되는 의미의 맥락을 이해하고자 한다. 특히, 광고가 조작이나 기교를 부린다고 설명하는 것으로 퇴화하지 않는다고 해도 수용자에게 여전히 막대한 권력을 행사하는 것은 어디에서 나오는 것인지를 이해하고자 한다.

어빙 고프먼 Erving Goffman 은 ≪성과 광고 *Gender Advertisements*≫(1979)에서 이와 비슷한 문제를 다루고 있다. 그가 이렇게 문제 제기한 것이 아니고 대신에 왜 광고는 우리에게 이상하게 보이지 않을까라고 묻고 있다. 고프먼은 광고를 자세하게 살펴보면 매우 이상한 것이며, 성과 관련해서는 특히 그렇다고 보았다. 극단적인 비평과 함께 예를 들면서, 광고에서 여성과 남성의 관계를 이해하는 최선의 방법은 부모와 어린 아이와의 관계에 비유할 수 있으며, 남자가 부모 역할을 하며 여자는 어린 아이같이 행동하는 것이 기대되고 있다고 한다. 광고에서 여성은 대체적으로 어린이같이 취급받는다(고프먼 연구에 대해 자세한 설명은 *SCA* 참조, 특히 8장).

고프먼은 광고에 나타난 성적 관계를 여러 측면에서 지적하면서 그의 주장을 뒷받침하고 있다. 예를 들어 손이 어떻게 보여지는가를 설명하면서 고프먼은 여자의 손이 광고에 나타날 때는 대개 물건을 쓰다듬거나, 혹은 살짝 스치게 해서 여자는 완전한 통제력을 가지지 못한 것으로 보여지는 데 반하여, 남자의 손은 꽉 움켜잡거나 물건을 조작하는 모습으로 나타난다고 설명한다. 고프먼은 그러한 사회적 모습으로 남자와 여자의 상대적인 사회 지위를 설명하고자 한다. 예를 들어 침대와 방바닥은 깨끗하지 못한 부분과 연관되는데, 이를 사용하여 여기에 앉거나 서 있는 사람도 지위가 낮은 사람을 나타낸다. 기댄 자세 또한 자신을 방어해야 할 낮은 지위를 나타내고 다른 사람의 동정심을 일으키게 된다. 이러한 지위는 물론 '성적 가능성에 대한 관습화된 표현'을 반영하고 있다. 고프먼이 표본으로 삼은 광고에는 여자와 어린이가 남자보다 침대와 방바닥에 있는 사진이 훨씬 많다. 게다가 여자는 끊임없이 정신적으로 '어리둥절'하게 보이고 남자의 육체적 '보호'를 받고 있어 마치 남자의 힘과 주의력으로 충분한 것처럼 나타난다. 여자는 또한 손을 입에다 대는 몸짓 때문에 어린 아이 같은 행동으로 직접 퇴화한 것으로 보인다. 또 남자와 여자가 육체적으로 접촉하고 있을 때, 여자는 어린 아이가 엄마의 보호와 안락을 구하듯이 수동적으로 남자에게 안겨 있는 경우가 많다. 남자와 여자의 행위의 차이를 보이면서 고프먼은 남자와 여자 모델이 반대 입장에 있다는 것을 상상해 보라고 제안한다.

성인 여자가 광고에서 어린이 같은 취급을 받는다면, 왜 이게 이상하게 보여지지 않을까? 광고에 관해 가장 부정적인 말은 이게 마치 현실의 사진처럼 전혀 이상하게 보이지 않는다는 것이라고 고프먼은 논하고 있다. 이 문제에 답하기 위해 고프먼은 사회 인류학의 용어, 특히 의례, 전시, 의식(보통 같은 뜻으로 쓰이지만) 등의 용어로 되돌아간다. 이것들은 공통적 사회 생활을 구조화하고 안정화하기 위한 것이며, 개인이 자신의 위상을 확립하고 다른 사람이 자신을 어떻게 볼까 하는 것이 규정되는 의미의 체계를 의사 소통하고자 하는 행위이며 사건이다. 고프먼은 성이 사회적으로 어떻게 의사 소통되는가에 특히 관심을 가지고 있다. '생물학적 성 *sex*'이 남성과 여성의 생물학적 차이를 말한다면, '성 *gender*'은 남녀의 보편적 관계를 문화적 구속성으로 정립하는 개념이다. 남녀의 관계는 세계 방방곡곡에서 각기 다르며, 한 사회의 특정한 문화적 양태에 따라 많은 상이한 정의를 내릴 수 있다. 성적 관계 자체에는 자연적인 것이 없고, 이는 사회적으로 형성되고 정의된 것이다. 어떤 문화권에서도 기존의 성을 유지하기 위해 끊임없이 노력해야 한다. 이는 '생물학적 성과 연관해 문화적으로 정립된' 관습화된 모습을 뜻하는 '성의 전시 *gender displays*'로 사회 생활의 과정에서 성취되는 것이다. 일상적인 상호 교류에서 우리는 이 사회에서 남자와 여자가 의미하는 것에 따라 우리 자신과 다른 사람을 끊임없이 정의하고 있는 것이다. 어떻게 옷을 입고, 어떻게 행동하고, 상호 교류를 구조화하거나 몸자세나 의식적 행위(문을 열거나, 의자를 양보하는 행위 등) 등을 통해 문화적으로 관습화된 행동을 사용하여 성에 대한 개념을 서로 의사 소통하면서 살아간다. 이런 전시 행위, 혹은 성행위 의식 *rituals of gender behaviour* 이 인식을 형성하고 사회적 현실을 해석하도록 한다. 이러한 관습화된 성의 모습을 광고가 강하게 빌려 오고 있기 때문에 광고가 이상하게 보이지 않으며, 광고는 우리 사회 생활의 한 측면을 극단적 형태로 집중적으로 반영하고 있다는 것이 고프먼의 주장이다. 광고는 무에서 어떤 이미지를 창조하는 것이 아니다. 광고는 우리가 사회 생활을 유의미하게 하는 데 사용하는 일군의 전시 효과를 똑같이 이용하고 있는 것이다. "가능하기만 하면, 광고주는 우리의 관습을 관습화하고, 이미 형성된 스타일을 정착시킨다. 어떤 맥락이 끊긴 상태로 통용되는 것을 열광적으로 이용한다. 그들의 과대 광고는 초의식화 *hyper-ritualization* 를 형성한다"(Goffman, 1979: 84).

그러나 여기서 강조하고 싶은 것은 광고가 단순한 반영은 아니라는 것이다. 광고는 거짓도 참도 아니다. 대표성으로서 광고는 이게 '반영'하는 것으로부터 필연적으로 추상화된다. 실로 모든 커뮤니케이션은 어떤 수준에서 추상화를 수행한다. 너무 오랫동안 성에 관한 논의가 광고 이미지가 참이냐 거짓이냐에 집중되어 왔다(더 자세한 논의는 *SCA* 12장 참조). 광고 이미지는 사회 현실을 거짓되게도 참되게도 반영한 것이 아닌데, 실제로 이는 사회 현실의 일부분을 반영하고 있는 것이다. 성의 전시가 실제 성적 관계를 거짓되게도 참되게도 반영한 것이 아니듯이, 광고도 실제 성적 관계나 의식화된 성 전시를 참되게도 거짓되게도 반영한 것이 아니다. 이들 광고는 성 전시의 특정 측면을 강조하고 다른 점을 도외시하는 초의식화일 뿐이다. 그 자체로서 광고는 성적 관계를 이해하고 규정하게 하는 전체 맥락의 일부분을 구성하는 것이다. 광고는 우리가 성을 학습하는 과정의 일부분을 차지한다.

사회가 생물학적 성을 문화를 통해 (생물학적이나 자연적이 아닌) 성으로 규정하는 한 과거나 현재의 다른 사회와 근본적으로 다르지 않다. 모든 문화는 그 자체의 목적을 위해 성을 규정해야 하며 이런 사회화를 달성하기 위해 관습화된 유형의 개념을 가지게 된다. 성적 관계는 사회적이며, 어떤 경우에도 자연적 산물은 아니다.

그러나 우리 문화권에서는 아주 중요한 의미에서 다른 점이 있다고 생각된다. 성은 인간의 개인성의 한 측면에 불과할 뿐이다. 정치적, 직업적, 교육적, 창의적, 예술적, 종교적, 영혼적 등 개인의 생활에는 다른 매우 중요한 요소들이 있다. 인간의 존재는 잠재적으로 매우 광범위하며 경험도 매우 다양하다. 우리 문화권에서 광고가 이런 매우 상이한 것들의 균형을 도모하려고 하지만, 실제 모든 다른 것을 성을 통해 규정하려고 하는 것이 사실이다. 현대 광고에서 성은 광고주들에 의해 가장 많이 이용되는 사회적 자원이 될 것이다. 우리 주위에 일상 생활에서 날마다 맞부닥뜨리는 수천의 이미지는 성을 통해 전달된다. 광고는 성과 섹슈얼리티에 몰두하는 것 같다.

이에 몰두하게 된 데는 두 가지 이유가 있다. 첫째, 성은 인간에게 가장 깊고 가장 중요한 성향 가운데 하나이다. 우리 자신을 남자나 여자로서 이해하는 것이 자신을 개인으로서 규정하는 데 있어 가장 중요한 측면이 된다. 이것이 개인의 동질성의 가장 깊은 데 존재하는 것이다. 둘째, 성은 즉각적으로 소통되는데 이는 우리가 성 전시의 관습화된 약호를 익히 알고 사용하고 있기 때문이다. 광고주는 사실인 것같이 세계를 보여 주려고 하며(고프먼은 광고를 '상업적 현실주의'라고 부른다), 일상 생활과 경험 가운데에서 이를 유추하고자 한다. 거의 즉각적으로 의사 소통하고 인간으로서 자기 규정성의 가장 핵심에 이르게 하는 데 사회적 행위 영역에서 유추하는 것보다 더 나은 곳이 어디에 있을까? 고프먼은 다음과 같이 말한다(Goffman, 1979: 7).

> 인간의 가장 깊숙이 자리잡은 성향은 성으로 느껴지는 것이다. 여성다움과 남성다움은 어떤 면에서 본질적 표현의 원형이다. 이는 어떤 사회적 상황에서도 재빠르게 전달될 수 있지만, 한편 개인의 가장 기본적 성격에 부합되는 것이기도 하다.

모든 문화권에서 성적 관계가 어때야 한다는 것을 규정하기 위해 노력해야 하지만, 역사상 어떤 다른 문화권에서도 지금처럼 성적 관계를 노골적으로 부상시키기 위해 골몰하던 때는 없었다. 성이 우리 문화에서처럼 중요하게 여겨진 적은 없었다. 도상 문화를 가진 이래 섹슈얼리티와 성 문제에 이렇게 몰두하고 집중했던 때는 없었다. 위에서 말한 이유로 광고를 통해 우리 문화적 담론에는 성 문제가 부상되어 우월한 위치를 차지하게 되었다.

이는 광고의 힘이 어디서 나오는가 하는 문제에 해답을 제공할 수도 있다. 광고의 표현은 성이 규정되고 이해되는 맥락의 부분을 이룬다. 광고는 우리를 이끌어 우리의 현실에 이르도록 한다. 초의식적 이미지로서 광고는 성이 극도로 집중된 형태의 커뮤니케이션을 제공한다. 성의 핵심이 광고에 표현된다. 그렇기 때문에 광고가 묘사하는 성에 대해 상대적으로 비판이 면제된다. 페미니스트적 비평(내용 분석 비평과 객관화 비평 모두)은 지적인 차원에서 실체를 꼬집지만 이미지의 감정적 매력에 대해서는 인식하지 않고 있다. 광고의 메시지를 부정할 수는 없다. 광고가 의식화된 성과 유사하다고 해서 이를 거짓된 것이라고 말할 수는 없다. 더욱이 광고 현실을 통해 가장 깊은 차원에서 우리를 규정하고 있기 때문에 광고를 부정할 수는 없는 일이다. 사회적으로 승인된 사회적 성의 정체성을 어느 정도 받아들여야만 한다. 이 차원에서 제대로 대처하지 못하면 다른 차원에서 대처하기가 아주 어렵다는 것이 증명되어 왔다. 성이 혼란스러워지면 개인의 사회적 정체성의 전 영역에

먹구름이 끼게 된다. 광고 메시지를 통째로 부정하는 것은 사회적 성과 생물학적 성으로 우리를 규정하는 것을 모두 부정하는 것이다. 이는 현재 문화에서 사회적으로 인식되는 개인으로서 우리 자신을 부정하는 것과 같다. 지배적인 성의 개념을 받아들이지 않으면, '일탈적' 개인으로 도외시되어 우리 문화에서 '변태적' 존재로(성전환이나 이성의 복장을 하는 행위) 취급받게 되는 것이다. 이런 이유 때문에 퇴행적 광고 표현에 대한 페미니스트 비평이 성공적이지 못했다고 본다. 페미니스트들은 감정적으로 끌리는 매력의 기본을 인식하지 못했다. 비평이 이런 매력을 깨닫지 못했다면 광고에 대한 공격은 곧 사람들에 대한 공격이 된다. 사람들은 여기에 감정적으로 끌려서는 안 된다는 말을 들으면서 광고 이미지에 매력을 느끼는 데 대해 죄의식을 느끼게 된다. 이 점을 아네트 쿤 Annette Kuhn 은 다음과 같이 표현하고 있다(Kuhn, 1985: 8).

> 정치는 흔히 보다 심각한 생활을 추구하며 쾌락을 추구할 여지가 없는 것이라고 간주한다. 동시에 페미니스트들은 이미지에 대한 쾌락에 남모르게 죄의식을 느끼며, 정치적으로 불건전한 것을 거부해야만 한다고 확신하게 된다. 그러나 이런 이미지를 분석하면서 쾌락을 주는 성향을 인식하는 것이 가능하며 실제로 필요하기도 한데, 이는 쾌락이야말로 그 자체로서 분석의 영역이 되기 때문이다. 이 때 '순진한' 쾌락이 허용된다. 그러면 분석의 행위, 해체시키고 대항적으로 읽는 행위가 또 다른 쾌락을 준다. 저항의 쾌락, '아니오'라고 말하는 쾌락, 우리 자신과 다른 사람들이 '생경하게' 즐기는 문화적으로 지배적인 이미지가 아니라, 먹여 주는 대로 우리가 비판 없이 이를 소비하도록 강요하는 권력의 구조에 저항하는 쾌락 말이다.

광고 비평은 사람들이 광고 이미지의 힘, 권력이 존재하는 곳을 인식할 수 있도록 하는 데서 출발해야 한다. 거기서부터 광고가 우리 문화에서 하는 정확한 역할을 비판적 시각에서 파헤칠 수 있다.

성의 정체성을 규정하는 것은 당대에 하기에는 어려운 일이다. 현대 사회에서 이런 어려움은 사회적 성이 실제 어떤 것이라는 극도로 집중된 이미지가 '범람하는' 상황에 개인이 처해 있기 때문에 더욱 커진다. 광고는 소비 사회에서 성의 담론에 우월한 위치를 담지하고 있는 것으로 보이는데, 우리 일상 생활에 이게 부각되기 때문이다. 결과적으로 광고가 성에 관해 말하는 것이 이를 이해하는 데 매우 중요한 문제가 된다. 성은 여러 가지로 규정된다(성취, 생활의 통제, 독립성, 가족, 창의성 등등). 이는 인간 개인성의 다원적 차원을 구성한다. 그러나 광고에서 성은 거의 전적으로 생물학적 성과 동일시된다. 여성은 특히 성적 존재로 주로 규정되는데, 여성에게 있어 중요한 것은 성행위로 비춰진다. 포르노에 대한 논의에서 지적되었듯이 여자를 이같이 편협하고 제한된 시각으로 봄으로써 여성은 진정한 인간으로서보다는 그 이하로 취급받게 된다. 인간 행위의 한 측면에만 집중함으로써 인간을 인간으로서 보게 되지 않고, 그것만을 위한 존재로, 즉 한 면에만 연관시켜 보게 된다. 주디스 윌리엄슨은 이 점을 다음과 같이 지적하고 있다(Williamson, 1978: 169).

> 만일 의미가 사물, 즉 그것이 의미하는 것으로부터 떨어져 추상화되면, 이는 거의 언제나 위험한 신화인데 무언가 '아는 것'이 가능한 것은 물적 상황에서만 가능하기 때문이다. 또 인간이나 사회 현상으로부터 떨어져 그들의 가정된 추상적 '의미'만을 보는 것은 인간과 사회에 최악의 잔학무도한 짓이며, 기껏해야 현실을 피상적 비현실로 전환시키는 것이며, 사회적 꿈과 신화가 진짜같이 보여도 살아남을 수 없다……. 광고는 실제 시간과 공간의 영역을 차지하여 허위 내용을 담을 뿐 아니라, 허위로 충족시킬 인간의 진짜 필요와 욕망을 차지하기도 한다……. 우리는 자신을 돌아볼 방법이 필요한데, 광고는 이에 거짓된 시각을 주었다……. 우리는 세상을 이해해야 할 필요가 있는데, 광고는 우리가 마치 이해하고 있는 것처럼 느끼게 만들었다.

이렇듯 광고는 거짓된 방법으로 자신을 돌아보게 한다. 정확히 어디에 거짓이 점유하고 있는지 이 점을 명백히 하고자 한다. 개별 광고가 이를 점유하고 있는 것은 아니다. 개별 메시지의 소비가 '거짓된'

것은 아니다. 개별적으로 각 메시지는 특정한 의미를 의사 소통한다. 개별 광고는 의사 소통을 위해 특정한 전략적 목적을 가지고 생산된다. 관습화된 성적 상상력(하이 힐, 실크 스커트, 나체 같은)이 우리를 주목하게 하고 광고를 매력적인 것으로 보이게 한다. 하나의 광고를 고립시켜 놓고 비판하기란 여간 어려운 것이 아니다(여자를 대상화하는 광고라도, 우리 모두는 때에 따라 어느 정도 남자도 여자도 대상화하는 것이 사실이며, 이것이 사회적으로 긍정적 기능을 할 수도 있다). 일상 생활의 부분부분은 성과 관련을 가지고 있고, 그래서 개별 메시지가 성에 집중하고 있다고 해도 잘못된 것은 아니다. (즉, 광고에 대한 도덕적 입장으로 어떤 메시지는 공중이나 개인이 보기에 원천적으로 받아들일 수 없는 경우를 제외하고는 말이다. 정치적 권익을 위해 이런 시각에서 광고를 비판하는 집단도 있다.) 허위는 이미지의 체계, 즉 총체성으로서 광고, 그 누적 효과에서 발생하는 것이다. 모든(혹은 최소한 많은) 메시지들은 성에 관련된 것이다. 여자들에 관해 중요한 것은 이것뿐인 것처럼 여기고 있는 것 같다. 이 때 거짓된 것은 메시지 체계에서 나오는 것이지 개별 광고에서 나오는 것은 아니다. 광고가 생산되는 제도적 맥락에서 발생하는 것으로 퇴행적 양태를 둔화시키는 시도는 이런 차원에 집중되어야 한다는 것을 일깨워 주고 있다.

시장의 약호

그렇게 해서 광고는 두 가지로 볼 수 있다. 첫째, 우리 자신의 사회 생활을 정의하는 의미에 의거하여 광고를 볼 수 있다. 둘째, 광고는 의미를 작동하는 준거 체계에 대한 우리의 지식에 의거한다고 볼 수 있다. 여기에서는 두 번째를 보다 자세히 설명하고자 한다. 광고의 의미는 여기서 표면상 나타나지 않고, 같은 방법으로 의미를 전유하게 될 때 의미를 가진다. 의미는 기호가 광고에서 내부적으로 조직화되는 방식에 의거하며 외적 신념 체계에 광고가 관계를 가지게 되는 것에 의거한다. 기호는 단지 외연적 차원 *denotative level* 에서 조직화되는 것이 아니라 내포적 차원 *connotative level* 을 포함하여 구성된다. 첫째 차원은 광고의 문자적 의미이다. 그러므로 외연적 차원에서 '스웨터'는 '따뜻한 옷'을 의미한다. 그러나 내포적 의미까지 연장할 때, 이는 '포근하게 하기,' '겨울이 다가오고 있다,' 혹은 '추운 날'이라는 의미 등을 가진다고 말할 수 있다. 특정한 패션 체계에서 '스웨터'는 '첨단 유행 스타일'이나 '자연스런' 복장 스타일 등의 의미를 내포할 수 있다. 또한, 낭만적 하위 약호 내에서 '스웨터'는 '숲 속을 오래 산책하는 것'을 내포적으로 의미할 수도 있다. 스튜어트 홀 Stuart Hall 은 내포적 의미의 약호를 다음과 같이 말하고 있다(Hall, 1973: 176).

> 기호에 의미를 부여하는 의미 형태는 외연적 대상 외에 다른 의미를 내포한다. 이런 의미의 형태는 사회적 실천, 제도적 지식, 사회 내 확산된 형태로 존재하며 지배적 의미 양태로 그 사회가 세계를 인식하게 하는 신념과 정당성으로부터 파생된 사회적 지식의 형태를 지닌다.

롤랑 바르트 Roland Barthes 는 ≪ 신화론 *Mythologies* ≫(1973)에서 외연적 차원은 언어의 차원이고, 내포적 차원은 신화의 차원이라고 했다. 의미를 구성하는 과정에서 여러 상이한 요소('준거 체계,' '의식 / 전시,' '내포적 의미')를 통일하는 개념이 약호이다. 약호는 '상품 의미'를 구속하는 데 참여하게 하는 수용자와 광고주의 경험을 집단락시켜 놓은 것이다. 길리언 다이어 Gillian Dyer 도 약호를 "전달자와 송신자에게 인지된 규칙과 해석의 장치로 특정한 의미와 특정 기호의 내용을 의미 부여하는 것"이라고 정의한다(Dyer, 1982: 131). 홀(1980)은 지식의 틀, 생산 관계, 기술적 하부 구조 같은 요인으로 형성된 메시지를 약호화함으로써 '의미 있는' 담론을 생산하는 미디어의 과정을 기술하고 있다. 동일한 요소에 의해 다시 구속을 받는 수용자들에 의해 이 메시지가 해독되는 것이다(Hall, 1980: 130~1).

그러므로 텔레비전 메시지의 생산과 수용은 똑같지 않지만, 서로 관계를 가진다. 메시지는 커뮤니케이션 과정 전체의 사회 관계로 형성된 총체성 속에서 분화된 부문들을 이룬다……. '결정적' 부문에 구조는 약호를 이용하여 '메시지'를 내보낸다. 다른 결정적 부문에는 해독을 통해 '메시지'는 사회적 실천의 구조로 발포된다……. 약호화와 해독화의 약호는 완전하게 동일한 것이 아니다……. (하지만) 약호가 작동하지 않으면 담론이 인지될 수 없게 된다.

기호학의 전통에서 이는 순전히 통합체 구조(순수하게 내부적 텍스트 읽기에 근거한)가 아닌 계열체의 구조(텍스트 외부의 자료을 이용한)를 사용한 해석이라고 지칭된다(Kress, 1976 참조).

광고를 연구하는 데 약호에 초점을 두는 것이 물론 새로운 것은 아니다. 그러나 약호의 개념이 개념적으로 통찰력 있고 상상력을 발휘하게 하지만, 이를 광고 내용에 구체적으로 적용하게 되면 모호한 일반화를 이끌게 되는 경우가 많다. 예를 들어 윌리엄슨은 카트린느 드뇌브와 마고 헤밍웨이를 모델로 한 패션의 약호를 나누어 이 둘을 분리하기 시작했다(Williamson, 1978). 그러나 후에 '준거 체계'의 내용을 제시하면서 감각적 패션 약호는 어디로 갔는지, 고전적 문화 전통의 추상적이고 심오한 약호만을 논의하고 있다.

이런 심오한 약호를 설명하면서 마법 연금술의 영역과 광범위한 시간의 경로에서 내러티브와 역사에서 나온 복잡한 인류학적 개념을 사용하고 있다. 물론 여기서 목적은 광고가 의미를 실제적으로 형성시키는 물질적, 역사적 맥락으로부터 심오한 생활과 문화의 원천을 어떻게 분리시켜, 사물이 '자연적'이고 '역사적'인 것으로 허위 인식되게 하는가를 밝히는 것이다. 그러나 모든 현대 문화는 우리가 사랑하고 두려워하는 동물, 독특한 식사와 복장, 성적 역할, 사춘기, 청소년기, 결혼, 구혼, 권력, 지배에 관한 원시적 충동에 관련을 맺고 있다. 그리고 대부분 현대 문화는 선과 악, 성스러움과 세속적인 것, 생명과 죽음이라는 오래 된 대립항에 여전히 뿌리를 두고 있다. 물론 이러한 원시적 양태를 광고에 적용시킬 수 있지만, 이는 어디서나 마찬가지로 발견할 수 있는 측면이기도 하다. 이를 밝히는 것이 재미있는 작업이기는 하지만, 이렇게 한다고 해서 광고에 대해 많은 것을 알 수 있게 되는 것은 아니다.

바르다 레이모어 Varda Leymore 는 ≪ 은폐된 신화 *Hidden Myth* ≫(1975)에서 약호의 개념을 문화로 도치시켜 보고 있다. 레이모어는 인류 학자들이 원시 사회에서 신화의 체계를 연구하는 데 사용했던 구조적 분석 방법을 똑같이 사용하여 현대 광고를 연구하고자 하였다. 광고의 약호는 신화의 약호와 동일하다는 것이며, '정신의 상징적 기능의 본질적 일치'를 보여 주려고 하였다. 광고에서 생명의 보편적 문제(선과 악, 생명과 죽음, 행복과 불행)와 이에 대한 해결책의 약속을 발견할 수 있다. 광고는 걱정을 완화시키는 장치이며, 현대 이전의 사회에서 다른 제도가 행했던 기능을 수행하는 장치이다. 이런 접근법에서 분석 초점의 '범위 발견대'가 무한 상태로 조준되어 이미지의 선명도가 부족하게 나타난다.

준거 체계의 이러한 일반화는 현실을 사회적으로 구성하며 여기서 수용자의 역할을 규정하는 미디어의 일반적인 역할을 논하는 이론적 논의에도 반영된다. 유럽식의 기호학적 전통은 수용자가 의미를 형성하게 되는 외적 대상을 설명하는 정신 분석학에서 파생되었다(예를 들어 라캉). 이런 방향에 대해 정신 분석학보다 역사적, 사회적 주체성을 강조하는 건전한 반응이 특히 영국을 비롯하여 일고 있긴 하지만, 이 또한 일반적 차원의 문화적, 상징적 체계가 특정한 '결합'이나 특정한 '제도적' 공간에서 나타나는 것으로 여전히 보고 있다. 예를 들어 데이비드 몰리 David Morley 는 "담론적 구성체와 계급 구성체 간의 관계를 설정하는 것이 너무 '환원주의적'이긴 하지만, 수용자가 경제적으로, 정치적으로, 이데올로기적으로 결정된다는 것을 인식해야 한다"라고 말하고 있다(Morley, 1980: 172).

광고는 다양한 상징적 실천과 담론을 흡수하고 혼합하고 있다. 광고 메시지를 구성하는 이미지의 본질은 무한한 범주의 문화적 대상을 함유하고 이에서 뽑아 낸 것이다. 광고는 문학과 미술 디자인, 다른 미디어의 내용과 형식, 역사와 미래, 그 자체의 경험, 특정 대상화된 시장의 특정한 경험과 담론으로부터 이념과 언어 영상을 차입해 온 것이다. 이 때 광고는 소비를 주제로 하여 기술적으로 이들을 다시 조화시킨다. 광고를 통해 상품은 사회적 생활과 문화적 의미를 짜 나간다. 차용된 대상은 상품과 혼합되어 문화적 담론으로 회귀한다. 현대의 대중매체 광고는 광고주가 구성한 것과 수용자의 준거 체계 간의 관계가 구체적으로 양식화되는 기회를 제시한다. 이것이 광고의 약호이다. 한 광고 전문가는 이 상황을 다음과 같이 설명하고 있다.

> 먼저 누구에게 말하고 있는지 알아 내야 한다. 예를 들어 남성주의적 태도를 가진 몇 살의 남자라는 등 인구학적, 심리 묘사적 정보를 말이다. 이런 정보는 연구자나 마케팅 전문가로부터 시장 조사를 통해 얻을 수 있다. 그리고 나서 심리 묘사적 태도 등 그들에 관해 무엇에 대해 말하고 있다는 것을 알 수 있다. 이를 얻기 위해 어떤 것도 할 수 있다. 이상적 타깃 시장은 한 사람이다. 그들에 관한 모든 것, 그들의 꿈, 그들이 먹는 음식에 관해 어떻게 느끼는지, 어떻게 저축하는지, 학교는 어디를 나왔는지 알아 낸다. 그들에 관해 모든 것을 알아 내 히틀러에게라도 팔아넘길 수 있다. 여러분도 그럴 수 있다. 그러나 한 사람에게만 판매하는 것은 가치가 없으므로, 집단적으로 어필할 수 있는 점을 발견해야 한다 (*SCA*, 156).

시장 분할의 마케팅 이론이나 커뮤니케이션의 '공명' 이론, 준거 체계에 어필, 미디어 수용자의 분할과 특수화, 시간 분할, 광고 메시지 시간의 단축은 상이한 수용자가 광고 의미를 이해하는 데 상이한 약호에 준거하여 어필할 수 있다는 점에 의거한다. 이 가설은 제5장에서 실증적 연구로 검증될 것이다.

보다 일반적인 양태로 검증될 주제를 표현하면 광고 메시지의 사용 가치(수용자에게 주는 의미)는 이것의 위상이 사장되는 교환 가치 체계에 의해 창출된 조건에 구속을 받는다는 것이다. 특히, 수용자의 분할과 시간의 재분할(상대 잉여 가치)이 광고 메시지 체계의 상이한 부분에서 형식과 내용 면에 어떤 영향을 주는가에 주의를 기울일 것이다. 그러나 이 과정에서 사용 가치를 교환 가치에 종속시킨다고 해서 수용자가 메시지를 해석하는 데 어떤 주장도 하는 것은 아니다. 그건 다른 연구에서 다루어져야 할 의제이다. 이 단계에서는 수용자가 의미를 형성하는 데 사용하는 자료가 어떻게 보다 광범위한 물질적 조건으로 형성되는가에 관해서만 관심을 가지기로 하겠다. 특히, 나는 광고주가 수용자의 약호를 어떻게 인식하는가에 관심을 가진다. 이를 체계적으로 측정하기 위해, 광고의 텍스트에 초점을 두어 메시지의 생산자가 그들이 마음에 두고 있는 수용자에 관해 인식하는 것이 무엇인지 보여 줄 수 있을 것이다.

제5장

광고 약호와 물신주의: 실증적 연구

앞 장들에서 광고를 비판적으로 연구하는 데 아주 중요한 두 가지 개념을 제시했었다. 하나는 상품의 물신주의이고, 다른 하나는 시간의 가치화와 수용자 이해의 '약호'이다. 이 장에서는 이들 추상적 개념을 텔레비전 방송을 통해 실증적으로 연구하고자 한다. 특히, 약호와 물신의 개념이 현대 광고를 이해하는 데 얼마나 유용한 도구인가를 확신시키고자 한다.

광고 내용을 실증적으로 연구하면서 기호학과 내용 분석의 방법론을 결합하고자 하는데, 이로써 체계적이고 '객관적'인 내용 분석과 해석적 기호학이라는 광고를 분석하는 두 가지 주요 방법을 능동적으로 이용할 수 있게 된다(이 전략에 대한 논의는 *SCA* 8장, 9장 참조). 스티븐 클라인과 윌리엄 라이스가 잡지 광고를 분석하는 약호 프로토콜을 분석의 출발점으로 삼고자 한다. 이들의 프로토콜이 이 연구에 필요 불가결하지만 30초 동안의 변화 무쌍한 청각적, 시각적 자료를 다루는 광고 형식에 이를 적용시키고 잡지와 전혀 다른 미디어에 이를 이용하고자 하는 것이다. 여기서는 약호 프로토콜이 장기적으로 발전되는 (18개월간) 과정을 보는 것이 합당하며, 결과는 아주 다르게 나타났다(방법론에 대한 상세한 논의와 이 연구의 상세한 결과에 대해서는 Jhally, 1984 참조).

저자는 최종 프로토콜을 개발하여 1000개 미국 방송 네트워 광고에 적용시켰다. 이로써 프로토콜은 약호 간의 신빙성을 (성공적으로) 검증했지만, 이 결과가 저자의 이론적 가설을 '증명'했다거나 '부정'했다고 주장하는 것은 아니다. 이것이 증명 혹은 부정되기 위해서는 다른 학자들도 참여해야 한다. 그러므로 이 연구는 이런 방향으로 연구가 계속 진전되어야 하는지 연구가 다른 방향으로 나가야 하는지를 지침하는 일차적 연구로 간주될 수 있다. 실증적 연구를 위해 들인 수많은 시간을 생각하면 이렇게 주장을 유보하는 것은 매우 망설여지고 애석한 생각도 든다.

여기서 분석한 광고는 방송 네트워 프라임 타임과 네트워 스포츠 시간, 이 두 시간대에서 각각 500개씩 무차별 계층(상품 종류에 따라) 표본 추출한 것이다(상품 광고만이 이 표본에 포함되어 있다). 이렇게 두 시간대를 선택함으로써 사람들이 가장 많이 보는 광고(프라임 타임)와 광고주가 상이한 수용자에게 전달하고자 하는 메시지를 살펴볼 수 있게 된다. 프라임 타임은 수많은 상이한 수용자들이 시청하지만, 광고주에게는 여성 수용자에게 다가갈 수 있는 가장 효과적 방법이다. 유사하게 스포츠 시청자가 모두 동질적이진 않지만(프라임 타임에 비해서는 상대적으로 동질적), 광고주가 성인 남자에게 다가갈 수 있는 가장 효과적 방법이다. 그러므로 1000개 광고가 여성, 남성이라는 두 개의 하위 표본 체계로 분류될 수 있다. 광고 표본은 1년에 걸쳐(1980년 9월에서 1981년 8월까지) 3개의 주요 네트웍에서 추출하였으며, 스포츠 광고는 3개의 주요 스포츠(농구, 미식 축구, 야구) 모두에서 추출하였다. 표본 추출 절차는 99 % 정확도를 가진다고 말할 수 있다. 일단 프로토콜(개념의 조작화)을 개발하고 표본을 추출한 다음에 각각의 개별 광고에 그 분류 틀을 적용시켰다. 광고는 3/4인치 컬러 비디오테이프에 녹화했으며, 적절하게 약호가 마무리될 때까지 여러 번 다시 돌려 보았다.

데이터 분석을 하기 전에 여기서 사용한 통계의 타당성을 밝힐 필요가 있겠다. 조작적 변수의 대다수는 명목 변수이며 이 말은 순위적, 등간적, 비율적, 수량적 범주가 아니라는 것이다. SPSS(Statistical Package for the Social Sciences)로 명목 차원의 데이터를 분석하는 6개 통계 방법이 있는데, 카이스퀘어 *chi-square*, 파이 *phi*, 크래머 V Cramer's V, 불확정 계수 *contingency coefficient*, 람브다 *lambda*, 불특정 계수 *uncertainty coefficient* 가 그것이다. 관계를 정확히 측정하기 위해 다음 5가지 기준을 만족시켜야 한다고 보았다. (1) 0부터 1의 범위를 가져야 하며, (2) 0은 관계가 없음을 나타내야 하고, (3) 1은 두 변수 간에 완전한 일치 관계를 나타내야 하고, (4) 정방형이든 직사각형이든 모든 규모의 표에 적용될 수 있어야 하고, (5) 측정 수준에 합당해야 한다는 것이다.

카이스퀘어는 상층 한계가 없으며, 파이는 2 × 2 표에만 적용될 수 있고, 불확정 계수의 최대치는 표 규모에 따라 달라진다. 나머지 람

브다와 불특정 계수는 오류의 비율 감소(PRE, proportional reduction in error) 개념에 기반을 두고 있어 독립 변수로부터 종속 변수치를 얼마나 정확히 예측할 수 있는가에 달려 있다. 광고주가 분할된 수용자의 경험과 희망에 의거해야 하지만 상표는 그 자체가 분화되어 있기 때문에 각 시간별로 약호화 / 해독화 요소가 좁은 범위로 형성되지는 않는다. 전통적 개념에서 예측성을 의미하는 것은 아니고 일 대 일로 부응하는 고정된 약호나 시간대는 존재하지 않는다. 단지 가능한 대안들의 범주가 존재할 뿐이다. 여기서 사용되는 약호의 개념은 한 변수의 상호 관계와 상호 공존의 범주를 뜻하는 것이지 좁은 의미의 약호가 단일한 예측 요소로 작용한다는 의미는 아니다. 다른 문제에는 유용하게 작용할 수 있지만, PRE 척도는 여기서 다루는 문제에 적합하지 않다. 이 연구에서 관계는 크래머 V를 사용하여 측정하며 이는 보다 큰 규모의 표에 파이를 확장시킨 것이라 볼 수 있다. 이는 0부터 1까지의 범위를 가지며(무관계와 완전한 일치 관계), 모든 규모의 표와 명목 수준 측정에 적용될 수 있다. 그러나 이것이 두 변수의 관계의 강도를 측정하기는 하지만 관계의 방향은 측정할 수 없고 관계가 존재하는지 강도가 얼마인지만 측정한다. 현재의 목적을 위해서는 그것만으로도 충분하다. 광고 약호가 의미하는 대안적 범위에 관해 위에서 논평했던 것에 따라 V가 0.3을 넘는 것을 의미가 있는 것으로 받아들이도록 하겠다.

약호와 수용자

여기에서는 상이한 수용자에게 전달되는 메시지를 나누어 볼 수 있게 데이터를 유형화하는 작업을 하도록 하겠다. 변수의 수는 시간대(프라임 타임[PT]이냐 스포츠 시간[ST]이냐)에 따라 상관 관계를 가진다.

사용 종류

< 표 1 >은 상이한 종류의 상품이 시간대에 따라 나뉘어 광고되는 것을 보여 준다.

< 표 1 > 시간대에 따른 사용 종류(%)

사용 종류	총계(n = 1000)	PT(n = 500)	ST(n = 500)
술	13.8	3.2	24.4
식품	13.1	23.2	3.0
의복	3.4	5.2	1.6
자동차	20.7	10.0	31.4
개인 용품	23.3	26.4	20.2
가정 용품	9.2	11.6	6.8
약	6.9	12.0	1.8
애완 동물	1.4	2.8	0.0
레저	6.1	3.8	8.4
기타	2.1	1.8	2.4
총계	100.0	100.0	100.0

두 시간대의 차이는 아주 중요하다. 사용 종류와 시간대의 상관관계는 0.54 V를 나타내어 실증적으로 매우 높은 상관 관계를 보인다. 스포츠 시간에 광고되는 상품의 종류는 보다 집중적이고 좁은 범주의 수용자를 대상으로 한 것으로 보인다. 세 가지 사용 종류(자동차, 술, 개인 용품)가 광고 상품의 76 %를 차지한다. 반대로 프라임 타임의 3대 최상위 상품(개인 용품, 식품, 약)은 61.2 %를 나타낸다. 또한, 두 시간대의 상품 종류는 매우 상이하다. 스포츠 시간에서는 자동차와 술이 지배적이고, 프라임 타임에서는 개인 용품과 식품이 지배적이다. 이를 통해 시간대에 따른 의미 있는 차이를 발견했다고 해도 사용 종류를 중요한 요인으로 검토하고 통제해야 한다는 것을 알 수 있다.

인물 약호

*SCA*에서 광고는 세 가지 요소의 약호 간의 관계로 구성되어 있다는 것을 논한 바 있는데 상품 약호, 배경 약호, 인물 약호가 그것이다. 여기서 텔레비전 광고에서 인물을 통해 호소하는 광고의 성격을 규명하고자 한다.

<표 2> 시간대별 인물 약호(%)

인물 약호	총계(n = 1000)	PT(n = 500)	ST(n = 500)
인물 없음	6.4	3.8	9.0
회사 직원	5.8	4.6	7.0
전문가	6.2	5.2	7.2
보통 사람	36.1	42.6	29.6
이상적 인물	26.1	29.0	23.2
어린이	1.2	2.4	0.0
허구적, 신비적	3.0	2.8	3.2
유명한 사람	15.2	9.6	20.8
총계	100.0	100.0	100.0

미디어에서 인물 약호로 가장 많이 사용되는 세 종류의 사람은 보통 사람, 이상적 인물, 유명한 사람이다. 그러나 시간대(수용자)와 상관관계를 보면 흥미 있는 차이가 있다는 것을 알 수 있다. V값이 0.25를 기록할 뿐이고 세 가지 범주가 똑같이 나타나지만, 프라임 타임에서 일반 사람이 42.6 % 사용되는 데 반하여 스포츠 시간에서는 29.6 %만이 사용되는 것을 알 수 있다. 또한, 유명한 사람은 프라임 타임 광고에서 9.6 % 사용되는 데 반하여 스포츠 시간 광고에서는 20.8 %나 사용되는 것을 볼 수 있다. 스포츠의 세계는 프라임 타임의 '일반적' 생활에 비해서 보다 화려한 경향을 가진 것으로 보인다.

지배적 사회 집단

이 변수는 광고에 나타나는 지배적 사회 집단을 측정한 것이다.

<표 3> 시간대별 지배적 사회 집단(%)

사회 집단	총계(n = 1000)	PT(n = 500)	ST(n = 500)
인물 없음	8.1	5.4	10.8
독신	39.4	39.8	39.0
독신 / 잠재적 부부	1.8	1.8	1.8
부부 집단	2.1	1.6	2.6
부부	14.1	17.8	10.4
핵가족	10.9	15.8	6.0
대가족	2.2	3.4	1.0
여성 집단	2.3	4.4	0.2
남성 집단	9.7	2.0	17.4
부부 아닌 집단	3.2	3.0	3.4
혼합	0.8	0.2	1.4
집단 유대 없는 무리	4.9	3.8	6.0
어린이 무리	0.5	1.0	0.0
총계	100.0	100.0	100.0

데이터 전체를 두고 보면 독신의 출연이 가장 많고(39.4 %), 그 다음으로 큰 격차를 보이며 부부의 출연이 많고, 핵가족, 남성 집단순으로 나타난다. 시간대별 교차 분석표에 의하며 V는 0.37의 중요성을 나타낸다. 큰 차이는 가족과 집단 범주에서 나타난다. 핵가족의 경우 프라임 타임에서는 15.8 %가 나타나는 데 반하여 스포츠 시간 광고에서는 6 %만이 나타난다. 대가족의 경우 프라임 타임에서는 3.4 %가, 스포츠 시간에서는 1 %만이 나타난다. 여성 집단의 경우 프라임 타임에서 4.4 %인 데 반하여 스포츠 시간에서는 0.2 %만을 기록하고 있다. 남성 집단의 경우 프라임 타임에서 2 %만이 나타나지만 스포츠 시간에서는 17.4 %가 나타난다. 부부에서도 작은 차이가 나타나는데, 프라임 타임

에서 17.8 %가 보이는 데 비하여 스포츠 시간 광고에서는 10.4 %가 나타난다.

독신의 경우 프라임 타임과 스포츠 시간에서 모두 똑같이 중요한데, 남성 여성의 관계에 있어서는 약간의 차이를 보인다. 그러나 가족과 집단의 경우 면밀히 살펴보면, 흥미 있는 차이를 찾아볼 수 있다. 핵가족과 대가족을 한데 묶어 생각하면 프라임 타임에서는 19.2 %가 나타나는 데 반하여 스포츠 시간 광고에서는 7 %만이 나타난다. 집단을 모두 묶어 보면(부부 집단, 여성 집단, 남성 집단, 부부가 아닌 집단), 프라임 타임 광고에서 11 %가 나타나는데 스포츠 시간에서는 23.6 %가 나타난다. 이로써 프라임 타임에서는 가족이 보다 중요하고 스포츠 시간에서는 집단이 보다 중요하다는 것을 알 수 있다.

인간 관계

이 변수는 앞의 변수와 밀접한 관계를 가지고 있으며, 사회 집단을 보다 개인 관계 차원으로 나누어 본 것이다.

<표 4> 시간대별 인간 관계(%)

인간 관계	총계(n = 1000)	PT(n = 500)	ST(n = 500)
독립	2.0	2.2	1.8
낭만적 사랑	17.2	20.4	14.0
가족 유대	8.0	10.8	5.2
부모와 자녀의 관계	3.5	6.6	0.4
우정	15.7	10.8	20.6
권위에 확신	3.6	4.8	2.4
직원과 손님	2.0	1.8	2.2
경쟁 / 놀리기	6.0	3.6	8.4
없음	42.0	39.0	45.0
총계	100.0	100.0	100.0

일반적으로 가장 중요한 두 개의 범주는 낭만적 사랑과 우정이며, 가족 유대, 경쟁 / 놀리기가 그 뒤를 이어 중요한 범주로 뒤따른다. 시간별 교차 분석표에 의하면(0을 제외), V는 0.35의 중요도를 기록한다. 낭만적 사랑은 스포츠 시간(14 %)에서보다 프라임 타임(20.4 %)에서 더 중요하며, 부모와 자녀의 관계도 마찬가지다(6.6 % 대 0.4 %). 한편 우정은 프라임 타임(10.8 %)보다 스포츠 시간(20.6 %)에서 더 중요하며 경쟁 / 놀리기도 마찬가지다(3.6 % 대 8.4 %).

활동

이 변수는 광고에 나오는 사람들이 하는 활동을 보는 것이다. 그러나 텔레비전 광고가 정적이라기보다 '동적'인 메시지이기 때문에 한 광고에서 한 가지 이상의 활동이 보여지는 경우가 많다. 그래서 활동 요인을 보기 위해 이 변수에는 이중 선택을 약호화하였다. < 표 5 >의 총계는 이중 선택을 합계한 것을 나타낸 것이다. 그 외 다른 두 열은 첫 번째 선택한 것을 프라임 타임과 스포츠 시간으로 나누어 놓은 것이다. 합계된 범주를 하위 부분으로 나눌 수 없다. 약호화된 활동 중에서 가장 빈도가 높은 것은 명시적인 광고 제작이다(14.6 %). 이 범주는 허구화, 내용 설명, 여타 광고의 양식을 명시적으로 시도하지 않은 모든 광고를 포함시킨 것이다. 그 다음으로는 친구와 사교 활동, 개인(몸매) 유지, 레저 활동, 일상적(화려하지 않은) 작업 상황 등이 자주 등장한다. 시간별 교차 분석표는 V 0.40의 중요도를 기록한다. 중요한 차이로는 가사일(PT에서 8.6 %, ST에서 0.6 %), 친구와 사교 활동(PT에서 3.2 %, ST에서 9.6 %), 소유 유지(PT에서 1.6 %, ST에서 6 %), 여행(PT에서 2.4 %, ST에서 9.4 %), 식사(PT에서 4.6 %, ST에서 0.8 %), 스포츠 활동(직접 하는 것이나 관람하는 것. PT에서 3.2 %, ST에서 10.4 %)을 들 수 있다.

<표 5> 시간대별 활동(%)

활동	총계(n = 1000)	PT(n = 500)	ST(n = 500)
활동 없음	7.7	8.3	8.4
휴식 / 여유	5.7	6.2	3.6
레저 활동	9.0	8.6	8.0
일상적인 일	9.4	7.1	9.2
화려한 일	3.2	2.0	4.0
가사일	6.8	8.6	0.6
친구와 사교 활동	12.8	3.2	9.6
사랑의 교제	6.5	3.6	3.0
개인 유지	10.4	12.0	8.8
소유 유지	4.2	1.6	6.0
구매	3.1	3.8	1.6
교육적	0.7	0.8	0.2
종교	0.6	0.6	0.0
스포츠 관람	0.4	0.6	0.0
여행	5.9	2.4	9.4
식사	3.6	4.6	0.8
취침	1.4	1.6	1.0
스포츠 활동	7.6	3.2	10.4
아이돌보기	0.7	1.2	0.0
광고 제작	14.6	15.2	12.0
혼합	4.2	4.8	3.4
총계	N / A	100.0	100.0

라이프스타일

광고에서 가장 인기 있게 묘사되는 라이프스타일은 건강한 / 운동하는 생활과 일반적 / 중산층의 라이프스타일이다(<표 6> 참조). 세련된 / 멋있는 삶, 즐기는 젊은이들, 화려한 삶이 그 뒤를 잇고 있다. 시간대별 교차분석표에 의하면 V는 0.39로 나타나고 있다. 이는 범주별로 상당한 차이를 보이고 있다는 것을 나타낸다. 건강한 / 운동하는 생활(PT는 7 %, ST는 18 %), 즐기는 젊은이들(PT는 10.6 %, ST는 5.2 %), 중산층(PT에서 19.4 %, ST

< 표 6 > 시간대별 라이프스타일(%)

라이프스타일	총계(n = 1000)	PT(n = 500)	ST(n = 500)
없음	27.7	20.8	34.6
건강한 / 운동하는	12.5	7.0	18.0
자연으로 돌아감	1.4	1.8	1.0
가족 유대	3.9	4.8	3.0
즐기는 젊은이들	7.9	10.6	5.2
즐기는 10대들	0.7	1.0	0.4
세련된 / 엘리트적	8.6	9.0	8.2
화려한	6.7	7.8	5.6
중산층 / 도시 근교	12.1	19.4	4.8
유행이 지난	2.2	2.6	1.8
전통적 / 전원적	5.5	3.0	8.0
노동 계급 / 도시	5.2	5.6	4.8
바쁜 직업인	3.1	4.4	1.8
이국적	1.7	0.6	2.8
잘 노는 / 어린이	0.8	1.6	0.0
총계	100.0	100.0	100.0

에서 4.8 %), 전통적 / 전원적 삶(PT는 3 %, ST는 8 %), 바쁜 직업인(PT는 4.4 %, ST는 1.8 %)으로 나타난다.

수사 형식

이 변수와 이 다음에 설명할 변수는 광고의 내용보다는 광고의 표현 형식을 측정하는 것이다. 여기서 상품을 팔기 위해 어떠한 수사 구조 *rhetorical structure* 를 사용하는가를 살펴보고자 하는 것이다. 이 변수에는 이중 선택을 약호화했다(< 표 7 >). 이 변수가 광범위한 범주를 형성하지만, 몇 개의 지배적 범주를 발견할 수 있을 것이다. 상품을 사용한 후 효과를 기반으로 한 광고 문안이 1순위를 조사한 첫번째 선택과 2순위를 조사한 두 번째 선택에서 모두 가장 인기 있는 것이다. 상품을

<표 7> 시간대별 수사 형식(%)

수사 형식	첫번째 ($n = 1000$)	두 번째	PT ($n = 500$)	ST ($n = 500$)
없음	0.0	17.0	—	—
합리적 호소: 상품 성질에 기초한 합리적 주장	3.9	3.8	2.8	5.0
경제 / 가격에 호소	5.4	2.6	3.8	7.0
효과에 호소: 사용 결과가 굉장함	15.9	15.4	17.6	14.2
비교에 호소: 다른 상품, 다른 효과와 비교	8.0	4.8	10.2	5.8
염려에 호소: 사용하지 않으면 큰일난다	1.9	1.5	1.2	2.6
전문성에 호소	4.7	3.5	4.0	5.4
전형적으로 인간적 호소	5.5	13.1	4.8	6.2
지위 / 인기도 높은 집단에 호소: 인기에 관련	12.9	7.8	14.0	11.8
인기 있는 활동에 호소: 신나는 환경, 특별한 날	8.3	9.7	5.0	11.6
유명 스타로 호소	6.8	1.2	7.0	6.6
운동 스타로 호소	7.0	0.7	1.4	12.6
동료에 호소: 상품이 모두에게 인기 있다는 설명	0.6	2.0	1.2	0.0
위안에 호소: 걱정의 완화	6.2	3.1	9.2	3.2
향수에 호소: 예전의 가치를 다시 획득	1.3	2.1	2.0	0.6
감각적 호소: 보고 느끼기에 좋고 즐거운 감각	6.6	9.4	11.4	1.8
이국성에 호소: 이방의, 이국적, 초현실적	1.4	1.4	1.8	1.0
제공하는 호소: 특별한, 제한된 시간에 제공	3.6	0.9	2.6	4.6
총계	100.0	100.0	100.0	100.0

지위가 높거나 인기 있는 사람의 집단과 관계를 맺거나 인기 있는 활동에 연관시켜 광고하는 것이 그 다음으로 자주 쓰인다. 후자의 요인은 어느 정도 잘못된 것인데, 많은 광고에서 이 둘을 떼어 놓기 어렵기 때문이다. 이 둘을 하나의 범주로 놓고 보면 광고의 21.2 %를 차지한다. 그 외에 중요한 범주로는 다른 상품과 비교한다든지, 유명한 스타를 통한 호소, 운동 선수로 호소하거나, 감각적 호소(성적 호소가 아니고), 안심하게 해서 호소하는 것을 들 수 있다.

시간별 첫번째 순위 약호를 나타낸 교차 분석표에 의하면 V는 0.38의 중요도를 기록한다. 중요한 차이로는 경제 / 가격에 호소(PT에는 3.8 %, ST에는 7 %), 운동 선수로 호소(PT 1.4 %, ST 12.6 %), 위안에 호소(PT 9.2 %, ST 3.2 %) 감각적 호소(PT 11.4 %, ST 1.8 %)로 나타난다.

스타일

역시 이 변수는 순위 약호를 이중으로 조사하였다.

첫번째 선택은 수사 형식처럼 광범위한 범주를 가진 것은 아니다. 최상위의 4개 범주가 66.6 %를 차지한다. 가장 인기 있는 것은 허구적 이야기(생활의 단편을 보여 주는 광고. 24.8 %)이며, 카메라를 똑바로 보고 말하는 것(21.9 %), 라이프스타일의 묘사(11.7 %), 상품이 사용되는 것을 보여 주는 것(8.2 %)으로 나타난다. 위의 순위에 대한 두 번째 선택에서는 보다 균등하게 분포되어 있고, 두 개의 범주가 다르게 나타나는 것이 눈에 띈다. 이는 상품 사용을 보여 주는 것(9.8 %)이고 유머(14 %)이다. 이로써 광고를 만드는 데 유머가 주요 스타일 장치는 아니라고 해도, 이것이 광고의 중요한 부분의 하나라는 것을 알 수 있다. 시간대별 첫번째 선택을 교차 분석표로 측정하면 V는 0.34의 중요도를 기록한다. 중요한 차이를 보이는 것으로는 노래와 춤(PT에서 2.8 %, ST에서 0.6 %), 허구적 이야기의 사용(PT에는 30.6 %, ST에는 19 %), 라이프스타일(PT에는 7.4 %, ST에는 16 %), 즐거운 이미지 사용(PT 1.6 %, ST 7.2 %), 상품 사용을 보여 주는 것(PT 5.6 %, ST 10.4 %), 유머 사용(PT 3.4 %, ST 7.4 %) 감각적 / 성적 자

<표 8> 시간대별 스타일(%)

	첫번째 ($n = 1000$)	두 번째	PT ($n = 500$)	ST ($n = 500$)
없음	0.0	22.2	0.0	0.0
신나는 활동성	2.7	6.0	1.8	3.6
노래와 춤	1.7	0.5	2.8	0.6
인터뷰	3.7	0.5	5.2	2.2
출연자 연설	21.9	6.7	24.2	19.6
상품을 위한 스튜디오 배경	2.4	3.0	1.6	3.2
허구적 이야기	24.8	7.3	30.6	19.0
라이프스타일의 일반화된 설명	11.7	6.0	7.4	16.0
즐거운 이미지 / 배경에 상품 전시	4.4	6.4	1.6	7.2
상품을 사용하기 전과 사용 후	3.6	3.6	3.6	3.6
만화 / 그래픽	2.7	0.6	1.6	3.8
상품 사용을 보여 줌	8.2	9.8	5.6	10.8
회피 / 환상	0.7	0.9	0.8	0.6
유머	5.4	14.0	3.4	7.4
감성적	0.7	1.2	1.4	0.0
감각적 이미지: 성적, 활발한, 자극적	2.7	6.9	4.0	1.4
귀여움: 아기, 동물	1.8	3.7	3.4	0.2
초현실: 신비적	0.9	0.7	1.0	0.8
총계	100.0	100.0	100.0	100.0

극 이미지 사용(PT 4 %, ST 1.4 %), '귀여운' 기법의 사용(아기나 동물. PT에는 3.4 %, ST에는 0.2 %)으로 나타난다.

가치

광고에서 지배적 가치를 측정하는 데는 다른 어떤 변수보다도 가장 해석적이고 간접적인 방법이 동원된다. 약호화를 용이하게 하기 위해 가치 변수는 네 부분으로 나누었다. 활동과 관련된 가치, 인간적 주제와 관련된 가치, 일반적 차원의 가치, 상품 가치가 그것이다(< 표 9 >).

활동 가치에서는 가장 자주 쓰이는 활동이 여유와 사교성, 휴식과 동반을 강조하는 여가 활동이다. 이는 실제 적극적으로 여가를 추구하는 두 범주와는 대조를 보인다. 시간별 교차 분석표에 따르면 V 중요도는 0.24를 기록한다. 가장 중요한 차이는 가사 부문이다(PT에는 18.6 %, ST에는 6.8 %).

< 표 9 > 시간대별 가치(%)

활동	총계 (n = 1000)	PT (n = 500)	ST (n = 500)
여가 1: 사교적, 휴식	30.4	26.0	34.8
여가 2: 활동적 모험, 오락, 스포츠	14.4	13.0	15.8
임금 노동	4.4	5.2	3.6
가사 / 가정 유지	12.7	18.6	6.8
없음	38.1	37.2	39.0
인간적			
아름다움: 세련, 우아	11.5	17.8	5.2
개성	2.6	3.4	1.8
강인함: 남성 우월, 남성성, 터프	11.6	4.4	18.8
가족: 가족 사랑, 모성애, 전통	11.6	18.0	5.2
성적 / 낭만적 사랑: 이성 간 매력	9.0	11.6	6.4
자매애	1.5	2.6	0.4
형제애	6.9	1.2	12.6
우정: 남녀, 혼성, 비성적	6.2	5.4	7.0
섹슈얼리티: 상품이 사용자를 매력적으로 만듦	5.1	5.8	4.4
없음	34.0	29.8	38.2
일반적			
애국심	2.9	1.6	4.2
전통 가치: 향수, 역사적	3.5	3.8	3.2
강인함	7.9	4.4	11.4

인간적 가치는 전체 데이터를 중요한 4가지 범주로 나누어 볼 수 있는데 아름다움, 강인함, 가족, 낭만적 사랑을 들 수 있다. 시간별 교차 분석표에 따라(0은 제외) V 중요도는 0.52를 기록하고 있다. 많은 범주에서 차이를 보이고 있는데, 아름다움(PT에서는 17.8 %, ST에서는 5.2 %), 개성(PT에서 3.4 %, ST에서 1.8 %), 강인함(PT에서 4.4 %, ST에서 18.8 %), 가족(PT에서 18 %, ST에서 5.2 %), 성적 / 낭만적 사랑(PT에서는 11.6 %, ST에서는 6.4 %), 형제애(PT에서 1.2 %, ST에서 12.6 %)로 나타난다.

활동	총계 (n = 1000)	PT (n = 500)	ST (n = 500)
평화 / 안전: 신빙성, 평정, 부드러움	15.7	16.4	15.0
미지: 신비적, 알쏭달쏭, 초현실적, 신화적	1.8	3.0	0.6
자유 / 독립	10.2	13.2	7.2
기발함: 비관행적, 독특, 이국적	7.5	6.2	8.8
행복 / 재미	12.2	14.4	10.0
흥분	5.4	2.8	8.0
만족	16.3	19.4	13.2
지위: 이상향, 상류층, 부러운	3.7	3.6	3.8
성취	3.8	2.0	5.6
없음	9.1	9.2	9.0
상품			
최상: 일반적, 주장	35.3	34.0	36.6
기술성: 장인 정신	8.0	7.6	8.4
개선된	4.1	5.2	3.0
건강한 / 자연적	14.4	19.2	9.6
공리주의적 / 편리한: 실제 유용한, 용이, 빠름	8.7	8.4	9.0
정상 / 인기: 모든 사람이 사용	6.9	7.4	6.4
절약 / 금전적 가치 / 제공	12.2	8.4	16.0
기술에 대한 신뢰 / 약품	5.8	6.0	5.6
없음	4.6	3.8	5.4

일반적 가치도 4개 범주로 나눌 수 있는데 만족, 평화/안전, 행복/재미, 자유/독립을 들 수 있다. 시간별 교차 분석표(0 제외)에 의하면 V값은 0.28인데, 여러 범주에서 중요한 차이를 보이고 있다. 애국심, 강인함, 미지/신비적/초현실적, 자유/독립, 재미, 만족, 성취 등의 범주가 이에 해당한다.

상품 가치에 대해서는 가장 많이 쓰이는 한 범주가 있는데, 최상의 상품이라는 것이다(35.3 %). 시간대별 교차 분석표에 따르면, V는 0.18을 보인다. 유일한 차이를 보이는 범주는 건강한/자연적 범주와 절약적/경제적 범주이다.

위의 순위에 해당하는 두 번째 선택에서 가치 변수를 보면 각 범주의 네 부문이 별개의 변수로 취급받아 존재하는가 부재하는가에 따라 기록하게 된다. 이렇게 하는 이유는 많은 광고가 다수의 가치를 사용하여 어필하고 있기 때문이다. < 표 10 >은 각 시간대별로 광고의 20 % 이상을 점유하는 가치를 제시한 것이다. *는 하나의 목록에만 나타난 것을 표시한 것이다. 이런 시각에서 볼 때 광고가 상이한 수용자에게 강조하는 가치에 본질적 차이가 있다는 것을 나타낸다.

< 표 10 > 시간대별로 가장 두드러진 가치(%)

프라임 타임(PT)		스포츠 시간(ST)	
최상	42.4	최상	48.5
만족	33.2	여가 1	38.5
여가 1	30.0	* 강인함	28.5
* 행복/재미	25.0	평화/안전	26.7
* 아름다움	24.0	여가 2	22.4
평화/안전	22.6	* 강인함	21.8
* 가족	21.8	* 남성 형제애	21.2
* 건강	21.0	만족	20.2
* 가사일	20.6		

수용자 약호?

여기에서 분석된 데이터에 따르면, 프라임 타임과 스포츠 시간 광고의 메시지 체계에는 상당한 차이가 있다는 것을 알 수 있다. 이를 보다 면밀히 살펴볼 때 이런 상관 관계가 확고히 정착될 필요가 있는데, 두 시간대에 광고되는 상품 종류의 차이는 수용자의 차이가 아니라 상품 종류의 차이다(PT에서는 식품과 개인 용품이 아주 중요하고 스포츠 시간에서는 술, 자동차, 개인 용품이 중요하다는 것을 알 수 있다). 실제 상품 종류(사용 종류)에 따라 변수를 교차 분석표로 측정하면 중요도가 높은 V값이 나타난다. 인물에 의한 호소(0.23), 지배적 사회 집단(0.29), 인간 관계(0.30), 활동(0.40), 라이프스타일(0.28), 수사 형식(0.34), 스타일(0.30), 활동 가치(0.48), 인간적 가치(0.32), 일반적 가치(0.29), 상품 가치(0.32)로 나타난다.

사용 종류가 교차 수용자에 미치는 영향을 통제하는 데는 두 가지 표준화된 방법이 있다. 첫째, 사용 종류를 상수화하는 것이다(정의된 변수에 따라 두 시간대에 하나의 사용 종류만 비교하는 것). 이 때 주요 변수와 시간대별로 모든 사용 종류가 중요한 설명 차원으로 나타나게 된다. 둘째, 전체 데이터의 하위 단위를 살펴볼 수도 있다. 하위 단위는 두 시간대에 우세한 사용 종류들을 포함할 수 있다. 예를 들어 자동차 (PT 광고에서 50, ST 광고에서 158), 개인 용품(PT에서 132, ST에서 101), 가정 용품(PT에서 58, ST에서 34), 레저 기술(PT에서 19, ST에서 42). 이것의 총합은 593개의 광고(PT가 259, ST가 334)가 된다. 역시 하위 단위 데이터의 상관 관계가 시간 차원(수용자)에 대해 일정하게 남아 있게 된다. 이제 시간대별로 차이를 보이는 것은 실제 시간대별 차이를 측정한 것이지 다른 차원은 아니라는 것을 확실하게 말할 수 있다.

광고와 상품의 물신주의

제2장에서 '물신주의' 개념이 여러 가지로 사용될 수 있다는 것을 설명한 바 있다. 여기에서는 제2장에게 개발된 이론적 틀을 텔레비전과 잡지 광고에 적용시켜 실증적 연구를 시도하고자 한다.

광고와 상품 정보

제2장에서 '정보'의 개념으로부터 논의를 시작하였다. 여기서 정확히 어떤 정보가 상품의 성격에 관해 전달하는가를 측정하고자 한다. < 표 11 >은 상품 성격과 관련된 광고의 주제를 조작화하고 약호화한 것이다. 각 범주는 별개의 변수로 취급되며, 존재와 부재 여부로 기록될 수 있다.

< 표 11 > 상품 정보와 성격(%)

사용 가치 제시 / 묘사: 상품이 어떤 기능을 하는지	43.1
사용 방법 제시	19.7
객관적 상품 성격 제시 묘사: 윤곽만, 불완전하게 제시	31.7
객관적 상품 성격 제시 묘사: 상세히, 완전하게	6.2
상품 기능의 과학적 검증, 증명	9.4
주관적 평가: 대단하다, 좋다, 최고다	71.7
상품에 확신: 신뢰할 만하다, 신빙성 있다. 오래 쓸 수 있다	17.9
상품의 생산 / 역사 제시 묘사	5.3
다른 상품과 비교: 일반적, 다른 상표 이름 대지 않고	22.9
다른 상품과 비교: 과학적, 다른 상표 이름 대고	6.9
비교: 더 낫다고 주장	19.3
비교: 더 나은 점 제시, 전시	10.0
의인화: 바로 당신을 위해 만들어졌다	8.3
화폐 / 가격 가치	12.3
소비자, 공중, 산업에 준거, 공통 이해, 공동 책임	1.0
부인 / 경고	13.6
어디서 파는지 / 판매에 대한 상세 정보	9.0

만일 이것이 우리가 상품을 사기 전에 상품에 대해 판단하도록 하는 '강한' 정보라면, 대중이 극히 빈약한 정보를 받고 있다는 결론을 내릴 수밖에 없다. 이런 강한 정보를 측정하는 두 범주는 객관적으로 묘사되고 객관적으로 상세 보도되는 것이다. '객관적 묘사'의 범주는 광고의 31.7 %가 존재하는 것으로 나타난다. 이 수치를 보고 광고를 방어하는 사람들은 표본의 1/3이 객관적 상품 정보를 제공하고 있다고 주장하려 할 것이다. 그러나 이 범주는 어떠한 유형의 객관적 정보(예를 들어 자동차의 바퀴가 4개라든가, 치약에 불소가 들어 있다는 등)가 있어도 존재하는 걸로 기록한 것이다. 보다 정확한 정보는 '객관적 상세 정보' 범주에 기록된다(6.2 %). 상품에 대한 정보가 전달될 경우에도 상세한 정보로 전달되는 것이 아니다. 전달되는 것은 대부분(71.7 %) 주관적 주장(굉장하다, 최고다, 믿을 수 있다는 등의)으로 하나의 주장일 뿐이지 경쟁 상표보다 우월하다는 것을 입증하지는 못한다.

또한, 제2장에서 마르크스의 '상품의 물신주의' 개념을 설명했는데, 당시의 사회 비평가들 중에는 경제가 '자체의 생명력'을 가진 것처럼 자율성을 가지고 인간의 직접적 통제력을 벗어나는 물질적 생산 영역이라고 간주하여 편향된 것으로 평가하기도 했다. 이 과정에서 상품의 진정한 의미(역사와 사회적 대상으로서 생산)는 상실되어 빈 껍데기가 된다. 여기서 상품이 상실한 역사를 광고가 어느 정도 되돌려 주려고 하는가를 보려고 하는 것이 나의 의도이다. 광고는 상품의 성격에 관해 '객관적' 정보를 부여할 뿐 아니라 생산의 사회 관계의 역사를 제공하는가? 분석된 데이터(< 표 11 >)로 판단해 볼 때, 그렇지가 않다. 상품의 역사 / 생산을 측정하려고 한 개의 범주를 할애하였다. 약호화는 극히 느슨하게 진행하여 아주 빈약한 정보(예를 들어 1883년 이래 미국 맥주의 왕 같은 것)도 이 범주에 포함되도록 했다. 그러나 상품의 역사와 생산에 관해 어떤 언급이라도 한 것은 전체 표본의 5.3 %에 지나지 않는다. 이런 소수의 광고도 피상적이고 이데올로기적인 정보만을 제공할 뿐이다. 텔레비전 광고는 상품이 어떻게 생산되는지에 대해 별로 말하는 것이 없다. 상품은 '그 자신의 생명을 가진 자율적 실체'인 듯이 나타나게 된다.

물신주의, 마법, 광고

약호화 프로토콜의 주요 요소는 마르크스의 전통, 초기 인류학 이론, 프로이트의 정신 분석학에서 사용되었던 물신주의의 개념을 조작적 개념으로 만드는 것이다. 앞서 살펴보았듯이 마르크스의 물신주의는 상품이 자율적으로 보이고, 마치 생명을 가진 듯이 인간과 다른 상품과 상호 관계를 가지는 것이다. 19세기 인류학 문헌에서는 이 용어를 가지고 초기 사회(주로 아프리카)의 종교적 실천을 묘사하였다. 여기서 물질은 자연적 힘을 가질 수 있고, 병을 치료하며, 주인에게 행복을 가져다 주며 악을 막는 방어 목적으로 사용될 수 있고, 낭만적 / 성적 사랑을 불러일으킬 수 있을 것으로 믿었다. 이와 더불어 물질 자체에 생명을 불러일으키는 힘이 있다고 믿었다. 또 20세기 프로이트 정신 분석학에서는 물신주의가 임상적 용어로 사용되어 특정한 비성적 물건이 없으면 성행위를 완수할 수 없는 상황을 묘사하는 데 사용되었다. 여기서 물신의 기능은 사회 관계를 변화시키는 역량을 말하며, 사회 관계를 가능하게 하고, 사회 (성적) 관계를 가능하게 하는 조건을 창출하는 것이다.

방금 언급한 물질의 기능은 사회 관계의 부속적 역할에서 중심적 역할로 도치되었고, 사회 관계의 본질로 정의되었다. 정신 분석학 모델에서 물신은 사랑의 대상이 되는 것은 아니고, 어머니의 상실된 남근을 대신하는 것으로 남성의 거세 공포증을 완화시키고 성적 대상인 여성의 (비남근적) 현실을 받아들일 수 있게 한다. 물질 그 자체는 아무것도 하지 않는다. 물질의 중요한 기능은 그의 의미로 형성되는 것이다.

물신주의 개념을 조작하면서 광고에 나타난 모든 인간과 사물의 상이한 관계를 비춰 줄 분석적 범주를 창출하였다. 이에 다양한 물신주의 문헌에서 발견된 의미를 포함하였다.

(1) 상품의 의인화: 상품에 인간적 성질을 부여하는 것(마르크스주의/ 인류학).

(2) 효과적으로 작업을 완수한 상태: 인간적 감정과 관계(물신주의 없는)에 영향을 주지 않고 물질이 임무 수행.

(3) 상품에 직접적으로 기반한 감정적 반응: 물질의 사용과 무관하게 물질을 단지 소유하거나 보는 것만으로 감정적 반응을 일으키는 것(인류학 / 정신 분석학).

(4) 상품 사용에 기반한 감정적 반응: 상품을 사용하여 감정적 반응을 고조시킴(인류학).

(5) 자기 변형: 상품이 사람의 육체를 변화시킴. 예를 들어 더 매력적으로 만든다거나 병을 치료한다거나 하는 것(인류학).

(6) 흑색 마법 I — 결과는 사용이나 사용의 결과가 아니고 관계를 변화시키는 것: 상품을 사용하여 사회 관계를 변화시킨다는 것. 사용하기 전에는 관계가 불완전했는데, 사용 후에 완전해진다는 것. 이전과 이후의 광고(인류학/ 정신 분석학).

(7) 효과적으로 작업 수행 — 사용의 결과가 아니라 사회 관계가 개입되지 않은 상품 간의 차이: 상품은 사회 관계의 효과 없이(물신주의 없이) 다른 것보다 업무를 더 잘 수행함.

(8) 흑색 마법 II — 상품의 효과가 관계를 매개하는 데 사용됨: 상품은 사회적 장에 직접적으로 나타나지 않지만, 이를 사용함으로써만 그 장이 가능해짐. 상품을 사용하지 않았더라면 그 관계는 가능하지 않거나, 불완전하게 되었을 것이라는 것(인류학 / 정신 분석학).

(9) 상품은 다른 사람과의 관계를 매개: 상품은 아무것도 하지 않는 것이 아니라 단지 존재함으로써 사회적 장을 규정하게 된다. 상품 없이 사회적 장이 가능하더라도 불완전하며 만족스럽지도, 의미 있지도 않다. 라이프스타일 광고(정신 분석학).

(10) 백색 마법: 상품이 자연의 힘을 갖게 한다(인류학).

이들 각각은 별개의 변수처럼 취급받게 되고 존재하는가 부재하는가를 기록하게 된다. < 표 12 >는 약호화의 결과를 보이고 있다.

데이터의 구성을 보면, 가장 자주 쓰이는 범주는 상품 사용에 기반한 감정적 반응(32.4 %)이며, 상품이 다른 사람과 관계를 매개하는 것(21 %)이다. 그 다음으로 중요한 범주는 상품이 사람의 신체적 변화를 가져온다는 것(16.8 %)이고, 업무가 효과적으로 완수된다는 것(15 %)이다.

< 표 12 > 시간대별 물신주의(%)

	총계 (n = 1000)	PT (n = 500)	ST (n = 500)
의인화	5.7	6.0	5.4
효율적 임무 수행	15.0	8.9	21.2
감정적 반응/직접적	6.9	8.3	5.6
감정적 반응/사용으로	32.4	39.3	25.9
자기 변형	16.8	24.8	9.0
흑색 마법 I: 사용/사용하지 않음의 결과	4.6	4.0	5.2
효율적 임무 수행: 사용/사용하지 않음의 결과	7.3	10.7	4.0
흑색 마법 II: 상품 사용의 효과로 관계 매개	8.4	10.3	6.4
상품이 다른 사람과 관계 매개	21.0	13.3	28.9
백색 마법	7.4	9.3	5.6

다른 범주들은 모두 광고의 10 % 이하로 나타난다.

일단 시간대(수용자)가 도입되면, 두 집단 간에 중요한 차이가 나타나게 된다. 여성 수용자의 경우 가장 중요한 두 개의 범주는 상품 사용에 기반한 감정적 반응의 고조(39 %)와 사람의 육체를 변화시키는 상품(24.8 %)이다. 남자 수용자의 경우 세 가지 가장 중요한 범주는 상품이 다른 사람과의 관계를 매개(28.9 %), 상품 사용에 따른 감정적 반응(25.9 %), 업무가 효과적으로 수행되는 것(21.2 %)을 들 수 있다.

여기 수록된 연구에 역사적 차원은 없다. 하지만 스티브 클라인과 빌 라이스(*SCA*에 수록)가 잡지 광고를 이용하여 행한 연구는 역사적 시각을 포함하고 있으며, 저자가 물신주의를 말하면서 사용하는 것과 아주 유사한 범주를 포함하고 있다. < 그림 1 >과 < 그림 2 >는 물신의 범주를 두 개의 군집으로 나누어 역사적 발전 형태를 명백히 보여주고자 했다. 이들 군집은 마법적/합리적 구분과 대체적으로 일치한다. 잡지 연구에서 개발된 8개의 변수 가운데 4개는 '마법적 물신주의'에 해당하는 군집으로 의인화, 흑색 마법, 백색 마법, 자기 변형이 이

<그림 1> 시기별 '마법적' 물신주의

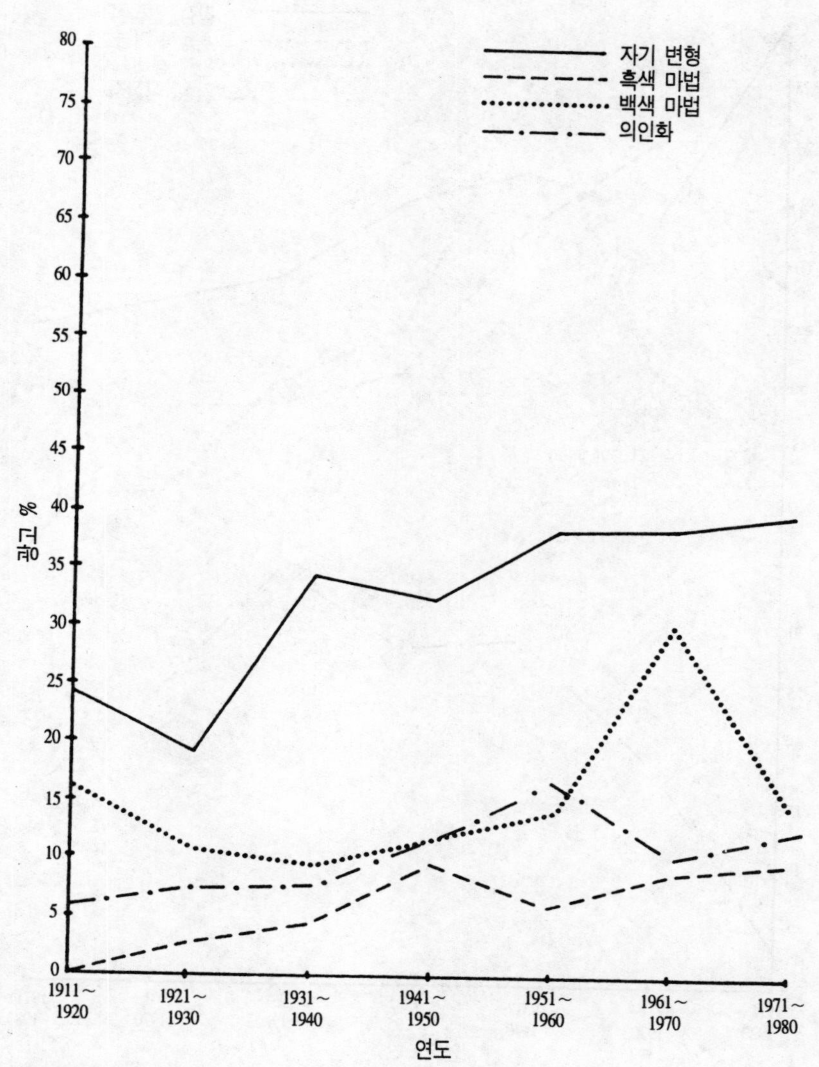

출처: Jhally et al. (1985)

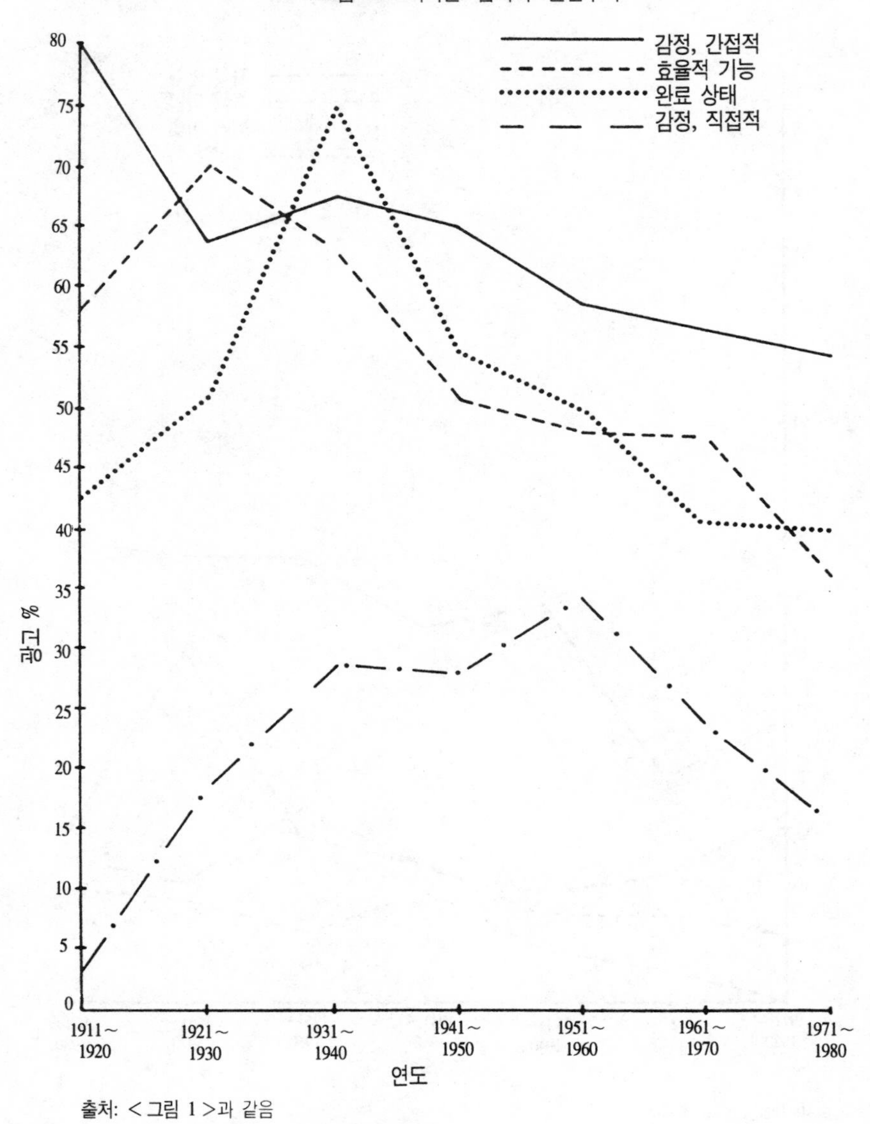

<그림 2> 시기별 '합리적' 물신주의
감정, 간접적
효율적 기능
완료 상태
감정, 직접적
80
75
70
65
60
55
50
45
40
35
30
25
20
15
10
5
0
광고 %
1911~ 1920
1921~ 1930
1931~ 1940
1941~ 1950
1951~ 1960
1961~ 1970
1971~ 1980
연도

출처: <그림 1>과 같음

에 해당한다. 광고 내용에 상품 자체가 인간에 대해 자율적 힘을 발휘하거나 이런 힘을 가진 것으로 나타나는 경우 이들 범주에 해당하는 것으로 약호화되었다.

이런 경우에 대부분 그런 힘의 성격과 원천은 신비적이다. 그 나머지 4개 변수는 다 같이 '합리적 물신주의'라 불린다. 이 때 광고 내용은 이 상품을 가지거나 사용함으로써 인간 행동과 감정에 영향을 주게 되고, 그 영향은 텍스트 내에서 설명되거나 익숙한 사건으로 묘사되거나 그 원천에 대해 명확히 보여 준다. < 그림 1 >은 '마법적' 범주를, < 그림 2 >는 '합리적' 범주를 다루고 있다. 데이터에 따르면 금세기에 인간과 사물의 관계가 광고에 나타나는 데 많은 변화가 있었다는 것을 알 수 있다.

일반적 차원에서 합리적 범주가 전체적으로 줄어들고, 마법적 범주가 증가했다는 것을 데이터에서 찾아볼 수 있다. 이 두 변수 집단이 서로 반대 방향으로 움직인다. 가장 획기적으로 늘어난 것은 자기 변형의 범주이다.

< 그림 3 >은 수용자 분할의 시각에서 잡지 데이터를 역사적으로 제시한 것이다. 클라인과 라이스 연구는 매클린(남성 수용자)과 샤틀렌(여성 수용자)의 시점에서 광고를 구성하고 있다. '마법적' 물신주의의 세 가지 범주(흑색 마법, 백색 마법, 자기 변형)가 두 개 잡지에서 조사되었다. 여성 수용자를 겨냥한 메시지는 남성 수용자에게 전달되는 것보다 세 가지 주제를 특히 강조하고 있는데, 최근에는 점점 남녀가 중복되는 현상이 증가하고 있다.

< 표 13 >은 물신주의와 상품 종류를 교차 분석표(TV 데이터)로 본 결과를 제시하고 있다. 현재 텔레비전 광고에서 술은 주로 상품이 인간 관계를 매개하는 역할(라이프스타일 광고)과 연관되어 있다. 식품, 의복, 애완 동물, 레저 기술은 감정적 안락을 가져다 주는 것으로 묘사된다. 가정 용품은 유용성에 집중되고 개인 용품이나 약은 사용에 의해 신체적 변화가 나타난다는 것으로 다루어진다.

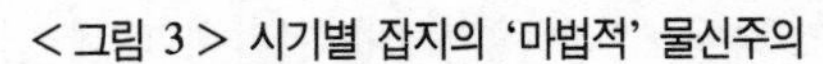
< 그림 3 > 시기별 잡지의 '마법적' 물신주의

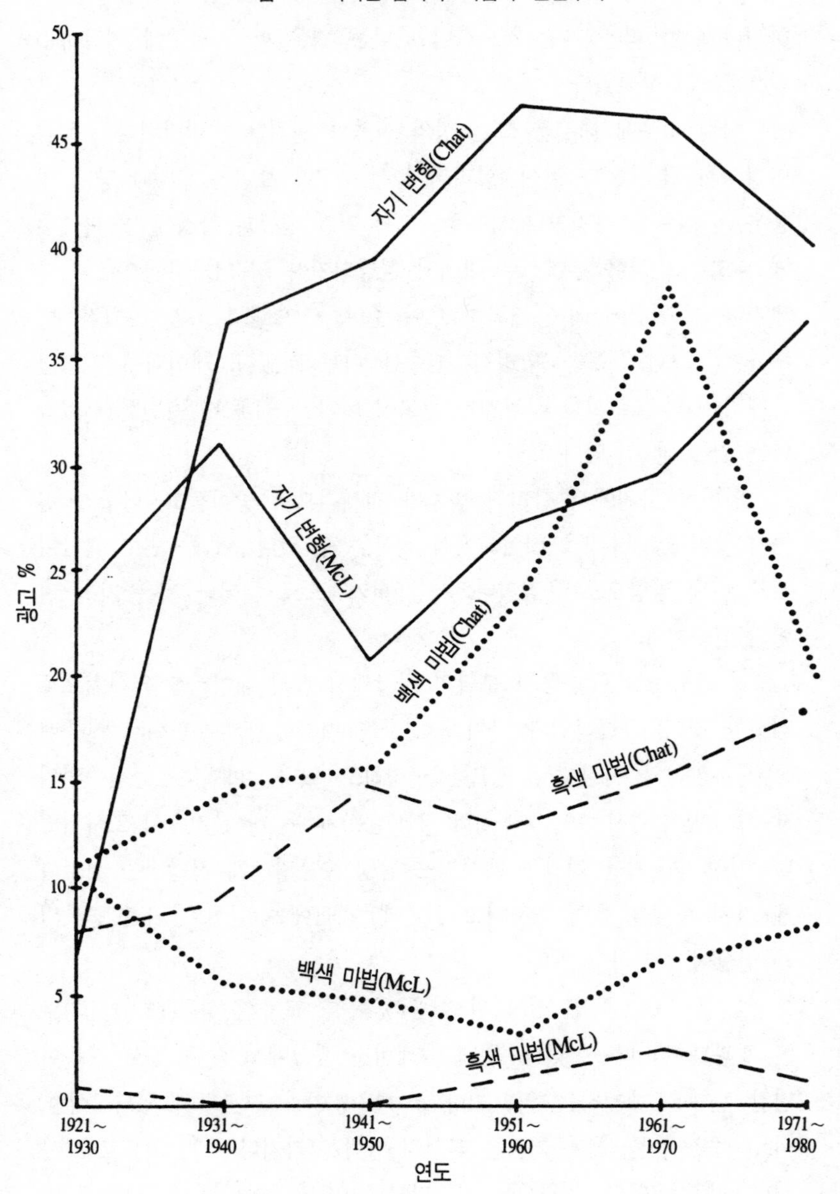
50
45
40
35
30
25
20
15
10
5
0
광고 %
자기 변형(Chat)
자기 변형(McL)
백색 마법(Chat)
흑색 마법(Chat)
백색 마법(McL)
흑색 마법(McL)
1921~
1930
1931~
1940
1941~
1950
1951~
1960
1961~
1970
1971~
1980
연도

<표 13> 사용 종류에 따른 물신주의

	술	의류	식품	자동차	개인 용품	집	약	애완 동물	레저 기술	기타
의인화	1	7	3	19	15	6	1	0	0	0
효율적 임무	0	1	1	50	29	40	3	0	21	5
감정적 / 직접적	5	7	4	23	14	4	8	2	1	1
감정적 / 사용	35	79	17	37	61	35	6	8	30	16
자기 변형	0	8	1	0	102	1	46	0	0	0
흑색 마법 I	11	8	2	1	19	3	0	0	1	1
효율적 임무	2	10	5	11	22	23	0	0	0	0
흑색 마법 II	1	4	4	2	60	2	6	0	4	1
관계 매개	111	48	6	13	7	7	4	1	12	1
백색 마법	9	12	2	8	18	9	0	2	11	3

결론: 물신과 약호

이 장에 수록된 데이터에 따르면, 인간과 사물의 관계가 일률적으로 광고에 나타나는 것은 아니고 광고를 통해 소통되는 메시지가 일률적인 것도 아니라는 것을 알 수 있다. 메시지 체계의 일부분을 이루는 여러 상품과 수용자는 상이한 구조를 가진다는 것을 알 수 있다. 수용자와 사용 종류 간의 관계에 심리적, 물리적, 사회적 차원이 모두 존재하며 중요도도 모두 다르다. 실제로 한 광고에도 사람과 상품의 관계가 복합적으로 나타나는 경우가 많다. 예를 들어 이 연구에서 사용한 텔레비전 광고 표본 가운데 392개는 하나 이상의 물신주의 범주에 속하는 것이다. 역사적 분석에서 특정한 시기에 나타난 특정한 형태의 물신주의가 뒤에 사라지는 것이 아니고 특정 상품과 분할된 수용자 부분을 대표하는 양식으로 나뉘어지는 것이다. 자기 변형의 광고는 여성 수용자를 겨냥한 화장품 광고에서 주로 사용되는 방법이고, 라이프스타일 광고는 술과 담배 광고에서 특히 눈에 띄게 많이 나타난다. 여기서 논점은 사물에 대한 단일한 관계가 광고에 나타난다고 말하기 어렵다는 점이다. 현재 시장에서 인간과 사물의 관계는 심리적으로, 물리적으로, 사회적으로 구성되어 나타난다. 어떤 상품은 전시 효과와 사회적 평가를 위해 쓰이며, 어떤 것은 개인적 신장을 위해, 어떤 것은 집단 관계를 위한 기축 작용을 하며, 어떤 것은 일상 생활에서 단순한 효용성을 위해 쓰이기도 한다.

그렇지만 광고의 세계에 어떤 일관성도 없다는 인상을 심어 주고 싶지는 않다. 광고가 단순하게 구성되어 있지는 않지만, 아주 확정적인 노선에 따라 구성되어 있으며, 특히 수용자 약호는 그러하다. 이 장의 처음에서 광고 메시지에 따라 수용자를 서로 분리시킨다는 것을 상세하게 살펴보았다. 여기서 프라임 타임 약호와 스포츠 시간대의 약호 간에 어떤 차이가 있는지 간단하게 요약해 보고자 한다. 프라임 타임 광고는 소비자의 원형인 일반 사람들에게 보다 초점을 맞추며 가족과 부모, 자녀 관계가 중요한 역할을 한다. 또 낭만적 사랑이 보다 중요하다. 프라임 타임에서 지배적 집단은 '재미'를 찾는 젊은이들이며, 중산층에 집중되어 있다. 지배적 가치는 개인의 육체적 아름다움과 가족 간, 이성 간의 낭만적 사랑이다. 수사 형식과 스타일에 있어 프라임 타임 광고는 상품의 경제성, 편안함, 감각적 쾌락을 준다는 것을 보다 강조한다. 스타일상으로 허구적 이야기와 감각적, 성적 이미지를 사용하여 상품과 사람에 대한 정보를 전달하는 경향이 더욱 두드러진다.

스포츠 시간의 광고는 상품과 관련된 유명한 사람이 많이 등장하고 집단 의식, 우정 등이 가족이나 낭만적 사랑보다 더 강조된다. 상품의 이미지가 집단 활동과 연루되어 나타난다. 특히, 시각적으로 프라임 타임 광고와 대조를 이루는 것은 집단 내 경쟁적 / 놀리는 관계가 자주 묘사되고 건강한 / 운동적 활동이 강조된다는 점이다. 남성 정향적 광고로 과거나 전통적 / 전원적 라이프스타일을 이상화한 이미지를 보여 주는 경향이 있다. 중요한 가치는 강인함과 형제애이다. 수사 형식과 스타일 측면에서 스포츠 시간의 광고는 상품을 유명한 집단 활동이나 유명한 스포츠 스타와 연관시켜 강조하는 경향이 있다. 유쾌한 물리적 환경을 보여 주거나 라이프스타일의 일부분으로 상품을 선보이는 방법이 프라임 타임에서 더욱 많이 사용된다.

물신주의를 정확히 측정해 보면, 두 시간대별 수용자 약호 간에는 상당한 차이가 있다는 것을 알 수 있다. 프라임 타임 광고에서는 상품이 인간에게 직접적 영향을 주는 '마법적' 방법으로 더 자주 사용되며, 스포츠 시간의 광고는 바람직한 라이프스타일의 이미지를 제시하는 데 보다 합리적이고 신비적이다.

마르크스에 따르면 상품이 자율적이고 다른 사람과 관계를 형성하고 인간 관계에 '환상적 유형'으로 나타날 때 물신주의라고 볼 수 있는데, 이 연구의 데이터 분석에 따라 물신주의가 생산과 소비 양 측면에 존재한다고 결론을 내릴 수 있다. 상품이 시장에 나올 때, 생산 과정은 보여지지 않은 채 신비적 상품으로 나타나며 서로 간의 관계를 변화시키는 독특한 것으로 소비자의 필요를 변화시키면서 이를 만족시키는 독특한 위치를 점유하는 것으로 나타난다. 경우에 따라 상품은 생명력을 부여하는 것으로 명시적으로 묘사된다. 더욱이 사물의 세계가 가장 근본적인 차원에서 인간의 세계와 상호 관계를 맺고 있다. 사물이 변형과 요술을 하는 마법적 기능을 수행하고 즉각적 행복과 만족을 가져다 주며 자연의 힘을 감지하고 그 자체가 중요한 사회 관계의 핵심(실은 이것이 사회 관계를 대신)을 이룬다는 것이다. 광고에 나타난 인간과 상품의 상호 관계로 마르크스가 묘사한 물신주의뿐 아니라 인류학과 정신 분석학에서 묘사된 물신주의를 동시에 볼 수 있다.

제6장

결론: 광고, 종교, 의미의 매개

Have you ever gotten a call on your television?

YOU WILL

Have you ever bought concert tickets from a cash machine?

이상에서 논의한 것을 요약해 보기로 하자. 제1장에서는 광고를 유물론적으로 적절히 이해하기 위한 기반 작업으로 광고의 사회적 역할과 영향에 대한 주요 시각들을 살펴보았다. 광고 비평은 모든 신랄한 질문들을 던지지만 상징주의 문제들에 대해 적절한 입장을 정형화하지 못한다. 이에 비해 광고의 방어자들은 상징주의를 인간 욕구를 위한 중심으로 인식하지만, 광고의 사회적 효과나 광범위한 맥락을 제대로 이해하지 못한다. 그 외 허쉬, 스키토프스키, 라이스 등의 학자들은 논의를 확대시켜 광고 자체를 직접적으로 보기보다는 인간과 사물의 관계와 만족의 과정 중심에 상징과 사용 관계를 놓고 보면서 동시에 광범위한 (시장) 맥락이 매개하는 효과를 설명하고 있다. 나는 사물의 세계(그리고 광고)를 이해하기 위해서는 하나의 사물과 그의 사용, 사물의 체계와 그 부분을 이루는 교환의 관계를 적절하게 개념화할 필요가 있다는 것으로 결론을 내렸다. 사용 가치와 교환 가치의 관계를 제대로 이해하는 것은 인간과 사물의 관계를 이해하고, 광고를 이런 복합적 현상으로 파악하는 데 필수적이다. 제2장에서는 마르크스의 '상품의 물신주의' 개념과 특히 살린스와 보드리야르 등이 비판한 마르크스의 사용 가치의 개념을 옹호하면서 분석의 기반을 다졌다. 나는 자본주의 생산 체제가 상품의 진정한 의미를 없애면서 광고가 그 속을 채우는 역할을 한다는 결론을 내렸다. 이런 방법으로 사용 가치는 교환 가치에 복속된다. 물신주의 개념은 인류학과 정신 분석학 문헌을 계보학적으로 연구하여 더욱 발전되었으며, 특히 인간과 사물의 문제성 있는 관계 설정에서 더욱 발전하였다. 제3장에서는 상업 방송의 정치 경제적인 면과 광고의 형식과 내용이 물적 조건으로 구속을 받아, 광고 메시지로부터 수용자가 의미를 이탈시키는 것이 시청 시간의 교환 가치로 지배받게 되는 방식을 살펴보는 데 초점을 두었다. 제4장에서는 약호의 개념을 시간의 가치화에 따른 흐름으로 파악했으며, 제5장에서는 약호와 물신주의의 개념을 실증적으로 측정한 결과를 수록했으며, 약호와 물신주의가 텔레비전 광고에 나타난다는 결론을 내렸다.

시청과 강압

이 책에서 이제까지 전개한 논의를 완성하기 위해 텔레비전 시청이 일종의 노동이며 산업 생산 관계의 논리적 연장이라는 제3장 끝 부분의 논점을 설명할 필요가 있겠다. 이는 시청 행위를 묘사하기 위한 비유나 은유로 쓰인 것이 아니다. 내가 주장하는 바는 시청 행위의 가치화가 현실적으로 자본 영역의 연장이라는 것이다. 잉여 가치의 생산 논리는 공장에서와 마찬가지이다. 수용자의 시청 행위가 가치화될 때, 자본을 위한 시청자의 노동은 임노동자가 공장에서 하는 노동과 다를 바가 없다. 이 문제는 전체의 비판적 논의에 중심이 되는 것으로, 실제 이 문제에 대해 가장 심각한 이의를 제기한 것은 스스로 비판 이론가라고 여기는 사람들이었다. 가장 근본적인 반대는 자본주의 경제에서 노동의 기본 성격에 관한 것과 관계가 있다. 마이클 르보비츠(1984)와 베리 트러칠 Barry Truchill(1984)은 시청 행위의 강압적 성격에 초점을 맞추었다. 임금 노동을 착취당하는 경우 노동 계급이 물질적으로 생존하기 위해 자신의 노동력을 자본가에게 팔아야만 하는 강압성에 기반을 두고 있다(그 외에 아무것도 할 수 없는 '자유'이다). 이에 비해 수용자는 시청해야만 하거나 시청력을 팔아야만 하는 강압성이 없다는 것이다. 시청자로서 소비자는 단순히 텔레비전을 끄고 시청하기를 그만둘 자유가 있고 그래서 그 시간이 가치화되는 것을 그치게 할 수 있다. 본질적으로 시청하느냐 마느냐는 자유로운 행위이다. 예를 들어 베리 트러칠은 이를 다음과 같이 쓰고 있다(Truchill, 1984: 60).

> '시청 시간'을 정말 노동 시간과 같은 것으로 볼 수 있는가? 노동자는 생계를 유지하기 위해 자본가와 임노동 관계를 맺어야만 한다. 수용자가 이와 같이 프로그램을 봐야만 하는가? 혹은 시청은 시청자가 자신이 원하는 대로 어느 정도 변화시킬 수 있는 자유가 있는 강압의 일종인가?

공장에서 자본을 위해 하는 노동에서 노동 계급은 자본뿐만 아니라 자신을 재생산하지만, 시청 행위에서 수용자는 자본만을 재생산하는 것으로 나타난다. 강압의 개념 없이 시청 시간의 가치화는 착취에 근거한 것이 아니라 교환(물론 불평등한)에 근거하는 것 같다. 여기서 제기된 문제는 시청이 어느 정도 강압적이냐, 즉 어느 정도 소외된 활동이냐 하는 것이다.

초기 증거

많은 연구자들이 텔레비전 시청에 '특이한' 것이 있다는 것을 말해 왔다. 미국 커뮤니케이션 학자인 조지 거브너 George Gerbner 는 책이나 잡지의 소비자가 신중하게 무엇을 읽을까 선택하고 영화 관객이 어느 영화를 볼까 선택하는 데 반하여 텔레비전 시청자는 특정한 프로그램을 골라 보는 경우가 드물다고 했다. 대신 시청자들은 TV라는 미디어를 시청하는 것이며, 거의 의례적으로 그들이 선택하지 않은 메시지에 스스로를 노출시키는 것이다.

> 전체 시청자 수는 무엇이 방영되든지 간에 꽤 안정적이다. 개인적 취향이나 프로그램 선호도는 시청 양태를 결정하는 데 그리 중요하지 않고 프로그램이 방영되는 시간이 중요하다. 보편적이고 비선택적, 습관적 텔레비전 이용이 프로그램의 의례적 양태에 부합한다. 교회에 가서 예배를 보듯이 사람들은 텔레비전을 보는데, 단 텔레비전 시청이 보다 종교적이라는 데 차이가 있다(Reel, 1978: 14).

실제 시청 습관을 장기적으로 살펴보면 1953~72년에 어느 해 어느 달에도 프라임 타임 동안 텔레비전을 보는 비율은 '어느 주든 어느 해든 무엇이 방영되든 상관 없이' 거의 변함이 없었다(Reel, 1978: 14). 뉴스건 재방송이건 같은 숫자의 시청자들이 시청을 한다. A. C. 닐슨 텔레비전 지표는 극히 안정된 시청 양태를 기록하고 있다. 중요한 변수는 프로그램 질이나 내용이 아니라 연중, 하루 중 시간이 문제이다. 예를 들어 가장 시청률이 높은 때는 겨울철의 프라임 타임이었다(Nielsen, 1983: 5).

텔레비전 이론가들은 이러한 안정성의 중요성을 잘 인식하지 못하였지만, 텔레비전 프로그램을 편성하는 네트웍 방송사 간부들은 이것의 중요성을 결코 간과하지 않았다. 그들의 편성 전략은 시청 행위에 대해 느슨하게 얽혀 있는 두 개의 '이론'에 근거하고 있다. 첫째는 수용자 흐름으로 수용자가 특정한 채널을 보기 시작하면 특별히 채널을 돌릴 이유가 없는 한 계속해서 같은 채널의 프로그램을 볼 것이라는 것이다. 수용자 연구에 관한 책임을 맡은 한 네트웍 방송 부사장은 다음과 같이 말하고 있다.

> 모든 사람이 경쟁하는 프로그램 가운데 가장 끌리는 프로그램을 봤으면 좋겠다. 그러면 내 업무가 훨씬 쉬울 텐데. 불행히도 이렇게 되지 않고 많은 수의 수용자 습관은 — 최소한 널슨 조사에 나타난 수용자는 — **자유 선택보다는 관성의 법칙에 의해 지배를 받는다**. 야구 경기같이 채널을 돌릴 특별한 이유가 없는 한 처음 틀어 놓은 채널의 프로그램을 계속해서 본다(Epstein, 1979: 93, 강조 첨가)

네트웍이 일단 수용자를 확보하면 계속 있을 것이라고 확신할 수 있다. 이 수용자 흐름 이론은 한 프로그램을 다른 것과 관련시켜 편성하는 것이 수용자 규모를 결정하는 데 왜 큰 역할을 하는지, 왜 네트웍 방송국 간부들은 개별 프로그램보다 프로그램 편성에 대해 끊임없이 얘기하는지 그 이유를 알 수 있게 한다.

편성에 기반을 두게 되는 시청 행위와 관련된 두 번째 이론은 네트웍 외부의 연출자 폴 클라인이 '최소한 거부감을 주는 프로그램의 이론(LOP: Theory of the Least Objectionable Programme)'이라고 부르는 것이다. 프로그램 질에 관계 없이 시청자 규모는 놀라울 정도로 고정되어 있다는 것을 생각할 때, 사람들이 TV를 보는 이유는 '그게 거기 있기 때문'이라는 것이다. 수용자가 다른 것이 아니고 그 프로그램을 보는 것은 다음과 같은 이유에서이다.

> 그 프로그램이 최소한의 고통과 불쾌감으로 견딜 만하기 때문이다. 프로그램의 내용과 상관 없이 텔레비전을 보게 되는 것이다. 프로그램은 최대치의 인구 — 부자거나 가난하거나, 똑똑하거나 멍청하거나, 키가 크거나 작거나, 야성적이거나 얌전하거나 — 에게 어필하도록 만들어졌기 때문에, 자신의 취향이 아닌 것도 시청하게 된다. **그러나 미디어가 운영되도록 강압을 받기 때문에 싫증 난 것도 계속 시청하게 된다**……. 능력 있는 방송국 연출자는 이 사실을 이해한다. 그들은 바보가 아니다. 여러분과 마찬가지로 그들이 방영하는 것을 대부분 좋아한다. 그러나 프로그램이 '최상'의 것일 필요가 없다는 것도 잘 알고 있다. 다른 사람들이 외면할 것보다 거부감을 덜 줄 수 있는 것이면 된다(Reel, 1979: 15, 강조 첨가).

방송국 간부들이 시청 행위를 묘사한 용어를 보면, '자유 선택보다는 관성,' '미디어를 운영하도록 강압된,' '최소한의 고통과 불쾌감' 등이다. 이는 자유 선택이나 민주주의 같은 말과 연관된 것이 아니라 습관, 중독과 관련된 것이라는 것을 알 수 있다.

중독과 소외

텔레비전을 많은 시간 시청하는 것을 묘사하는 데 가장 많이 쓰이는 말은 '중독'이고, 시청자가 TV 시청에 매달린다고도 표현된다. 그러나 이것이 의미하는 전체 (심각한) 성격은 별로 논의되지 않았다. 마리 윈 Marie Winn 은 ≪전원 연결된 마약 *The Plug-In Drug*≫(1977)에서 이 문제를 논의한 독보적인 존재이다. 윈은 텔레비전 시청이 주로 미디어의 내용에 주력하고 미디어 자체의 경험을 부각시키지 않는다는 것을 지적하고 있다. "위장하기 쉬운 단순한 사실을 간과하기가 쉽다. 사람들은 어떤 다른 경험을 하지 않고 텔레비전을 보면서 항상 텔레비전 시청만을 할 뿐이다"(Winn, 1979: 3). 윈은 시청에 관해 많은 증거 자료를 제시하면서 미디어 자체에 문제를 가져야 할 필요성을 역설하고 있다.

이후에 중독에 관한 자세한 예를 들기로 하겠는데, 이는 텔레비전 시청이 전적으로 자유로운 활동이 아니라고 단정하는 데 중요한 문제가 되기 때문이다. 시청은 실제로 행동의 주체로부터 소외시킬 수 있는 활동이다. 다음의 논의는 텔레비전 시청의 중독적 성격을 지적한 것이다.

대학의 영문학 교수
텔레비전은 거의 거부할 수 없는 거예요. 텔레비전을 틀면, 무시해 버릴 수가 없고 끌 수도 없지요. 기진하고, 의욕이 없으며 기운이 없어져요. 텔레비전을 끄려고 팔을 뻗으면, 기력이 팔 밖으로 빠져 나가는 것 같아요. 그래서 몇 시간이고 그 앞에 앉아 있게 되지요(Winn, 1977: 21).

핸드백 수선공
일을 마치고 나서 신문을 사들고 지하철에 오르면, 즉시 TV 프로그램난을 보고 저녁 시청에 대한 계획을 세우게 돼요. 집에 돌아와서 씻고, 옷을 갈아입으면 아내에게 기계를 돌리도록 해 [TV가] 준비 운동을 하도록 해 놓습니다. 그리고는 저녁 내내 TV를 봐요. TV를 보면서 거실에서 저녁을 먹고, 광고가 나오거나 하면 가끔 가다 서로 말을 건네곤 합니다. 좋거나 나쁘거나 보통이거나 아무 거나 봐요……. 시청하면서 내내 이런 쓰레기를 보면서 시간을 낭비하는 내 자신에 대해 몹시 화가 나요. 11시 뉴스가 끝날 때까지 잠자리에 드는 적은 없으며, 가끔 뉴스가 끝나고 한밤의 대담 프로그램을 보면서 깨 있을 때도 많아요. 뉴스 프로그램은 꼭 봐야만 할 것 같고, 무슨 일이 일어나는지 알아야만 할 것 같고…… 텔레비전 볼 시간밖에는 다른 거 할 시간이 없어요. TV 보는 동안에는 방해받지 않기 위해서 전화 코드를 빼놓기도 해요. 우리 부부는 고전 음악을 좋아하지만 한번도 들을 시간이 없어요(Winn, 1977: 23).

변호사
나는 알코올 중독자가 술을 마시듯이 TV를 보게 됩니다. 집에 돌아와 TV 앞에 앉으면 아무리 재미 없는 것을 해도 무슨 프로그램이든지 다 봐요. 그리고 나면 11시 뉴스를 보고 < 자니 카슨 쇼 >를 보고, 급기야 저녁 내내 TV만 봤다는 것을 깨닫게 되지요. 더욱이 나는 자니 카슨을 참을 수가 없는데, 그래도 여전히 그를 보고 앉아 있어요. TV가 켜 있을 때, 거기에 중독이 되어 있고, 중독된 사실이 즐겁지 않아요. 시청하면서 점점 더 나 자신에게 화가 나지만, 여전히 거기 앉아 있곤 한답니다. TV를 끌 수가 없어요(Winn, 1977: 24).

가정 주부

가끔 내가 TV를 보고 있을 때 친구들이 놀러 올 때가 있어요. 그러면 "잠깐만 기다려, 보던 것 마저 보고"라고 말하기도 해요. 그리고 나면 기계가 사람보다 우세해진 것 같아 기분 나빠지지요. 가장 바보스런 프로그램을 보면서도 똑같이 행동하게 되는데, 어쨌든 그걸 봐야만 하기 때문이에요.

다음은 제리 맨더 Jerry Mander 가 한 인터뷰에서 뽑은 것이다(Mander, 1978). "나는 텔레비전을 볼 때 최면에 걸린 것 같아요," "텔레비전은 중독이고 나는 중독자예요," "텔레비전이 켜 있으면 내 눈을 거기서 뗄 수가 없어요," "TV에 최면이 걸린 것 같아요." 심리 학자 도널드 카플란 Donald Kaplan 이 1972년에 쓴 논문에서 그가 '징후적 텔레비전 시청'이라고 한 몇 가지 사례를 소개하고 있다. 주로 환자는 혼자이고 자신의 의지와 관계 없이 몇 시간이고 끝날 때까지 (특정한 프로그램이 아닌) TV를 본다.

시청 행위는 자신이 하고자 하는 일, 편지를 쓰거나 응답 전화를 거는 일 등의 일상적인 일보다 우선시된다. 정해진 시간에 잠자리에 들고자 하는 의지마저 사장시킨다. 시청 행위를 방해할 정도로 충분히 강한 내적 동기가 없어진다. 외부적 상황이 이를 방해할 수 있는데, 약속 시간에 나간다거나 전화를 받는 행위 등이다. 그렇지 않으며 잠을 자야 할 때 그 일을 그치게 된다.

성인에게는 '중독'의 문제가 통상 진짜 문제가 아닌 듯이 우스개로 취급되지만, 중독 대상이 어린이일 때 문제는 심각하다.

10대인 우리 아들이 마치 알코올 중독자가 술에 매달리듯이 TV에 매달려요. 그 아이는 절박한 협상을 하려고 하는데, '10분만 더 보게 해 주면 내일 하루 종일 보지 않을게요'라고 말하곤 하지요. 하도 열정적이어서 무서울 지경이에요.

지난 해 여름에는 이스라엘에 있었는데, TV 방송이 10시면 끝났습니다. 그런데 내 아들은 텔레비전을 끝까지 틀어 놓고 아랍 어 방송을 보는 거예요. 한 마디도 알아듣지 못하면서 뭔가 봐야 하기 때문에 보고 있는 거예요.

우리가 케이블을 수신하기 전까지는 수신 상태가 아주 나빴어요. 방에 들어와 여덟 살짜리 아이가 이렇게 어른거리는 화면을 보고 있는 것을 보고, "맙소사, 이런 걸 어떻게 보니? 고쳐 줄게"라고 하면, 그 애는 경기를 일으키며 "손대지 마"라고 소리를 지르지 뭡니까? 그렇게 TV가 보고 싶어 완전히 어른거리는 화면을 보는 것을 보고 정말 걱정이 되었어요(Winn, 1977: 23).

아마 가장 중요한 경우는 카이와 제리 맨더의 아홉 살짜리 아들의 경우일 것이다. "텔레비전이 보고 싶어서 그렇게 보는 게 아니예요. 어쩔 수가 없어요. 그게 날 보게 만들어요."

이는 시청 행위가 자유로운 것이 아니라 사람들의 통제권 밖에 있는 것이라는 것을 증명하는 말들이다. 더욱이 사람들은 텔레비전을 시청하는 데 나쁜 영향을 인식하지 못하는 것이 아니라, 무슨 일이 진행되고 있는지 알고 있다.

영화 제작자

처음 텔레비전을 들여 놨을 때 가능한 한 많은 시간을 보고 있었던 것이 생각나요. 그러고 있으면 항상 피로감을 느끼고 걱정이 되었고, 굉장히 시간 낭비하고 있다고 느꼈던 것을 기억합니다. 이는 마치 솜사탕을 먹는 것과 같아요. 텔레비전은 너무나 많은 것을 약속하고, 참고 기다릴 수 없었으며, 이건 이내 공중으로 날아가 버리죠. 그렇게 많은 시간을 보고 나면 매우 기진했던 것을 기억합니다(Winn, 1977: 22).

놀이방 보모

내가 어렸을 때 떠들썩한 TV를 한참 보고 난 후에 김 빠진 느낌을 받았던 것이 생각나요. 가능할 때마다 보려고 했지만, TV가 진정한 쾌락을 주지는 않았어요. 이는 마치 오르가슴이나 카타르시스가 없는 매우 실망감을 주는 것이었어요. 텔레비전은 약속한 만족을 주지 못했지만, 그래도

나는 계속 봤어요. 이게 어떤 필요를 채워 주고 무언가 시작할 수 없게 하는 것과 관련 있는 것 같아요(Winn, 1977: 22).

18세 예일 대학교 학생
내가 학교에서 돌아와 오후 내내 텔레비전을 본 시간만큼 피아노를 쳤다면 벌써 유명한 피아니스트가 되었을 거예요. 그만큼 무용을 했다면, 독서를 했다면, 그림을 그렸다면……. 그러나 대신 날마다, 해마다 한결같이 나는 텔레비전을 켜고 오래 된 녹색 안락 의자에 앉아서 누비 이불을 덮고 옆에 옥수수 칩 한 봉지를 갖다 놓고 이를 씻어 내릴 우유 한 잔까지 마시면서 킬데어 박사 프로그램을 보며 삶과 죽음을 맞이했지요……. 그 날들을 돌이켜볼 때, 낭비한 시간이 아니라고 내 자신에게 확신시키려고 해요……. 내 삶의 5000시간이 그 상자 속으로 사라져 버린 셈이죠(Kaplan, 1972: 27).

카플란과 윈은 사람들이 자신들의 텔레비전 보는 습관을 얘기하면서 미안해 하는 것을 기록하고 있다. 이 사람들은 비생산적인 행위를 하는 데 대해 죄책감을 느끼고, 그러지 말아야 하는데 어쩔 수 없이 거기에 끌려갔다는 것을 말하고 있다. 샤인 M. Sahin 과 로빈슨 J. Robinson (1981)은 텔레비전 보는 것이 즐겁게 시간을 보내는 방법이라고 생각되는 것이 아니고, 다른 중요한 일이 생기면 대체로 포기하는 일상적 활동이라고 평가하고 있다. 더욱이 텔레비전을 보지 못하도록 통제한 가족을 대상으로 한 실험 결과 사람들이 텔레비전이 없을 때 좋은 점이 많았다고 말한다. 일단 실험이 끝나면 이들 가족들이 다시 텔레비전 시청으로 되돌아가지만 말이다(Winn, 1977: 189~202).

물론 여기에서 제시한 예화들이 텔레비전의 중독적 성격을 증명한다고 주장하려는 것은 아니지만, 보다 신빙성 있고 체계적인 다른 데이터가 없는 상태에서 이는 시청 행위에 대한 중요한 측면을 지적하고 있다고 말할 수 있다. 많은 독자들이 위의 진술들을 읽으면서 **자신도** 그렇다는 것을 인식할 것으로 생각된다. 전체 시청 인구의 시청 습관을 관찰하면 더 일치하는 점을 발견할 수 있다. 닐슨의 조사에 의하면,

평균 **가구**의 시청 시간은 하루 6시간 4분이고, 개인의 평균 시청 시간은 하루 4시간이었다(Nielsen, 1983). 전체 인구의 시청 시간만을 보더라고 왜 사람들은 스스로 중독되었다고 생각하는지, 위의 예가 어떤 타당한 일반화를 도출할 수 있는지를 말해 준다.

이런 예화들을 통해 나타나는 것은 사람들이 통제할 수 없고 진정한 만족도 느끼지 못하면서 지나치게 텔레비전에 몰입한다는 것을 보여 준다. 시청 행위는 개인의 자기 인식적 선호도에 대해서는 거의 적대 관계에 서 있는 것 같다. 이는 시청자 스스로로부터 **소외**된 행위라고 볼 수 있다.

시청 행위를 중독과 소외 형태로 간주하는 사람들(맨더, 윈, 카플란과 시청자 자신들)은 그 원천이 텔레비전의 **기술**이라는 데 대체적으로 동의한다. 맨더는 문제가 텔레비전의 본래적인 것이라고 — 개선할 수 없다는 것 — 보면서 기술을 모두 **없애야** 한다고 주장한다. 마리 윈은 텔레비전 영상의 성격이 주변을 보거나 딴 생각을 할 수 없게 만들어 "비정상적으로 우리의 주의를 텔레비전 영상에 집중시킨다"라고 주장한다. 또한, 텔레비전 영상이 정지된 사물도 끊임없이 움직이게 하는 전자 영상이기 때문에 인간의 눈은 정지된 사물보다 움직이는 것에 더 강하게 집착하게 된다. 전자 영상의 또 다른 측면은 눈이 거기에 정확히 초점을 맞추기 어렵다는 것이다. 이렇게 초점을 흐리게 하는 감각적 혼란은 여러 환상이나 백일몽의 상태와 비슷하며 "많은 텔레비전 시청자를 몽환 상태에 있게 만드는 이유가 될 수 있으며, 왜 텔레비전 영상이 강력한 최면 상태의 환상을 주는지를 설명할 수 있게 한다…….이런 모든 인지적 이상 상태로 시청자에게 환상을 불러일으키고 텔레비전 수상기의 붙박이가 되게 한다"(Winn, 1978: 55). 맨더와 윈은 중독의 원천이 기술 자체에 있다고 설명하고 있으며, 이것이 '물신화'하도록 한다는 설명이다. 그래서 '텔레비전이 나를 보게 만든다'는 말이 나오는 것이다. 이런 생각에 진실의 힌트가 숨어 있긴 하지만, 강압의 원천은 훨씬 깊은 데서 찾아야 한다는 것이 내 생각이다.

시간의 식민화

자본주의 사회에서 자유 시간이라는 것이 실제로는 자유롭지 못하다는 것은 오랫동안 인지되어 왔던 바이다. 앙리 르페브르 Henri Lefebvre(1971)는 노동하지 않는 시간의 영역에서도 해야만 하는 활동이 있고, 이는 **강압적 시간**에 해당되는 활동이 된다(예를 들어 직장으로 가는 교통, 취침, 공식적 행사)라고 했다. 이와 유사하게 스테판 린더 Staffan Linder(1975)는 노동하지 않는 시간을 '약탈된' 것으로 묘사했다. 마르크스주의자들도 노동력의 재생산이 노동하지 않는 시간에 수행되며, 그 시간의 많은 부분을 차지한다고 인식하고 있다(예를 들어 Smythe, 1977). 노동 시간과 노동하지 않는 시간이 필연적으로 반대적(강압 대 자유) 구성 요소가 되지는 않는다.

노동하지 않는 시간이 어떻게 이용되는지에 대한 분석이 사회과학자들 간에 연구되고 있다. 잘라이 A. Szalai 는 ≪ 시간의 사용 *The Use of Time* ≫(1972)이라는 저서에서 다국가 간 연구를 통해 이 분야에 훌륭하고 광범위한 연구를 진행하였다. 미국에서는 존 로빈슨이 시간 분할에 관한 첨단의 연구를 수행했다. 그는 ≪ 미국인은 시간을 어떻게 사용하는가 *How Americans Use Time* ≫(1977)에서 노동하지 않는 시간을 다시 의무 영역과 자유 시간의 영역으로 나누었다. 의무 행위는 (노동에 더하여) 가사일, 육아, 개인 필요 시간, 여행의 범주를 포함시켰다. 이 모든 것은 '해야만 하는' 행위를 말한다. 이와 대조적으로 '자유 시간'으로 분류된 행위가 있다. 자유 재량의 행위(성인 교육, 종교, 보이 스카우트, 노조 활동), 대중 매체 이용(방송, 영화, 신문, 잡지), 사회화와 오락(방문과 대화, 스포츠와 취미, 여가, 조직화된 오락)을 들 수 있다. 이 연구의 목적상 여기서 흥미 있는 것은 1945년 텔레비전이 도입되면서 자유 시간의 재편성 과정에 중요한 영향을 끼치는데, 이게 어떤 방식으로 전개되었는가 하는 것이다.

직접 임노동에서 해방되는 시간이 금세기에 접어들면서 일반적으로 증가하였다는 것을 인식하면서, 로빈슨은 자유 시간이 어떻게 사용되는가에 관심을 두게 되었다. 그 이유는 "관찰될 수 있는 시간 사용의 규칙성은 일상 생활의 구조를 형성할 뿐만 아니라, 환경의 우선 순위를 매기고 한계를 설정하고 개인에게나 사회적으로 소중한 자유 시간을 사용하는 양식을 확립시키면서 바로 생활의 내용이 되기도 하기" 때문이다(Sahin & Robinson, 1981: 87). 여태까지 자유 시간의 주된 '식민화'는 텔레비전에 의해 이루어졌고, 이는 자유 시간과 의무적 행위 시간뿐만 아니라 다른 대중 매체 형식에 의해 소중하게 사용되던 시간까지 약탈했다. 1965~75년 10년 동안 '자유 시간'의 양은 (노동 시간과 의무 시간에 대비되는) 인구의 모든 부문에서 하루에 약 37분 정도 증가하였다. 실제로 증가된 자유 시간 전체가 텔레비전 시청에 투입되었다. 항상 시간의 양은 일정하기 때문에, 시간은 '제로섬' 현상을 보이는데, 한 활동에 더 많은 시간을 보내면, 다른 활동은 그만큼 줄어든다. TV가 노동과 역방향으로 상관 관계를 갖지만, 다른 자유 시간 활동과는 더 강한 역방향의 상관 관계를 보인다. 특히 사교 활동, 술집이나 모임에 가고 여행하거나 종교 활동하는 것(외출하여 하는 활동)과 부정적 상관 관계를 보인다. 앞서 말했듯이 사람들은 전체적으로 TV를 시청하면서 대단히 만족스럽다고 생각하지 않으며, 다른 일이 생기면 언제라도 포기할 활동으로 제일 먼저 TV 시청을 꼽는다.

> 일상 생활에 필요하지도 특별히 재미있어 보이지도 않는 행동의 영상들이 등장한 것이다. 이는 더 중요한 활동이 있으면 언제라도 쉽게 희생할 수 있는 것이다. **그러나 일단 사람들이 집에 있는 한 저항할 수 없이 텔레비전 앞에서 시간을 보내게 된다**……. 사람들 자신이 말하기에 텔레비전 보는 시간이 특별한 만족을 주거나 의미 있는 활동은 아니라고 한다. 특히, 자유 시간 동안 사람과 사람이 만나서 하는 활동에 비해 더욱 그렇다. 그래도 사람들은 텔레비전 보는 시간을 늘이기 위해 바로 사회 생활을 점점 희생하고 있는지도 모른다(Sahin & Robinson, 1981: 93).

편성 정책은 각 개인이 시청하는 시간을 최대한 활용하고자 하며, 방송사측에서 프로그램 흐름(앞에서 설명했듯이)이 잡히도록 하고자 한다. 이는 물론 광고주의 시간을 수용자에게 파는 행위이다.

> 본질적으로 미국 사회에서 자유 시간이 텔레비전에 의해 식민화되는 것은 자유 시간이 상품화되고 필수품이 통제되는 세력에 의해 재착취되는 역사적 과정을 또 다른 모습으로 보여 주는 것이다(Sahin & Robinson, 1980: 94).

샤인과 로빈슨이 시간 사용의 전체 틀 속에서 시청 행위를 연장시켜 보여 준 것은 극히 유용한 연구였으나, 그들은 왜 TV 시청이 이런 방향으로 가게 되었는가 하는 문제를 제기하지는 않았다. 로빈슨은 수입이 시청과 반비례한다고(소득이 적은 사람이 더 많이 시청한다) 하여 이 문제에 실마리를 제공하고 있기는 하다(Robinson, 1977). 이는 1982년 닐슨 데이터에도 반영되고 있는데, 고소득 가정이 저소득 가정보다 TV를 덜 본다는 것을 보여 주고 있다(소득이 1만~1만 5000달러인 가정은 1주일에 50~58시간 시청, 소득이 3만 달러 이상인 가정은 1주일에 47~50시간 본다). 고소득층이 보는 것은 기본 케이블이나 공중파 방송보다는 Pay-TV가 많다. Pay-TV를 포함시키지 않으면 고소득층의 시청 시간 수치는 훨씬 내려갈 것이다. 그러므로 텔레비전 시청과 의미의 문화적 소비에 계급적 차원이 개입하고 있다.

니콜라스 간햄은 이러한 '문화적 소비의 계급 결정'에 시간과 돈에 대한 불평등한 접근이라는 물질적 토대가 작용한다고 주장했다(Garnham, 1983: 17).

> 사회적, 경제적 하층 집단은 보통 상층보다 더 피곤한 상태에서 더 장시간 일하게 된다. 게다가 TV를 제외하면 문화 상품을 소비하거나 문화 활동에 참여하는 데는 수입이 증가함에 따라, 모든 면에서 활동 반경의 양과 범위가 증가된다……. 보다 가난한 집단에서 TV 소비 수준이 높은 것은 그들이 재량으로 소비할 수 있는 비용의 많은 부분이 TV 수상기를

사고 라이선스 비용을 내는 데 투자되기 때문이다. 한번 이런 투자가 이루어지면, 그 다음부터 소비는 거의 공짜이며, 이로써 시청자를 사로잡게 되는 것이다.

그러므로 소득이 낮은 수용자는 소득이 높은 수용자와 비교해 볼 때 문화 소비에 동등한 기회를 갖지 못한다. 텔레비전은 문화적 소비에 대해 장기적으로 가장 효율적인 투자 기회를 준다.

계급과 물적 결정론을 도입함으로써 현재 전개되고 있는 가치화와 강압을 주제로 한 선진 자본주의의 '의미의 경제'를 논의에 포함할 수 있게 되었다. 예를 들어 '공짜'(광고에 의한 지원) 텔레비전에서 정보 **상품** 자체(VCR, 홈 무비, Pay-TV 등)를 소비하게 되는 미디어 이용의 변화를 논의할 수 있다. 여기서 자신을 위한 의미가 자본을 위한 의미에 종속되어 구성되는 변화가 일어나고 있는 듯하다. 이런 발전이 시청을 절대 잉여 가치와 상대 잉여 가치의 역사로 분석한 것과 어떻게 통합될 수 있을까?

정보 상품을 매각함으로써 시청하는 노동에서 부분적으로 자유로울 수 있고, 미디어에 부여된 자본을 위한 교환 가치를 생산하는 시청 시간으로부터 부분적으로 자유로울 수 있다. 그러나 정보 상품을 사기 위해서는 미디어 밖, 기타 전체 경제에서 자본을 위해 일해야 한다. 강압된 시청으로부터 부분적인 자유를 획득하기 위해 경제 영역에서 강압적으로 노동해야 한다. 그러나 정보 상품을 생산하는 것은 미디어와 미디어 관련 산업이다. 그러므로 우리가 정보 상품을 매각하면서 미디어 산업을 위한 잉여 가치를 **실현**해야 한다. 이는 실제 미디어를 위해 노동하면서 미디어가 경제 전체에서 부상되는 사이클을 그린다. 이렇게 가치의 운동은 시청하는 절대 잉여 가치에서 경제적 잉여 가치를 실현하는 시청의 상대 잉여 가치로 변화하게 된다. 이제 간햄의 분석의 중요성을 인식할 수 있게 되었다. 중산층은 정보 상품을 살 수 있고, 이것으로 미디어를 통해 노동하는 것으로부터 자유로워질 수 있다.

그러나 (자본을 위해) TV를 보는 대다수 인구는 줄어들지 않았다. 한번 TV 수상기를 사면 계속 보게 된다. 시청 영역에는 계급적 분리가 점점 더 반영된다. 인구의 일부는 미디어를 위해 가치를 생산하지 않아도 되며, 나머지 대다수는 강제적으로 가치를 생산해야만 한다. 그러므로 미디어에 관한 한 자본과 노동의 근본적 계급의 분리를 다시 찾아볼 수 있다.

그러나 이런 **강제된 참여**, 전혀 자유롭지 않은 형식적 자유 시간은 이것을 연구한 사람들에 의해 쉽게 인식되지 않는다. 이를 '약탈된'(Linder), '식민화된'(Sahin & Robinson), '전원 연결된 마약'(Winn), '중독적'(Mander), '사로잡힌 수용자'(Garnham)라는 용어로 표현한 것을 기억하기 바란다. 이런 설명을 통일시키고 하나로 묶는 것은 무엇인가? 궁극적으로 강제적 참여를 이끄는 **원천**은 무엇인가? 아무것도 없는 것 같다. 이런 요인들을 면밀히 살펴보면 단지 **은유**적 묘사라는 것을 알 수 있다. 결국 '식민화'가 의미하는 것이 무엇인가? 여기서 강압의 요소는 단순히 깨져 하나의 목록을 만들 뿐이며, 본질적으로 시청은 강압이 아니라 자유로운 행위이며 자유로운 참가라는 중요한 논점을 제시하는 것이다. 이런 자유를 제한하는 것으로 보이는 어떤 요인도 시청 행위의 본질적 부분으로 간주되지 않고 본질적인 자유 행위의 외재적 제한이라고 보는 것이다. 그렇기 때문에 각 제한점이 서로 고립된 것으로 나타나고, 일치점이 없는 것으로 나타난다. 예를 들어 마리 윈은 다음과 같이 표현한다(Winn, 1977: 217).

> 현대 사회가 만든 추상적 기계 앞에서 우리가 힘없이 보여질지 모르지만, 우리는 여전히 우리 가정에서 실상으로 만질 수 있는 기계인 텔레비전 수상기 앞에서 우리의 의지를 천명할 수 있다. TV가 우리를 통제하지 않도록 이를 통제하는 법을 배울 수 있다.

TV를 시청하면서 수용자는 본질적으로 자유롭게 참여하게 되고, 이의 한계는 단지 우연적이라는 것이다.

이것은 단지 텔레비전 시청 이론에만 한정된 것이 아니고 광범위하게 말해서 여가 시간이 이제까지 개념화된 구조를 보여 준다. 노동은 강압되고 여가 시간은 자유롭다는 것이다. 예를 들어 주류 여가 이론의 대가인 듀마제디어 J. Dumazedier 는 다음과 같이 확신하고 있다 (Dumazedier, 1960: 557).

> 여가는 개인이 자신의 자유 의지에 몰두하는 방법에 따라 여러 작업으로 구성된다. 자신의 직업적 일, 가정사, 사회적 의미를 마친 후 쉴 수도 있고, 자신을 재미있게 할 수도, 지식을 더할 수도, 무덤덤하게 기술을 증진시킬 수도, 공동체 생활에 자발적으로 참여할 수도 있다.

크리스 로젝 Chris Rojek 은 ≪ 자본주의와 여가 이론 *Capitalism and Leisure Theory* ≫(1985)에서 앞의 시각에 대해 첨예하게 반대하고 있다. 그는 여가를 자유 시간으로 보지 않고 '정당화 체계의 효과'로 본다. 그는 가사일의 예를 들어 강압과 자유의 구분이 분석적으로 가치가 있는지 의문을 제기한다. 가정에서 전통적으로 임금 관계를 떠나 남편과 아이를 돌보면서 자유 시간과 노동 시간을 구분하는 것은 아주 어렵다. 가정 주부라는 직업은 깨어 있는 시간 내내 일하도록 구조화되어 있고, '일을 마친다'는 개념은 추상적으로 환상에 지나지 않는다. 로젝은 이를 다음과 같이 말한다(Rojek, 1985: 18).

> 여성들의 경우는 여가 이론과 연구의 기초로 삼는 자유 시간이라는 개념이 원래 한계가 있다는 것을 잘 보여 준다. 여성의 여가나 '자유' 시간은 남성 지배적 사회에서 그들의 위치에 의해 조건 지어진 것이다. 가정 주부는 가사일이 만족스럽게 완수되었을 때만 일을 마칠 수 있다. 그 때도 남녀 차별주의 정신에 입각하여 여성적 활동을 하고 다른 것을 포기한다.

대신 여가 시간의 성격을 규명하기 위해 역사적이고 구체적인 맥락에서 여가 시간을 고찰해야 한다. 로젝에 따르면, 현대의 여가는 사사화, 개인화, 상업화, 진정시키기의 네 가지로 구조화된다고 한다.

시청 행위에 관해서 자유 시간의 개념은 진정으로 맹목적 부분으로 남아 있다. 자본주의 생산 양식에서 임노동에 의해 시간을 구조화하는 것을 받아들임으로써 이 개념이 형성된 것이다. 임노동은 우리의 시간, 우리 모두의 시간을 노동과 여가로 구조화한다. 이는 자본주의 생산 양식에만 특정한 것이다. 그러므로 여가는 본질적으로 자유 활동 시간으로 형성된 것이다. 물론 자유 활동의 많은 부분은 노동 시간을 위해 우리를 묶어 놓기도 하고, 노동 시간으로부터 우리를 풀어 주기도 하고, 자본을 위해 가치를 생산하는 시간으로부터 우리를 풀어 주기도 한다는 것을 안다. 이런 방법으로 강압된 활동 시간이 자유 활동 시간을 종속시킨다. 그러나 자유 시간의 이런 종속은 단지 **형식적**으로만 인식되어 왔다(제3장 참조). 그래서 '식민화'의 논의가 전개된 것이다. 실제로 자본이 형식적으로만 자유 시간을 종속하는 것이 아니다. 직접적으로 이를 **가치화**하고 시청 행위를 **현실적**으로 종속화하며 이로써 가치를 생산할 수 있다는 점이 일반적으로 간과되어 왔다. 이런 가능성에 대해 눈이 멀어 있는 한, 자유로운 시청에 대한 어떤 한계를 발견해도 통합되지 않은 단지 일련의 목록에 그칠 것이다. 그 결과 시청의 강압적 성격의 원천은 신비한 것으로 남아 있어 '그게 나를 보게 만든다'는 말에 그치게 된다. 강압 행위의 사회적 관계는 이를 매개하는 기술에 물신화된 채 남아 있게 된다. 만일 우리가 이런 물신주의를 타개하고 텔레비전 시청이 본질적으로 강압적이라는 것을 밝히면, 잉여 시청이 존재한다는 것도 밝힐 수 있을 것이다. 만일 시청 행위가 형식적으로는 자유롭지만 실제적으로 강압적이라면(임금 노동과 마찬가지로), 이 활동의 가치화가 보다 선명하게 이해될 수 있을 것이다.

소비의 문화와 의미의 위기

이 장에서 살펴본 문헌들은 텔레비전 시청을 자유로운 것으로 성격짓는 것에 대해 심각한 문제 의식을 제기한다. 그러나 이들 학자들은 시청 시간이 부자유스런 것이라는 것의 본질을 규명하지 못한 채 논의를 그치고 만다. 기술적(중독), 조직적(식민화), 물질적(시간과 돈) 요인에 근거한 요소들을 타당하게 지적하긴 했지만, 부분적 설명에 그치고 마는 것이다. 이들은 강압의 원천을 파악하지 못하고 있다. 많은 이론가들이 텔레비전이 제공하는 심리적 필요에 대해 논하고 있지만, 시청의 강압적 성격에 대해서는 잘못 설명하고 있다. 텔레비전은 단순히 심리적 필요를 충족시킬 가장 쉽고 가능한 수단이다. 여기에서 주장하고자 하는 것은 텔레비전을 시청해야만 하는 강압의 원천이 이것에 나온다는 것이다.

비노동적 행위 가운데에서도 다른 영역에서의 강압적 성격은 비교적 인식되어 왔다. 노동 계급은 그들이 사야 하는 의식주 등 때문에 상품 시장을 통해 노동력을 재생산해야만 한다. 이런 소비 행위에 대해 다른 대안은 없다. 생계 유지를 위해 상품의 소비 시장을 창출하는 것은 자본주의 산업화 발전의 중심이 되어 왔다. 노동이 강압될 수 있었던 것은 노동력을 재생산할 충분한 화폐가 필요했기 때문이며, 이로써 노동 계급은 계급으로서 스스로를 재생산한다. 그러나 노동력 재생산에 대한 전통적 관점은 **물질적** 성격에 집중되었고, 강압적 상황 내에서 **문화적, 상징적** 재생산 문제를 도외시해 왔다. 제1장에서 인간의 욕구에 물질적, 상징적 성격 모두를 이해할 필요가 있다고 강조한 바 있다. 상징과 이데올로기의 힘에 대한 많은 논의가 전개되어 왔던 것이 사실이지만, 이 힘의 **기반**이 무엇인지에 대해 좀처럼 문제 제기되지 않았다(이 문제가 제기되었을 때도, 메시지의 내용에서 나온 것으로 해답을 유출했다). 여기서 제시하고 싶은 해답은 현대 사회에서 상징의 힘은 메시지 생산자의 기술적 탁월성에서 나오는 것이 아니고, **의미**를 추구하는 인간의 욕구, **문화적 과정**에 대한 인간의 욕구에서 나온다는 것이다. 우리 인간은 물질적 재생산과 문화적 재생산, 빵과 서커스가 모두 필요하다. 레이먼드 윌리엄스는 다음과 같이 표현한다(Garnham, 1979: 128에서 재인용).

> 성과 궁전, 교회로부터 감옥과 작업장, 학교에 이르기까지, 전쟁터의 무기에서 통제된 신문에 이르기까지 어떤 지배 계급이든지 항상 물질적이긴 하지만, 여러 방법으로 사회적, 정치적 질서를 창출한다. 이것들은 절대로 상부 구조적 활동이 아니다. 겉으로는 자기 유지적 생산 양식으로 단독으로 수행될 수 있는 것처럼 보이지만 이것들은 필연적으로 물질적 생산이다.

이 때 물질적 생산은 이데올로기적 요소를 포함한다. 또한, 이데올로기적 재생산은 물질적 요소를 포함한다. 인간 욕구의 문화적 요소는 노동력의 재생산에서 물리적 요소가 중요하듯이 똑같은 중요성을 갖는다. 의미는 부차적인 것이 아니라 인간 경험을 구성하는 것이다.

이런 측면이 받아들여진다면, 다음 문제는 자본주의 사회에서 의미가 어떻게 매개되며, 이런 활동에서 소비와 광고 미디어의 역할이 무엇인가 하는 것이다. 사회사가인 잭슨 리어스 Jackson Lears 는 19세기 말과 20세기 초 청교도 문화, 근면·자기 부정의 문화가 쾌락주의, 여가, 자기 충족의 문화로 대치되는 과정을 설명하면서 이 문제의 실마리를 찾으려고 했다(Lears, 1983). 미국 사회의 도덕적, 종교적 색채는 근대성이 가져온 힘 앞에서 점점 붕괴되어 갔다. "비현실적 감각이 도시화와 기술적 발전으로부터 생겨났다. 상호 의존적인 시장 경제가 점점 일어나고 교육받은 부유한 신자들 간에 자유주의 프로테스탄티즘이 세속화되면서 심화되었다"(Lears, 1983: 6). 도시의 익명성이 우울증과 상실감(억압적이긴 했지만 전통적이고 가족적 관계)을 가져오기도 했다. 이와 같이 시장 경제가 전국 규모로 퍼지면서 점점 더 많은 사람들이 상호 의

존 관계에 영입되었고, '자율적 자아성이라는 자유주의적 이념이 더욱 유지되기 어렵게 되었다.' 이런 새로운 상황에서 자아는 개인 내면에 본성적인 것(태생적으로 갖고 있는 성격)으로 정의되지 않았고, 자신을 다른 사람에게 보이기 위해 조작할 수 있는 요소로 보게 되었다.

> 성공이 점점 덧없는 '좋은 인상을 유지'하는 데 달려 있게 되면서 자아는 일관성을 잃게 되었다. 예전에는 윤리가 자기 통제의 내면적 도덕성에 달려 있었다. 이런 '내향성'이 억압적이긴 했지만 자아의 중심을 확고히 유지할 수 있게 했다. '타자 지향'의 새로운 윤리는 그런 확고함을 저해하고 자아를 텅 빈 그릇으로, 다른 사람의 기대에 따라 채워지고 다시 채워져야 하는 것으로 제시하였다(Lears, 1983: 8).

이와 병존하여 종교적 믿음도 힘과 영향력 면에서 기울게 되어 '부드러워진 프로테스탄트 신학은 헌신을 저해하고 윤리적 결정을 흐리게 하였다.'

현대 제도가 부여한 새로운 상황에서 이 같은 비현실적 감각의 결과 신체적, 감정적 정력과 새로 소생한 자아 개념을 열망하게 되었다고 리어스는 주장한다. 예전에는 건강에 대한 소망이 좀더 광범위한 의미의 공동체적, 윤리적, 종교적 틀 내에서 발생했지만, 19세기 말에 이는 사라지게 되었다. 금세기 초부터 건강을 추구하는 것은 완전히 세속적인 과정이 되었다. 리어스의 주장에 따르면, 이런 사회적 운동의 결과 새로운 '치료적 감성 *therapeutic ethos*'이 등장했고, 더 나아가 광고주는 이를 감지하여 미국인들이 발전시킨 감정적 욕구를 십분 이용했다. 이 때 광고주는 의미의 전통적 제도가 쇠퇴하는 과정을 묘사하기도 하고 창출하기도 하면서 개인적인 새로운 감성을 기리게 되었다.

> 미국인의 새로운 감정적 욕구와 광고주의 전략은 변증법적으로 발전하여 각자는 상대방을 재구조화하고 강화시켰다……. 이들의 동기와 의도는 다양했지만 그들이 들인 노력의 전체적 영향은 자본주의 문화의 헤게모

니를 창출하는 새로운 세속적 기반이 되었다……. 1920년대 와서 전국 규모화된 광고의 상징적 세계는 필립 리프가 말한 치료적 세계와 매우 유사했는데, 이는 모든 지배적 의미 구조가 허물어지는 것을 말한다…… 의미의 붕괴를 가속화시키는 데 광고의 역할이 컸다는 것을 강조하는 게 중요하다. 자아 이외의 상징적 의미 구조가 쇠퇴한 것이 소비자 문화를 발전시키는 과정에서 중심적 역할을 했으며, 광고 전략과 치료적 감성이 한데 어울리게 되었다(Lears, 1983: 4, 21).

현대 생활에 대한 최초의 대규모 사회학적 연구 가운데 하나인 로버트 린드 Robert Lynd 와 헬렌 린드 Helen Lynd 의 연구는 산업화와 상품시장의 팽창이 금세기 초 공동체적 삶을 재구조화하는 변화의 과정을 추적하였다. 그들의 저서 ≪ 중소 도시 *Middletown* ≫(1929)는 인디애나 주의 도시 문치에서 행한 연구의 결과로 1890년대 생활과 1920년대 중반의 변화를 보여 주고 있다. 린드 부부는 1924년 이 도시에서 예전의 공동체적 제도가 약화되고 쇠퇴되고 특히 종교, 가족, 일이 시장 거래로 대치되는 것을 가시적으로 보여 주고 있다. 화폐 교환이 사회 생활의 유통 화폐와 같이 감정적 측면을 대체했다. 리처드 위트만 폭스 Richard Wightman Fox 는 다음과 같이 말한다(Fox, 1983: 124~5).

초고속 기계 생산은 숙련 노동과 반숙련 노동의 차이를 없앴을 뿐만 아니라 아버지에서 아들로 대물리며 가족 내 연속성을 보장했던 도제 제도를 약화시켰다. 가정은 더 이상 경제 생산의 중심이 아니며, 가족이 사회 생활의 중심도 아니며, 가족 성원들은 각자 자신의 동료 집단과 여가 시간을 소비하는 기반이 될 뿐이다……. 1924년 중소 도시인들은 더 이상 교회, 클럽, 노조 사무소에서 이념이나 가치, 혹은 목표를 토의하러 모이지 않게 되었다. 1890년대 남녀 — 사업 계층의 남녀 노동 계급의 남자들 — 들은 정기적으로 모여 철학적, 윤리적, 정치적 문제를 놓고 토론했다. 이전에 '즉각적이고 광범위한 도시 생활의 부분'이었던 종교는 이제 최신의 광고 홍보 기술로 전과 비슷한 권력을 되찾도록 힘써야 하는 제도가 되었다.

노동과 공동체적 삶이 점점 만족을 주지 못하면서 사람들은 '보상적 충족'을 위해 다른 곳에 눈을 돌렸으며, 소비 사회에서 발전된 가장 중요한 제도인 소비 시장에서 그것을 찾았다. 소비가 사회 생활의 양태를 규정하면서 공동체, 계급, 종교를 대신하게 되었다. 이런 변화에서 의미가 형성되는 기본적 방법이 변화한다는 것을 찾아볼 수 있다. 광고와 방송 미디어의 발달로 인해 이런 활동 에너지의 대부분이 흡수되었다.

레이먼드 윌리엄스는 ≪ 텔레비전: 테크놀로지와 문화적 형태 *Television: Technology and Cultural Form* ≫(1974)에서 자본주의 산업화와 가족, 계급의 재조직화 과정에서 방송이 행한 역할을 실감나게 표현했다.

> 변화하는 사회에서 특히 산업 혁명 이후에 사회적 시각과 사회적 정향의 문제는 더욱 첨예해졌다. 사람 간, 또 사람과 사물 간의 새로운 관계는 강렬하게 경험되었고, 이 분야에서 특히 전통적 제도인 교회, 학교, 탄탄한 공동체, 영구적 가족은 별로 할 말이 없게 되었다……. 많은 방법으로 호기심에서 불안감에 이르는 다양한 충동으로 새로운 정보와 새로운 종류의 정향이 매우 필요하게 되었다(Williams, 1974: 22).

20세기 초반 20년 동안 발전한 라디오 방송은 독특하고 필요 불가결한 역할을 했다. 윌리엄스는 도시 산업 문화가 도래하면서 나타난 두 가지 대등하면서도 모순된 것으로 보이는 경향을 말하는데, "그 하나는 동원성이며, 다른 하나는 더욱 자기 충족적으로 나타나는 가족들의 가정이다." 방송(라디오와 텔레비전)은 이런 **동원적 사사화** *mobile privatization* 를 향한 산물이며, 새로운 커뮤니케이션의 필요에 반응으로 나온 것이다.

> 1920년대 처음 결정적 단계에 도달한 새로운 '소비' 기술은 이런 한계와 압력 속에서 복잡한 욕구를 위해 사용되었다……. (방송은) 산업화된 자본주의의 기술의 한계와 압력을 규정하는 틀 내에서 일련의 강조와 반응을 보이는 응용화된 기술이다(Williams, 1974: 27).

의미를 매개하던 전통적 제도의 영향이 소멸하고 난 빈 자리를 점점 시장 제도, 특히 대중 매체가 메우게 되었다는 것을 인식하기 시작하였다. 샤인과 로빈슨이 말한 시간의 '식민화'는 이런 역동성을 보이는 한 단면이다. 보다 구체적으로 이런 변화가 부각시키는 것은 사회생활의 점점 더 많은 부분이 상품의 생산 관계의 통제 아래 직접적으로 영입되는 방법에 관한 것이다. 선진 자본주의에서 문화와 상품은 구분할 수 없는 것이다. 니콜라스 간햄은 이를 다음과 같이 표현한다(Garnham, 1979: 142).

> 자본주의 생산 양식의 발전과 이에 연루된 정신적, 신체적 노동의 분업은 직접적으로 상품과 교환의 형태를 통해 문화적 생산과 재생산을 유지하기 위하여 필요한 잉여를 착취하는 방법을 발전시킨다.

이것이 간햄이 말하는 **문화의 산업화**이며 이윤 높은 투자 기회를 찾아 잉여 자본을 점점 더 문화적 분야에 투자하게 되고 이전에 지역 공동체에서 발생했던 필요를 만족시키기 위해 문화 상품을 시장에 제공한다. 아사 브리그 Asa Briggs(1960)는 "대규모 시장의 이해 관계가 최근까지 개인 스스로가 지배했던 생활 영역을 지배하게 되었다"라고 말했다. 간햄은 다시 다음과 같이 말한다(Garnham, 1983: 14).

> 영국에서는 최소 150년 전까지 거슬러 올라가 발전되기 시작한 것으로, 상품 교환이 더욱더 광범위한 사회 생활 영역을 침범하게 되고, 사적 영역은 공공 영역을 희생하며 팽창하게 된 전체 과정의 부분을 이룬다. 자본은 쉴새없이 잉여 가치를 실현할 새로운 영역을 쫓고, 그리하여 '단조로운 경제 관계의 강압'이 점점 더 넓은 사회 생활 영역에 도입된다.

문화적 필요가 상품 시장에 통합된다. 그러나 여기에 대한 인식은 문화적 생산과 재생산이 상품 생산에 **형식적**으로 종속된다는 시각 이상을 넘지 못하고 있다. 노동 계급이 상품의 매각자로서 이 과정에 돌입한다는 것이다. 생산 과정과 가치의 운동에서 잉여를 실현하기 위해 노동 계급이 여기에 가입하게 된다. 이러한 자본에의 형식적 종속이 **실제적** 종속으로 이용될 수 있는 가능성을 설명한 문헌은 아직 없었다. 현대 미디어를 설명하는 데 바로 이 형식적 종속에서 실제적 종속으로 이행한다는 것이 가장 중심의 역동적 요소가 된다고 설명할 수 있다.

광고, 종교, 마법

이 책은 인간과 사물의 관계에 대한 철학적 논의에서 출발하였다. 이 책을 마무리하면서도 역시 사람과 사물의 관계를 논의하고 이를 통합하여 분석의 주요 주제들을 요약하고자 한다. 광범위한 의미에서 이 둘의 관계가 여러 방면으로 마무리될 수 있고 넓은 사회적, 경제적, 문화적 변화에 부응하여 이 관계가 변화된다는 것을 이해할 필요가 있다. 이 장에서 논의한 것은 현대적 라이프스타일에 대한 예전의 대부분의 논의와는 많은 대조를 보인다. 그러나 이런 이분법은 어떤 면에서 잘못된 것인데, 역사적 시각에서 흔히 말하는 대로 사회는 두 단계로 볼 수 없고 세 단계로 볼 수 있기 때문이다. 더 나아가 세 단계는 사람과 사물의 관계에 따라 서로 나뉘어지는 것이다.

첫째 단계인 **전통적, 전 산업** *pre-industrial* **사회**는 지역 공동체, 종교, 대가족이 아주 중요하며 노동과 여가가 전체적으로 연결된 농촌의 라이프스타일에 기반을 둔 사회이다. 사람과 사물의 관계는 오래 된 종족 문화에 의해 매개된다. 사물에는 가족, 종교, 공동체를 기반으로 한 문화 생활의 오래 된 형식 내에서 통합되어 의미가 부여된다. 이는 다음과 같이 도식화할 수 있다.

사람 ———— 종족 문화 ———— 사물

두 번째 단계는 **산업 사회**이다. 산업 상황에 들어서면서 전원 생활에 기반한 오래 된 종족 문화의 활력과 의미가 파괴되고 사람들은 새로운 세계와 새로운 생산 양식으로 이식되었다. 도시 생활, 공장 노동, 일과 여가의 분리를 통해 결속된 공동체의 오래 된 전통은 파괴되었다. 촌락에서 살 때의 일상 생활의 통일성과 연속성은 도시화가 증진되면서 유지될 수 없었고, 특히 노동 현장과 주거지, 상업의 장소가 각각 나뉘지면서 더욱 그렇게 되었다. 가공 노동과 밀접히 관련되면서 예전의 생활 방식으로는 일괄 공정 라인을 통해 쏟아져 나오는 이름 모를 상품에 대해 그 축적된 의미를 각인시킬 수가 없었다. 그리고 종교적 가치와 분리적인 종족 공동체의 폐쇄적 세계로 형성된 개인 행위의 매우 폐쇄적 약호는 산업화 사회에서 고도로 세련된 공격을 받아 살아남아 있을 수가 없었다. 그토록 많은 상이한 집단을 일시에 유화시키면서 나온 문화적 상대주의의 등장과 함께, 대가족의 경제적 기능의 소멸, 또 고도로 개인화되고 사사화된 새로운 유형의 여가의 등장 등으로 인해 대중 공동의 오락이나 가정사 등 전통적인 집단적 유형에 더 이상 의거하지 않게 되면서 그런 산업 사회의 공격이 형성된 것이다. 산업 사회는 과도기적 사회로서 과거의 의미 구조에 의거하지 않으면서도 그 나름의 새로운 구조를 세울 능력도 가지고 있지 않다. 예전 방식과 새로운 방식이 충돌하면서 문화적 빈 공간이 생기게 되었다. 이를 스튜어트 유웬은 '산업화의 사회적 위기'라고 불렀다. 이를 도식화하면, 다음과 같이 나타낼 수 있다.

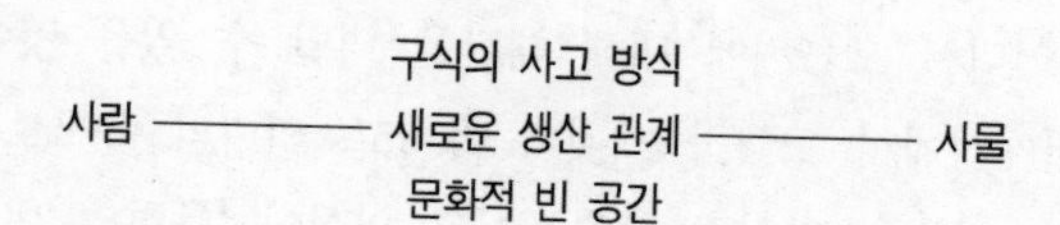

세 번째 단계는 **소비 사회**이다. 소비 사회는 산업 사회의 긴장과 모순을 해결했다. 시장과 소비가 전통 문화의 기능을 점유했다. 전통 사회에서 산업 사회로 가는 전환기에서 생긴 빈 공간에 사물을 통한, 사물에 관한 담론이 들어서게 되었으며 인구는 1차적 동일화의 양식인 사회 계급으로서가 아니라 소비 계급으로 재구조화되었다(이 같은 역사적 발전에 대한 보다 자세한 논의로는 *SCA* 참조). 이런 과도기는 50년마다 한 번 일어나는 혁명 운동이다. 전에 논의했듯이, 로버트 린드와 헬렌 린드의 ≪ 중소 도시 ≫는 이런 발전 과정에서 결과된 문화 생활의 획기적 변화를 묘사하고 있다. 이를 도식화하면, 다음과 같이 나타낼 수 있다.

시장
사람 ———— 광고 ———— 사물
대중 문화

그러므로 소비는 현대 문화의 라이프스타일이다. 광고가 어떻게 강압적 행위의 시나리오에 낄 수 있는 것일까? 여기서 제2장에서 지적한 논점을 말하고자 하는데, 곧 광고의 **힘**은 어디에 근거하는가? 앞에서 말했지만 비시장적 전 자본주의 사회 구성체에서 사물의 의미는 대부분 누가 만들었느냐에 따라 생기게 된다. 사물은 제작자의 혼이 담겨 있는 것으로 보여졌다. 반대로 자본주의 사회에서 사물과 제작자는 서로 분리되어 여기서 큰 의미를 찾을 수 없게 되었다. 제2장에서 이 것을 가리켜 자본주의는 진정한 사물의 의미를 '공허하게' 하였고 광고가 그 빈 껍데기 속에 끼여들게 되었다고 말한 바 있다. 인간 사회, 인간 문화, 인간 의미를 구성하는 사물의 중심적 역할을 고려할 때, 광고의 힘이 어디서 오는지에 대해 해답을 내릴 수 있을 것이다. 이는 광고주의 천재성에서 도래하는 것이 아니고, 의미의 욕구로부터 발생하는 것이다. 상품은 의식적 부속물이고 의식이 '문화의 범주를 가시화하고 안정되게 한다면'(Douglas & Isherwood, 1978), 광고와 광고가 주는 의미는 자본주의 안정에 필요 불가결한 것이 된다. 광고의 진정한 이데올로기적 역할은 수요를 창출하고 시장 점유율을 확보하는 것도 이데올로기를 불식시키는 것도 아니고, 우리에게 의미를 제공하는 것이다. 그렇기 때문에 그토록 강력한 것이다. 만일 광고가 조작적이라면 세계를 알고자 하고 이를 이해하고 스스로를 알고자 하는 진정한 우리의 욕구를 조작한 것이다. 리처드 위트만 폭스는 다음과 같이 평한다(Fox, 1983: 103).

> 미국 사람들이 자본가 멋대로 조작할 만큼 수동적 존재는 아니다. 사람들은 선진 자본주의 사회에서 생활의 물질적, 정신적 조건에 스스로 능동적으로 적응하는 소비자이다. 소비를 통해…… 전 세대들이 초월적 종교 영역에서 추구했던 '진정한 삶'을 계속 추구하고 있는 것이다.

방금 말한 것이 비자본주의 사회의 제도에 해당하는 것으로, 명백히 **종교**라고 부를 수 있는 기능이다. 그러나 비판 이론가들이 광고와 그의 기능을 설명하면서 이런 가능성을 간파하지 못했다. 예전의 종교에 대항하면서 마르크스주의는 종교를 과거에 사라져 버린 것으로 보는 공리주의에 빠지는 실수를 범했다. 물신주의의 개념이 광고를 종교로 이해하게 하는 개념적 틀이 될 수 있음에도 불구하고 이렇게 치부해 버린 것이다.

자본주의가 상품의 사회적 의미를 공허하게 했다고 앞서 주장한 바 있는데, 즉 교환 가치는 사용 가치(의미)의 사회적 권력을 **고갈**시켜 버린 것이다. 사실은 그 이상이다. 사용 가치의 사회적 권력은 교환 가치의 사회적 권력으로 변형되었다. 인간 상호 교류의 사회적 권력은 사용 가치를 교환 가치로 전이시켜 놓았으며, 상품을 자본으로 전이시켰다. 그러므로 상품을 말할 때 이의 사용을 생각하기 시작하였다. 그러나 **자본**을 말할 때, 자본의 **통제 행위**의 권력을 유념하기 시작하였다. 빌 라이반트는 다음과 같이 말한다(Livant, 1983a: 2).

> 알다시피 종교에 대한 마르크스적 접근은 물신적이고 실제적 관계를 역전시켜 전도되게 표현한다는 것이다. 종교는 지상의 실제적 권력에 대항하지 않고 회피하게 하며, 실제 소유하지 않은 천상의 힘으로 상징적으로 몰입하게 한다. 이런 종교에 대한 접근은 타당하고. 이제 이 개념을 이용할 수 있다……. 논점의 근본은 이것이다. 새로운 종교는 실제 권력이 증가하는 측면을 기반으로 나타난 것이 아니다. 이는 고갈되고, 공허하게 되는 측면을 기반으로 나타난 것이다. 종교적 물신의 상징적 권력이 자라난 **실제**의 영역을 **파괴**하면서 일어났다……. 이는 자본주의의 종교, 물신이 교환 가치 영역에서 일어난 것이 아니라 사용 가치 영역에서 일어난 것이라는 것을 의미한다. 우리가 예상하는 모든 혼동과 도치와 신비화를 찾아볼 수 있는 것은 사용의 영역이라는 것이다.

실제로 광고를 가장 세련되게 방어하는 스테판 린더(1970)의 연구에서도 비슷한 주장을 찾아볼 수 있다. 광고가 진정한 선택의 기반이 불가능한 상황에서 아무리 비합리적이라고 해도 어느 정도의 선택의 기반을 제공한다고 그는 주장한다. 잭슨 리어스도 정보가 광고의 감정으로 대치되었다고 했다. 광고의 기초가 우리를 기분 좋게 하는 것이라면, 그리고 이런 감정을 위해 어떤 다른 객관적 기반도 포기한다면, 어느 점에서 종교와 다르다고 할 수 있겠는가? 라이반트는 다음과 같이 말한다(Livant, 1983a: 1).

> 녹차 한 잎, 검은 고양이, 주사위, 밤에 울려 퍼지는 소리는 어떤가? 신은 어떤가? 이 모든 것이 우리를 '만족시키고,' 우리의 선택을 '정당화'하는가? 린더가 방어하는 것은 **세속화**된 신이 아니면 무엇이겠는가, 실제로 종교 의식이 아니면 무엇이겠는가?

이런 시각에서 제5장에서 실증적 연구로 측정된 광고를 물신주의로 보다 타당하게 성격지을 수 있을 것이다. 여기서 문제는 단순한 상징화가 아니고 상품의 사용과 결과에 관한 것이다. 광고 상품은 사람과 관계하여 심리적, 사회적, 물리적 역할을 혼합하여 수행한다. 사물의 세계는 마법적 황홀경과 변형을 이루며, 가장 근본적이고 궁극적인 차원에서 인간과 상호 관계한다. 그러나 생산자 스스로의 이름 없는 성역 외에는 이런 주장을 뒷받침할 기반을 제공하지 못하고 있다. 이는 설득이라고 하는 단순한 비합리성의 문제가 아니라, 상품이 세속적 삶의 성스런 역할을 충족시킬 수 있다는 **맹목적 신앙**을 받아들이는 것이다. 그러면 상품의 권력은 어디서 오는가? 무엇이 아무 기반 없는 (거짓이라는 말은 아니다) 광고의 주장을 받아들이게 하는가? 무엇이 현대 물신주의 체계를 꼭 붙들어매놓고 있는가? 이것이 분명히 '기술적 합리성'은 아니다. 앞 장에서 살펴보았듯이 상품에 대해 자세히 말해 주는 광고는 거의 없으며, 상품이 우월하다는 객관적 기반을 제공하는 광고도 거의 없다. 이 문제에 기술적 합리성이 어떤 해답도 내려 주지 못하지만 기술에 대한 신념은 대답을 내려 준다. 체계에는 엄격한 의미에서 합리성이 없고 정보에도 합리성이 없다. 그러나 이게 기술 자체에 내재한 신념을 배제하지는 않는다. 이는 기술에 대한 종교이며 '무엇이든 가능하고,' 무엇이든 '심을' 수 있고 과학은 기적을 가져다 줄 수 있다는 것이다. 레이먼드 윌리엄스(1980)는 그의 논문에서 이를 '마법적 체계'라고 지칭하면서 다음과 같이 말한다. "우리가 향유한 유형을 짧게 묘사하면 **마법**이다. 고도로 조직화되고 전문적 체계인 마법적 동기와 만족을 주는 것이며, 이는 보다 단순한 사회에서 마법 체계와 기능적으로 매우 흡사한 것이지만, 고도로 발전된 과학 기술과 이상하게도 공존하고 있는 것이다." 바르다 레이모어(1975)는 광고를 신화의 유형으로 그리고 있으며, 마틴 에슬린 Martin Esslin 은 광고를 그리스 연극에 비유하면서 광고가 보다 직접적인 물신적 종교이며 광고의 인물은 헤라클레스, 율리시스, 디오니소스, 아프로디테 등의 신화 같은 영웅, 신비한 영웅으로 볼 수 있다고 한다(Esslin, 1976: 271).

> 텔레비전 광고는 가장 오래 된 것으로 알려진 연극과 똑같이 본질적으로 종교적 형태의 드라마로서, 인간이 사는 세상에서 우리 생활을 형성하는

다양하고 강력한 힘에 의해 통제받는다는 것을 보여 준다……. 도덕적 우주는…… 본질적으로 다신주의적 종교를 말한다. 세계는 강력한 힘을 가진 수많은 신전에 의해 지배를 받으며, 이는 일상 생활의 모든 제도 안에서 사용하거나 소비하는 개개의 모든 물품에 깃들어 있는 것이다. 고대 그리스의 바람, 강, 나무, 골짜기에 수많은 요정과 숲의 요정, 반인 반수의 신 등 지역마다 다른 신이 살았다면, 텔레비전 광고의 세계에도 마찬가지이다. 여기서 우리가 맞부딪치는 다신주의는 매우 원시적이고 애니미즘과 물신주의적 신앙과 흡사하다.

신비한 광고의 세계에서는 테크놀로지의 영혼이 상품의 육체를 파고들어 그 힘에 대한 신앙을 갖게 한다. 옛날 아프리카 문화권에서도 비슷한 현상을 찾아볼 수 있다. 여기서 옛날 방식과 새로운 방식의 물신주의 간에 어떤 근본적인 차이도 없다. 둘 다 어떤 신성한 물건을 사용하면 힘을 발휘한다는 종교적 신앙에 근거하고 있다. 이런 맥락에서 광고가 현대 생활에서 새로운 종교는 아니라 할지라도 실로 사용 가치의 종교가 아닌가? 마틴 에슬린은 다음과 같이 말한다(Esslin, 1976: 271).

우리가 이를 인식하지 않을지 모르지만, 대부분의 사람들이 실제 이를 통해 살아가고 있는 종교이다. 보다 의식적이고 명시적인 신념과 종교적 신앙을 가지고 있건 없건 상관없이 말이다. 어린 아이가 태어나는 그 날부터 몰입하게 되는 실질적 종교인 것이다.

광고가 물론 나머지 사회 현상으로부터 고립되어 존재하는 것은 아니고, 그를 둘러싸고 있는 '현실'을 어느 정도 반영한다. 예수회 학자인 존 캐버나우 John Kavanaugh(1981)는 광고가 상품 형태에 의거한 생활 방식의 일부분이라고 보고, 인간이 사는 세상은 그들이 소비하는 사물에 의해 규정되고, 사물에 의해 지배받는다고 보았다. 캐버나우는 이를 정의와 영혼에 밀접하게 관련된 보다 인간적 가치와 개인 내면적 형태에 의거한 생활과 비교하고 있다(Kavanaugh, 1981: 15~6).

'복음'은 계시에 관한 책으로 우리 스스로가 계시되는 궁극적 준거의 원천이 된다. 복음은 우리가 누구이며, 무엇을 바라는지, 어떻게 행동하고자 하는지, 무엇을 견디며, 무엇이 중요하고, 무엇이 진실한 가치인지 하는 문제에 해답을 주는 것이다. 그러므로 복음은 우리의 기능적 신은 누구라고 나타내 주는 것이다...... 우리는 현재 미국 사회에서 최소한 두 가지 경쟁적인 복음, 계시의 책에 불가피하게 부딪치게 될 것이다...... 이 둘은 궁극적이고 경쟁하는 인식의 '유형'으로 작용하며, 이를 통해 우리 경험을 여과시키게 된다. 더욱이 각 유형은 우리 스스로를, 그리고 세계를 이해하는 우리 의식의 이미지를 통제한다. 이러한 경쟁적 삶의 유형을 다름 아닌 개인성과 상품의 복음으로 표현할 수 있을 것이다. 개인적 유형과 상품적 유형, 개인의 신과 사물의 신이 그것이다. 각각은 나름의 '교회'를 가지고 있으며, 나름의 예배와 의식, 각자 나름의 방언, 나름대로 이단의 개념도 갖고 있다.

자본주의에서 지배적인 '복음'은 명백히 물질의 소유에 근거하며, 주로 상품 소비를 통해 필요가 충족된다는 것이다. 캐버나우는 상품 유형에 근거한 현대 사회의 종교를 명백히 **우상 숭배**라 보았으며, 마르크스가 상품의 물신주의라 부른 것과 일치하며 인간이 그가 생산한 바로 그 사물에 의해 지배되고 통제된다고 말한다.

그러나 캐버나우는 그의 개념 틀을 너무 광범위하게 확대시켜, 일상 생활에서 상품 유형 내부에서의 차이와 이 세기를 통해 생명이 끝나게 된 다양한 상품 유형을 보지 못했다. *SCA*에서 광고에 반영된 상품의 문화적 의미의 진화 단계를 시기별로 네 단계로 나누어 보았다. 이를 다른 시각에서 본다면, 상품 유형의 상이한 종교적 틀이 발전된 단계로 볼 수 있을 것이다. 문제는 이 관계를 예전의 보다 전통적 세계에서 보아 왔던 것이라며, 이를 묘사하기 위해 어떤 인류학적 개념을 사용할 수 있는가이다.

1단계(1890년대~1920년대)는 상품 효용성(**우상 숭배**)의 단계이다. 산업 문화가 발전되는 이 단계에서는 새로운 기술의 상품이 숭앙되고 숭배된다. 광고는 새로운 세기에 상품을 경축하기 위한 형태로 작용하였다. 광고에서는 상품이 무엇을 하고, 효용성은 무엇인지를 집중적으로 나타내고 사물의 새로운 세계를 개척하는 발견이라는 생각이 많았다. 이 때 텍스트가 주된 커뮤니케이션 방식이었다.

2단계(1920년대~1940년대)는 상징화(**도상 연구**)의 시기이다. 도상은 상징으로 무엇인가를 의미하고, 다른 것을 대표한다. 이 단계에서 광고의 초점은 상품의 숭배에서 특정한 사회적 맥락에서 상품의 의미로 옮겨 갔다. 과거의 상품만을 강조하던 시각에서 소비자로 눈을 돌리기 시작했지만, 이런 경향은 절반만 형성되다가 그쳤다. 이 시기에 상품의 성질은 훨씬 추상적으로 표현되었고, 단순히 효용성만을 강조하지는 않았다. 하지만 이런 성질은 여전히 사물 자체에 철저히 국한되었다. 예를 들어 자동차는 그 자체가 현대성의 표현이었으며, 특정 상품이 자연의 힘(신선, 햇빛 등)을 사로잡아 길들일 수 있다고 표현되었다. 광고에 등장하는 사람도 전혀 구체적이지 않았지만 사회적 지위나 우아함 같은 사회적 가치를 대표하기도 하였다. 이 때문에 사람과 사물은 시간과 공간에 고착되었고, 사물에만 근거하거나 사람에만 근거하거나 하지 않는 추상적 의미의 중간 지대에 있게 되었다.

3단계(1940년대~1960년대)는 개인화(**나르시시즘**)의 시기이다. [나르시스는 그리스 신화에 나타나는 인물로서 물에 비친 자기 자신을 사랑한 인물이다.] 이 단계에서 인물을 향한 경향은 단지 추상적인 것이 아니라 완벽하게 나타났다. 인물은 상징적 대표가 아니라 실제로 표현되었다. 이는 컬러 사진술을 점점 더 많이 사용하게 되면서 사람을 보다 현실적이고 구체적으로 보이게 하는 데 도움을 주었다. 이 시기에 광고에서 상품은 인간을 통해 힘이 부여되며, 소비자는 자신에게 개인적으로 상품이 어떤 이로움을 줄 수 있는지 생각한다. 이런 힘이 여러 방식으로 표현될 수 있지만, 개인의 갑작스런 변화나 상품이 다른 사람에게도 힘을 발휘할 수 있다는 '흑색 마법'을 통해 대부분 표현되었다. 여기서 사물의 세계는 사람들의 일상 생활에 들어와 마법적인 힘을 발휘하게 되는 것이다. (이 단계를 **물신주의**라고 부를 수 있다.)

4단계(1960년대~1980년대)는 라이프스타일(**토테미즘**)의 단계이다. 예전 사회에서 토테미즘은 자연 세계와 사회적 세계가 상관 관계를 가지고 자연적 차이가 사회적 차이로 나타나는지를 말해 준다(제1장 참조). 현대 광고에서 상품은 자연적 종족을 대신한다. 이 마지막 단계에서는 앞의 세 가지 단계를 모두 묶어 종합한다. 상품은 단지 공리주의적 사물에서 벗어나고, 사회적 가치를 추상적으로 대표하는 데서도 벗어나 개인적 세계와 인간 관계에 연결된다. 여기서 효용, 상징, 개인화는 한데 섞이고 **집단**의 기호 아래 재혼합된다. 상품은 집단 성원의 배지가 되는 것이다(광고 발전에 대한 4단계의 좀더 자세한 논의는 *SCA* 11장 참조).

이러한 종교 발전의 상이한 단계는 상품의 **사용**에 기반을 두고 있다. 실로 사용 가치가 이런 종교의 이데올로기적 영역에 속한다면, 여기에 많은 혼란이 있다는 것은 의심 없는 사실이다. (이게 '자연적'인가 '사회적'인가? 하나로만 사용할 수 있나, 여러 가지로 사용할 수 있나? 등등의 문제에 혼란.) 라이반트는 다음과 같이 말한다(Livant, 1983a: 3).

> 삼위 일체에 대한 의문과 같이 이런 의문은…… 모든 종류의 마법적 힘이 개똥벌레처럼 나타났다 사라지는 신비화된 영역에서 번성될 수 있다고 기대된다. 오늘날 우리가 사용 가치에 몰두해 있고…… 교회에서 생각하고 있다…… 는 사실을 기억해야만 이 문제들을 감지할 수 있다.

실제로 이런 시각에서 보면, 광고에 나타난 사람과 사물의 관계를 방금처럼 역사적으로 연구하여 새로운 의미를 갖게 된다. 라이반트는 4단계 발전에 대해 다음과 같이 말하고 있다(Livant, 1983a: 3).

> (*SCA*에서) 사람들은 새로운 종교가 발생한 역사를 추적한 것이 아니었는가? 역사적으로 광고 메시지가 물리적 기능을 중심으로 하다가 욕망을 중심으로, 개인적 소집단 라이프스타일을 중심으로, 또 전체적 사회 구성체의 세계 존재 양식을 중심으로 변화해 온 것은 우연이었나? 광고 메시지가 개인에게 확대된 **사용**의 세계를 제시하는 것도…… 메시지가 역사

적으로 말을 중심으로 하다가 영상을 중심으로 옮겨 간 것도 우연인가? 그렇다. 이는 깊이 새겨진 이미지로, '현실적으로 옛 시대' 종교로 기록된 도상이다! 그리고 이것이 **다시** 일어나고 있단 말인가?!

역사상 가장 기술적으로 발전된 문명을 결속하는 이데올로기가 구식의 종교 형태를 띠고 나타난다는 말이 좀 이상하게 들릴지 모르겠다. 그러나 기술 자체의 사회적 관계가 이런 변화의 충격을 준다는 사실을 기억하기 바란다. 기술의 영혼이 사물과 인간의 관계에 연루된 허구를 강화시키고, 사물을 새로운 사회적 권력으로 '생생하게 살아나게' 하는 것은 사회적 권력이 황폐화된 후 공허한 빈 껍데기를 채우는 상품 형태이다. 다른 시각에서 본다면 상품의 세계에서 사람들이 의미를 추구하게 되는 것은 자본주의 사회 관계 때문이다. 의미가 없는 세상에서 사람들이 의미를 찾게 되면서 사용 가치의 종교, 광고의 종교가 부흥하게 되었다. 광고의 궁극적 힘은 창조적 천재성이나 조작할 수 있는 능력에 있는 것이 아니고(이런 영향력을 부정하는 것은 아니지만) 공허하게 하고 필요하게 하는 것을 변증법적으로 매개하는 능력에 있는 것이다.

광고를 종교로 이해한다고 하여 앞 장에서 예시한 것처럼 가장 일반적 수준의 논의로 그쳐서는 안 된다. 광고의 의미는 시간의 가치 형태를 통해 매개되어야 한다. 제5장에서 보인 실증적 연구는 상이한 수용자가 상이한 메시지 체계에 따라 수용자로 형성되는 방법을 설명하고 있다. 좀더 자극적 용어로 표현한다면, 캐버나우 같은 학자가 현대사회를 지배하는 종교를 일반적 형태로 논했다면, 나의 분석은 인구가 분할되는 상이한 공통 분모와 종파를 설명한 것이다(또 *SCA*에서는 이런 종교적 유형이 상이한 발전 단계로 전개된 것을 제시하였다).

결론: 사용 가치와 교환 가치

시장 사회에서 상품의 교환 가치가 사용 가치를 지배한다. 이 점이 구체적으로 설명된 경우는 별로 없는데, 여기서 나는 이 관계를 정확히 이해하고 여기에 작용하는 광고의 역할을 살펴보고자 했다. 실제 우리 사회에서는 이중적으로 사용 가치가 교환 가치에 복속되어 상품의 의미를 이해할 수 있게 한다. 첫번째 종속 과정은 생산 영역에서 발생하는데, 자본주의적 사회 관계가 생산의 현실적 관계를 은폐하고, 그렇게 해서 상품의 진정한(완전한) 사회적 의미를 은폐한다. 이런 맥락에서만 광고의 상징주의를 제대로 이해할 수 있게 된다. 이로써 광고의 사용 가치의 세계가 왜 사람과 사물의 관계를 나타낸 고대의 종교와 유사한지 설명될 수 있다. 두 번째 종속의 과정은 커뮤니케이션 영역에서 발생하는데, 광고 메시지의 형식과 내용이 방송 광고의 수용자 시간의 교환 가치에 의해 구속되는 영역을 말한다. 이것이 실증 연구의 중심 가설이었고, 연구 결과 상당히 입증되었다. 물신주의에 대한 설명은 그 자체가 수용자 시간의 교환 가치에 의해 영향을 받았다. 의미를 충족시키는 유일한 수단인 시장을 향해 의미를 추구하게 되면서 발생한 텔레비전 시청의 강압적 성격에 더하여 자본주의에서 상징 과정이 경제, 보다 구체적으로는 개별 생산자를 위해 잉여 가치를 증진시키고자 하는 시도를 통해 물신주의가 더욱 발전되었다. 의미의 사회적 생산과 이의 사적인 점유 방법 간에 불건전한 긴장이 초래되었다.

실제로 광고는 현실의 거울로서 기능 하며, 생산 체제로서 자본주의의 중심적 요소를 부각시킨다. 자본주의에서 상품에 연관된 상징 과정은 하나의 영역(시장)으로 와해되었고, 광고 제도는 이런 이중성을 반영하고 있다. 이런 반영은 피상적인 게 아니고 자본주의가 조직되는 근원적 차원이 잉여 가치 생산에까지 다다르고 있다. 가치 운동은 인간 욕구의 상징적 / 물질적 과정에 **침입**하여 상부 구조와 토대를 분리시키려는 생각을 파괴했다. 광고는 단지 반영하는 게 아니고 그 자체가 잉여 가치 착취(잉여 가치 실현과 더불어)의 일부분이 된다. 자본은 의미를 형성하는 과정에 침입하여 의식 자체를 값매김하는 것이다.

참고 문헌

Albion, M. & P. Farris(1981). *The Advertising Controversy*. Auburn House, Boston.

Althusser, L.(1971). *Lenin and Philosophy*. NLB, London.

Andren, G., L. Ericsson, R. Ohlsson, & T. Tannsjo(1978). *Rhetoric and Ideology in Advertising*. AB Grafiska, Stockholm.

Andrew, J.(1981). "Need to Convey More Data? Squeeze 36 Second Message into 30 Seconds," *Wall Street Journal*, 14 May.

Ansbacher, H.(1958). "Fetishism: an Adlerian Interpretation," *Psychiatric Quarterly*, vol. 32.

Arlen, M.(1981). *Thirty Seconds*. Penguin, New York.

Arriaga, P.(1983). "Broadcasting: Monopoly Profits or Differential Rent," unpublished paper.

——(1984). "On Advertising: A Marxist Critique," *Media, Culture and Society*, 6.

Bak, R.(1953). "Fetishism," *Journal of the American Psychoanalytic Association*, no. 1.

——(1974). "Distortions of the Concept of Fetishism," *Psychoanalytic Study of the Child*, vol. 29.

Baker, S.(1968). *The Permissible Lie: The Inside Truth About Advertising*. World Publishing Co., Cleveland, OH.

Balint, M.(1935). "A Contribution on Fetishism," *International Journal of Psychoanalysis*, vol. 16.

Baran, P. & P. Sweezy(1964). "Theses on Advertising," *Science and Society*, Winter, vol. 28.

——(1966). *Monopoly Capitalism*. Penguin, London.

Barnouw, E.(1978). *The Sponsor: Notes on a Modern Potentate*. Oxford University Press, New York.

Barthes, R.(1973). *Mythologies*. Paladin, London.

Baudrillard, J.(1975). *The Mirror of Production*. M. Poster (tr.), Telos Press, St Louis, MO.

——(1981). *Critique of the Political Economy of the Sign*. C. Levin (tr.), Telos Press, St Louis, Mo.

Bauxbaum, E.(1960). "Hair Pulling and Fetishism," *Psychoanalytic Study of the Child*, vol. 15.

Belakaoui, A. & J. Belakaoui(1976). "A Comparative Analysis of the Roles Portrayed by Women in Print Advertisements, 1958, 1970, 1972," *Journal of Marketing Research*, vol. 13, May.

Bell, D.(1960). "The Impact of Advertising," in Sandage & Fryburger(1960).

Bell, M.(1966). *Marketing: Concepts and Strategy*. Houghton Mifflin Co., New York.

Berelson, B.(1952). *Content Analysis in Communication Research*. Free Press, New York.

Berger J.(1972). *Ways of Seeing*. Penguin, London.

Bergreen, L.(1980). *Look Now, Pay Later*. Mentor, New York.

Berman, R.(1981). *Advertising and Social Change*. Sage, Beverly Hills and London.

Bernstein, P.(1979). "Psychographics Is Still an Issue on Madison Avenue," in Wright(1979).

Betty, J.(1971). "A Clinical Contribution to the Analysis of a Perversion," *International Journal of Psychoanalysis*, vol. 52, no. 4.

Bogart, L.(1973). "As Media Change, How Will Advertising?" *Journal of Advertising Research*, vol. 13, no. 5.

——(1976). "Mass Advertising: The Message Not the Measure," *Harvard Business Review*, September / October.

Boorstin, D.(1974). "Advertising and American Civilisation," in Brozen(1974).

Borden, N.(1947). *The Economic Effects of Advertising*. Richard Irwin, Chicago.

Braverman, H.(1974). *Labour and Monopoly Capital*. Monthly Review Press, New York.

Brewster, B.(1976). "Fetishism in Capital and Reading Capital," *Economy and Society*, vol. 5, no. 3, August.

Briggs, A.(1960). "Fisher Memorial Lecture," University of Adelaide.

Brown, L.(1971). *Television: The Business Behind the Box*. Harcourt Brace Jovanovitch, New York.

Brozen, Y., ed.(1974). *Advertising and Society*. New York University Press, New York.

Bugler, J.(1969). "The Sex Sell," *New Society*, 15 May.

Burke, J.(1979). "Reification and Commodity Fetishism Revisited," *Canadian Journal of Political and Social Theory*, vol. 3, no 1.

Busch, T. & T. Landeck(1980). *The Making of a Television Commercial*. Macmillan, New

York.

Buzzi, G.(1968). *Advertising: Its Cultural and Political Effects*. D. Germize (tr.), University of Minnesota Press, Minneapolis.

Carey, J.(1960). "Advertising: An Institutional Approach," in Sandage & Fryburger(1960).

Chibnall, S.(1977). *Law and Order News*. Tavistock, London.

Cohen, G.(1978). *Karl Marx's Theory of History: A Defence*. Princeton University Press, Princeton, NJ.

Cohen, S. & J. Young, eds.(1973). *The Manufacturers of News: Deviance, Social Problems and the Mass Media*. Constable, London.

Courtney, A. & S. Lockeretz(1971). "A Woman's Place: An Analysis of the Roles Portrayed by Women in Magazine Advertising," *Journal of Marketing Research*, vol. 8, February.

Courtney, A. & T. Whipple(1974). "Women in TV Commercials," *Journal of Communication*, vol. 24, Spring.

Csikszentmihalyi, M. & E. Rochberg-Halton(1981). *The Meaning of Things: Domestic Symbols and the Self*. Cambridge University Press, New York.

Curran, J.(1981). "The Impact of Advertising on the British Mass Media," *Media, Culture and Society*, vol. 3, no. 1.

Curti, M.(1967). "The Changing Concept of 'Human Nature' in the Literature of American Advertising," *Business History Review*, vol. 41, Winter.

D'Amico, R.(1978). "Desire and the Commodity-Form," *Telos*, no. 35, Spring.

David, P. & M. Reder, eds.(1974). *Nations and Households in Economic Growth*. Academic Press, New York.

Debord, G.(1970). *Society of the Spectacle*. Black and Red, Detroit.

Demsetz, H.(1974). "Advertising in the Affluent Society," in Brozen(1974).

Dennert, R.(1906). *At the Back of the Black Man's Mind*. Macmillan and Co., London.

Divita, S., ed.(1974). *Advertising and the Public Interest*. American Marketing Association, Chicago.

Douglas, M. & B. Isherwood(1978). *The World of Goods*. Basic Books, New York.

Dumazedier, J.(1960). "Current Problems in the Sociology of Leisure," *International Social Science Journal*, no. 4, p.527.

Dyer, G.(1982). *Advertising as Communication*. Methuen, London.

Easterlin, R.(1974). "Does Economic Growth Improve the Human Lot? Some Empirical Evidence," in David & Reder(1984).

Easton, L. & K. Guddat, eds.(1967). *Writings of the Young Marx on Philosophy and Society*. Anchor, New York.

Echeveria, R.(1978). "Critique of Marx's 1857 Introduction," *Economy and Society*, vol. 7, no. 4.

Eidelberg, L.(1968). *An Encyclopedia of Psycho-Analysis*. Free Press, New York.

Ellis, A.(1887). *The Tshi-Speaking Peoples*. Benin Press, Chicago(republished 1964).

Engel, J., H. Fiorillo, & M. Cayley, eds.(1972). *Market Segmentation: Concepts and Application*. Holt Rinehart and Winston, New York.

Epstein, E.(1979). *News From Nowhere: Television and the News*. Random House, New York.

——(1982). *The Rise and Fall of Diamonds*. Simon and Schuster, New York.

Esslin, M.(1976). "Aristotle and the Advertisers: The Television Commercial Considered as a Form of Drama," in H. Newcomb (ed.), *Television: The Critical View*. Oxford University Press, New York.

Ewen, S.(1976). *Captains of Consciousness*. McGraw-Hill, New York.

Ewen, S. & E. Ewen(1978). "Americanization and Consumption," *Telos*, Autumn.

——(1982). *Channels of Desire*. McGraw-Hill, New York.

Fiber, B.(1984). "Tuning Out Ads, a Growing Trend," *Globe and Mail*, 31 October.

Fiske, J. & J. Hartley(1978). *Reading Television*. Methuen, London.

Fliess, R., ed.(1948). *The Psychoanalytic Reader*. Indiana University Press, Indianapolis.

Forde, D.(1958). *The Context of Belief*. Liverpool University Press, Liverpool.

Fox, R. W.(1983). "Epitaph for Middletown," in Fox & Lears(1983).

—— & T. J. Lears(1983). *The Culture of Consumption*. Pantheon, New York.

Frank, R.(1972). "Market Segmentation Research: Findings and Implications," in Engel et al.(1972).

Freud, S.(1935). *A General Introduction to Psychoanalysis*. Liveright Publishers, New York.

——(1953). *Standard Edition of the Complete Works of Sigmund Freud*(J. Strachey ed.). Hogarth Press, London.

Friedman, J.(1974). "The Place of Fetishism and the Problem of Materialist Interpretation," *Critique of Anthropology*, Spring.

Galbraith, J. K.(1958). *The Affluent Society*. Houghton Mifflin, Boston.

——(1967). *The New Industrial State*. Houghton Mifflin, Boston.

Garnham, N.(1979). "Contribution to a Political Economy of Mass-Communication," *Media, Culture and Society*, no. 1.

——(1983). "Public Service versus the Market," *Screen*, vol. 24, no. 1, January / February.

Gehr, R.(1983). "The MTV Aesthetic," *Film Comment*, vol. 19, no. 4.

Geras, N.(1971). "Essence and Appearance: Aspects of Fetishism in Marx's Capital," *New Left Review*, no. 65.

Gershman, H.(1970). "The Role of Core Gender Identity in the Genesis of Perversions," *American Journal of Psychoanalysis*, vol. 30, no. 1.

Gillespie, W.(1940). "A Contribution to the Study of Fetishism," in Ruttenbeek(1940).

——(1964). "The Psycho-Analytic Theory of Sexual Deviation with Special Reference to Fetishism," in Rosen(1964).

Gitlin, T.(1980). *The Whole World is Watching*. University of California Press, Berkeley.

——(1983). *Inside Prime-Time*. Pantheon, New York.

Godelier, M.(1977). *Perspectives in Marxist Anthropology*. Cambridge University Press, Cambridge.

Goffman, E.(1979). *Gender Advertisements*. Harper and Row, New York.

Goldman, M.(1960). "Product Differentiation and Advertising: Some Lessons from Soviet Experience," *Journal of Political Economy*, August.

Goldway, D.(1978). "Appearance and Reality in Marx's Capital," *Science and Society*, vol. 31, no. 4.

Gossage, H.(1967). "The Gilded Bough: Magic and Advertising," in Matson & Montague(1967).

Greenacre, P.(1953). "Certain Relationships Between Fetishism and Faulty Development of the Body Image," *Psychoanalytic Study of the Child*, vol. 8.

——(1955). "Further Considerations Regarding Fetishism," *Psychoanalytic Study of the Child*, vol. 10.

Greyser, S.(1972). "Advertising: Attacks and Counters," *Harvard Business Review*, vol. 50, March / April.

Griff, M.(1969). "Advertising: The Central Institution of Mass Society," *Diogenes*, vol. 68, Winter.

Halberstam, D.(1979). *The Powers That Be*. Dell, New York.

Hall, S.(1973). "The Determination of News Photographs," in Cohen & Young(1973).

——(1980). "Encoding / Decoding," in S. Hall et al.(1980).

Hall, S., & P. Whannel(1965). *The Popular Arts*. Pantheon, New York.

Hall, S. D. Hobson, A. Lowe, & P. Willis, eds.(1980). *Culture, Media, Language*. Hutchinson, London.

Hanson, P.(1974). *Advertising and Socialism*. Macmillan, London.

Harvey, D.(1982). *The Limits to Capital*. Cambridge University Press, New York.

Heller, A.(1976). *The Theory of Need in Marx*. Allison and Busby, London.

Hirsch, F.(1976). *Social Limits to Growth*. Harvard University Press, Cambridge, MA.

Hirschman, A.(1982). *Shifting Involvements: Private Interest and Public Action*. Princeton University Press, Princeton, NJ.

Holsti, O.(1969). *Content Analysis for the Social Sciences and Humanities*. Addison-Wesley, Reading, MA.

Horowitz, I.(1977). "Sports Telecasts: Rights and Regulations," *Journal of Communication*, vol. 27, no. 3.

Hoste, W.(1921). *Fetishism-in Central Africa and Elsewhere*. Westminster, London.

Howard, J. A. & J. Hubert(1974). "Advertising and the Public Interest," *Journal of Advertising Research*, vol. 14, no. 6.

Hurwitz, D.(1984). "Broadcast Ratings: The Missing Dimension," *Critical Studies in Mass Communication*, June.

Inglis, F.(1972). *The Imagery of Power: A Critique of Advertising*. Heinemann, London.

Jacoby, J.(1974). "Consumer Reaction to Information Displays, Packaging and Advertising," in Divita(1974).

Jacoby, R.(1980). *The Dialectic of Defeat*. Cambridge University Press, Cambridge.

Janowitz, M.(1978). *The Last Half-Century*. University of Chicago Press, Chicago.

Janus, N.(1981). "Advertising and the Mass Media: Transnational Link Between Production and Consumption," *Media, Culture and Society*, vol. 3, no. 1.

Jhally, S.(1982). "Probing the Blindspot: The Audience Commodity," *Canadian Journal of Political and Social Theory*, vol. 6, nos. 1~2.

——(1984). "The Spectacle of Accumulation: Material and Cultural Factors in the Evolution of the Sports / Media Complex," *The Insurgent Sociologist*, vol. 12, no. 3, Summer.

——, S. Kline & W. Leiss(1985). "Magic in the Marketplace: An Empirical Test For Commodity Fetishism," *Canadian Journal of Political and Social Theory*, vol. 9, no. 3.

Johnson, C.(1980). "The Problem of Reformism and Marx's Theory of Fetishism," *New Left Review*, January / February.

Johnson, W.(1971). *Super Spectator and the Electric Lilliputians*. Little Brown and Co, Toronto.

Kaatz, R.(1982). *Cable: An Advertiser's Guide to the New Electronic Media*. Crain Books, Chicago.

Kaplan, D.(1972). "The Psychopathology of TV Watching," *Performance*, July / August.

Kavanaugh, J.(1981). *Following Christ in a Consumer Society*. Orbis, New York.

Keys, B.(1972). *Subliminal Seduction*. Signet, New York,

——(1976). *Media Sexploitation*. Signet, New York.

Kline, S.(1983). "Images of Well-Being in Canadian Magazine Advertising," paper prepared for CCA meetings in Vancouver.

—— & W. Leiss(1978). "Advertising, Needs and Commodity Fetishism," *Canadian Journal of Political and Social Theory*, vol. 2, no. 1

Kontos, A.(1977). "Review of The Limits to Satisfaction," *Canadian Journal of Political and Social Theory*, vol. 1, no. 1.

Kress, G.(1976). "Structuralism and Popular Culture," in C. Bigsby (ed.), *Approaches to Popular Culture*. Popular Press, Bowling Green University.

Kuhn, A.(1985). *The Power of the Image*. Routledge and Kegan Paul, London.

Lancaster, K.(1971). *Consumer Demand: A New Approach*. Columbia University Press, New York.

Lane, R.(1978). "Markets and the Satisfaction of Human Wants," *Journal of Economic Issues*, vol. 12, no. 4, December.

Lasch, C.(1979). *The Culture of Narcissism*. Warner Books, New York.

Lebowitz, M.(1984). "Comment on 'The Valorization of Consciousness'," unpublished paper, Simon Fraser University.

Lears, T. J.(1983). "From Salvation to Self-Realization," in Fox & Lears(1983).

Lefebvre, H.(1971). *Everyday Life in the Modern World*. Harper and Row, New York.

Leiss, W.(1976). *The Limits to Satisfaction*. Marion Boyars, London.

——(1978). "Needs, Exchanges and the Fetishism of Objects," *Canadian Journal of Political and Social Theory*, vol. 2, no. 3.

——(1983a). "The Icons of the Marketplace," *Theory, Culture and Society*, vol. 1, no. 3.

——(1983b). "Things Come Alive: Economy and Technology as Modes of Social Representation in Modern Society," paper prepared for *Table Ronde Internationale sur les Representations*, Montreal, October.

——, S. Kline & S. Jhally(1986). *Social Communication in Advertising: Persons, Products and Images of Well-Being*. Methuen, Toronto.

Levitt, T.(1960). "Are Advertising and Marketing Corrupting Society? It's Not Your Worry," in Sandage & Fryburger(1960).

——(1970). "The Morality(?) of Advertising," *Harvard Business Review*, vol. 48, no. 4, July/

August.
Levy, S.(1983). "Ad-Nauseum: How MTV Sells Out Rock & Roll," *Rolling Stone*, 8 December.
Leymore, V.(1975). *Hidden Myth: Structure and Symbolism in Advertising*. Heinemann, London.
Lichtman, R.(1975). "Marx's Theory of Ideology," *Socialist Revolution*, 23 April.
Lindblom, C.(1977). *Politics and Markets: The World's Political-Economic Systems*. Basic Books, New York.
Linder, S.(1975). *The Harried Leisure Class*. Columbia University Press, New York.
Livant, B.(1979). "The Audience Commodity: On the 'Blindspot' Debate," *Canadian Journal of Political and Social Theory*, vol. 3, no. 1.
——(1981a). "The Value-Form of Time," unpublished xerox, Brooklyn College.
——(1981b). "On a Historical Turning-Point in Making Audiences as Commodities," unpublished xerox, Brooklyn College.
——(1982). "Working at Watching: A Reply to Sut Jhally," *Canadian Journal of Political and Social Theory*, vol. 6, nos 1~2.
——(1983a). "On the Religion of Use-Value," unpublished xerox, University of Regina.
——(1983b). "On the Defence of Advertising," unpublished xerox, University of Regina.
——(1985). "Urban Time and the Valorization of Consciousness," unpublished xerox, University of Regina.
Lorand, S.(1930). "Fetishism in Statu Nascendi," *International Journal of Psychoanalysis*, vol. 11.
Lukács, G.(1967). *History and Class Consciousness*. Merlin Press, London.
Lynd, H. & R. Lynd(1929). *Middletown*. Macmillan, New York.
MacGaffey, W.(1977). "Fetishism Revisited: Kongo Nkisi in Sociological Perspective," *Africa*, vol. 47, no. 2.
MacLachlan, J. & H. Siegel(1980). "Reducing the Costs of TV Commercials by Use of Time Compression," *Journal of Marketing Research*, vol. XVIII, February.
Mandel, E.(1978). *Late Capitalism*. NLB, London.
Mander, J.(1978). *Four Arguments for the Elimination of Television*. William Morrow and Co., New York.
Mankiewicz, F. & J. Swerdlow(1978). *Remote Control*. Ballantine, New York.
Marcuse, H.(1972a). *One Dimensional Man*. Abacus, London.
——(1972b). "The Foundation of Historical Materialism," in *Studies in Critical Philosophy*. NLB, London.

Marshall, A.(1920). *Industry and Trade*. Macmillan, London.

Marshall, D.(1984). "Videomusic and Interface: The Conforming Nature of Technological Innovation and Cultural Expression," unpublished paper, Simon Fraser University.

Marx, K.(1934). *Letters to Dr. Kugelman*. International Publishers, New York.

——(1952). *Wage, Labour and Capital*. Progress, Moscow.

——(1956). *The German Ideology*. International Publishers, New York.

——(1964). *The 1844 Paris Manuscripts*. International Publishers, New York.

——(1970). *Contribution to a Critique of Political Economy*. International Publishers, New York.

——(1973). *Grundrisse*. M. Nicolas (tr.), Penguin, London.

——(1976). *Capital*(vol. 1). B. Brewster (tr.), Penguin, London.

Matson, F. & A. Montague, eds.(1967). *The Human Dialogue*. Free Press, New York.

Mauss, M.(1967). *The Gift*. Ian Cunnison (tr.), Norton, New York.

Mayer, M.(1961). "The American Myth and the Myth of Advertising," in Sandage(1961).

McArthur, L. & B. Resco(1975). "The Portrayal of Men and Women in American Television Commercials," *The Journal of Social Psychology*, vol. 97, no. 2, December.

McCracken, G. & R. Pollay(1981). "Anthropology and the Study of Advertising," unpublished xerox, University of British Columbia.

McLuhan, M.(1951). *The Mechanical Bride*. Vanguard, New York.

Meehan, E.(1983). "Neither Heroes Nor Villains: Towards a Political Economy of the Ratings Industry," unpublished PhD dissertation, University of Illinois at Urbana-Champaign.

——(1984). "Ratings and the Institutional Approach: A Third Answer to the Commodity Question," *Critical Studies in Mass Communication*, June.

Melody, W.(1973). *Children's Television: The Economics of Exploitation*. Yale University Press, London.

Mepham, J.(1972). "The Theory of Ideology in Capital," *Radical Philosophy*, no. 2.

Mepham, J. & D. H. Ruben, eds.(1979). *Issues in Marxist Philosophy*, vol. 1, Harvester Press, London.

Milligan, R.(1912). *The Fetish Folk of West Africa*. AMS Press, New York.

Mills, C. W.(1956). *The Power Elite*. Oxford University Press, New York.

Millum, T.(1975). *Images of Women*. Chatto and Windus, London.

Mitchell, A.(1983). *The Nine American Lifestyles*. Macmillan, New York.

Moore, S.(1979). "Seven Notes on Commodity Fetishism," *Canadian Journal of Political and*

Social Theory. vol. 3, no. 1.

Morely, D.(1980). "Texts, Readers, Subjects," in Hall et al.(1980).

Moskin, J., ed.(1973). *The Case for Advertising*. American Association of Advertising Agencies, New York.

Murdock, G.(1978). "Blindspots About Western Marxism: A Reply to Dallas Smythe," *Canadian Journal of Political and Social Theory*, vol. 2, no. 2.

Nassau, R.(1904). *Fetishism in West Africa*. Negro University Press, New York(republished 1969).

Nelson, J.(1983). "As the Brain Tunes Out the TV Admen Tune In," *Globe and Mail*.

Nelson, P.(1974). "Advertising as Information," *Journal of Political Economy*, no. 82.

Nielsen, A. C.(1983). *Report on Television for 1983*. Nielsen, Chicago.

O'Kelly, C. & L. Bloomquist(1976). "Women and Blacks on Television," *Journal of Communication*, vol. 26, no. 4.

Oliver, R.(1981). "Advertising and Society," in Zarry & Wilson(1981).

Ollman, B.(1976). *Alienation*. Cambridge University Press, Cambridge.

Packard, V.(1960). *The Hidden Persuaders*. Penguin, London.

Parkin, A.(1963). "On Fetishism," *International Journal of Psychoanalysis*, vol. 44.

Parrinder, G.(1961). *West African Religion*. Epworth Press, London.

Payne, S.(1948). "The Fetishist and his Ego," in Fliess(1948).

Peto, A.(1973). "The Olfactory Forerunner of the Superego: Its Role in Normalacy, Neurosis and Fetishism," *International Journal of Psycho-Analysis*, vol. 54, no. 3.

Plummer, J.(1979). "Life-Style Patterns," in Wright(1979).

Pollay, R.(1984). "20th Century Magazine Advertising: Determinants of Informativeness," *Written Communication*, vol. 1, no. 1, January.

Pope, D.(1982). *The Making of Modern Advertising*. Basic Books, New York.

Potter, D.(1954). *People of Plenty*. University of Chicago Press, Chicago.

Price, J.(1978). *The Best Things on TV: Commercials*. Penguin, New York.

Querles, R., L. Jeffres, & A. Schnuerer(1980). "Advertising and the Management of Demand: A Cross-National Test of the Galbraithian Argument," paper presented at the International Communication Association, Acapulco, Mexico.

Rachman, D. & E. Romano(1980). *Modern Marketing*. Dryden Press, Hinsdale, IL.

Rattray, R.(1923). *Ashanti*. The Clarendon Press, Oxford.

——(1927). *Religion and Art in Ashanti*. The Clarendon Press, Oxford.

Ray, M.(1982). *Advertising and Communication Management*. Prentice-Hall, Englewood Cliffs, NJ.

Ray, M. & P. Webb(1978). *Advertising Effectiveness in a Crowded Television Environment*. Marketing Science Institute, Report no. 78~113.

Reel, F.(1979). *The Networks: How They Stole the Show*. Charles Scribner's Sons, New York.

Rey, P. & G. Dupre(1973). "Reflections on the Pertinence of a Theory for the History of Exchange," *Economy and Society*, vol. 12, no. 1.

Rose, N.(1977). "Fetishism and Ideology: A Review of Theoretical Problems," *Ideology and Consciousness*, no. 2, Autumn.

Robinson, J.(1977). *How Americans Use Time*. Praeger, New York.

Rojek, C.(1985). *Capitalism and Leisure Theory*. Methuen, London.

Rosen, I., ed.(1964). *The Pathology and Treatment of Sexual Deviation*. Oxford University Press, New York.

Rosengren, K., ed.(1980). *Advances in Content Analysis*. Sage, London.

Rotzoll, K., J. Haefner, & C. Sandage(1976). *Advertising in Contemporary Society: Perspectives Towards Understanding*. Copywright Grid Inc., Columbus, OH.

Roucek, J.(1971). "Advertising as a Means of Social Control," *International Behavioural Scientist*, vol. 3, no. 4, December.

Ruben, D. H.(1979). "Marxism and Dialectics," in Mepham & Ruben(1979).

Rubens, W.(1984). "High-Tech Audience Measurement for New-Tech Audiences," *Critical Studies in Mass Communication*, June.

Ruttenbeek, G., ed.(1940). *The Psychotherapy of Perversion*. Citadel Press, New York.

Sahin, H. & J. Robinson(1981). "Beyond the Realm of Necessity: Television and the Colonisation of Leisure," *Media, Culture and Society*, vol. 3, no. 1.

Sahlins, M.(1976). *Culture and Practical Reason*. University of Chicago Press, Chicago.

Samarajiwa, R.(1981). "The Audience Commodity Centred Theory of Communication: A Critique," unpublished xerox, Simon Fraser University.

——(1983). "The Canadian Newspaper Industry and the Kent Commission: Rationalization and Response," *Studies in Political Economy*, no. 12, Autumn.

Sandage, C. & V. Fryburger, eds.(1960). *The Role of Advertising*. Richard Irwin, Homewood, IL.

Sandage, C.(1961). *The Promise of Advertising*. Richard Irwin, Homewood, IL.

——(1973). "Some Institutional Aspects of Advertising," *Journal of Advertising*, vol. 1, no. 1.

Sartre, J. P.(1976). *The Critique of Dialectical Reason.* A. Sheridan-Smith (tr.), NLB, London.

SCA — see Leiss et al.(1986).

Scheibe, C.(1979). "Sex Roles in TV Commercials," *Journal of Advertising Research*, vol. 19, February.

Schudson, M.(1984). *Advertising, The Uneasy Persuasion.* Basic Books, New York.

Schultze, Q.(1981). "Professionalism in Advertising: The Origin of Ethical Codes," *Journal of Communication*, Spring.

Schwartz, T.(1974). *The Responsive Chord.* Anchor, New York.

Scitovsky, T.(1976). *The Joyless Economy.* Oxford University Press, New York.

Sepstrup, P.(1980). "Methodological Developments in Content Analysis," in Rosengren(1980).

——(1981). "Information Content in Advertising," *Journal of Consumer Policy*, vol. 5, no. 4.

Sexton, D. & P. Haberman(1974). "Women in Magazine Advertisements," *Journal of Advertising Research*, vol. 14, no. 4.

Shanks, B.(1977). *The Cool Fire: How to Make it in Television.* Vintage, New York.

Simon, J.(1970). *Issues in the Economics of Advertising.* University of Illinois Press, Urbana.

Simon, R.(1980). "Advertising as Literature: The Utopian Fiction of the American Marketplace," *Texas Studies in Literature and Language*, vol. 22, no. 2, Summer.

Skelly, G. & W. Lundstrom(1981). "Male Sex Roles in Magazine Advertisements 1954～1970," *Journal of Communication*, Autumn.

Smith, H.(1975). *Strategies of Social Research.* Prentice-Hall, Englewood Cliffs, NJ.

Smith, W.(1972). "Product Differentiation and Market Segmentation as Alternative Marketing Strategies," in Engel et al.(1972).

Smythe, D.(1977). "Communications: Blindspot of Western Marxism," *Canadian Journal of Political and Social Theory*, vol. 1, no. 3.

——(1978). "Rejoinder to Graham Murdock," *Canadian Journal of Political and Social Theory*, vol. 2, no. 2.

——(1980). *Dependency Road.* Ablex, Norwood, NJ.

Socarides, C.(1960). "The Development of a Fetishistic Perversion," *Journal of the American Psychoanalytic Association*, vol. 8.

Spencer, H.(1879). *The Principles of Sociology*, vol. 1, Appleton and Co., New York.

Spitzer, L.(1962). *Essays in English and American Literature.* Princeton University Press, Princeton, NJ.

Springborg, P.(1981). *The Problem of Human Needs and the Critique of Civilisation.* Allen and Unwin, London.

Stigler, G.(1961). "The Economics of Information," *Journal of Political Economy*, vol. 69, June.

Sumner, C.(1979). *Reading Ideologies*. Academic Press, London.

Swingewood, A.(1977). *The Myth of Mass Culture*. Macmillan Press, London.

Szalai, A., ed.(1972). *The Use of Time*. Mouton, The Hague.

Taussig, M.(1980). *The Devil and Commodity Fetishism in South America*. University of North Carolina Press, Chapel Hill.

Truchill, B.(1984). "Comments on Sut Jhally's 'The Spectacle of Accumulation'," *The Insurgent Sociologist*, vol. 12, no. 3, Summer.

Turner, E.(1952). *The Shocking History of Advertising*. Penguin, New York.

Tylor, E.(1871). *Primitive Culture*. Harper, New York(republished 1958).

Veblen, T.(1953). *The Theory of the Leisure Class*. Mentor, New York.

Warne, C.(1962). "Advertising-A Critic's View," *Journal of Marketing*, vol. 26, October.

Warren, D.(1978). "Commercial Liberation," *Journal of Communication*, vol. 28, no. 1.

Williams, R.(1974). *Television: Technology and Cultural Form*. Fontana, London.

——(1980). "Advertising: The Magic System," in *Problems in Materialism and Culture*. NLB, London.

Williamson, J.(1978). *Decoding Advertisements*. Marion Boyars, London.

Winn, M.(1977). *The Plug-In Drug*. Viking, New York.

Winship, J.(1981). "Handling Sex," *Media, Culture and Society*, vol. 1, no. 3.

Wright, J., ed.(1979). *The Commercial Connection: Advertising and the American Mass-Media*. Dell, New York,

Zarry, P. & R. Wilson(1981). *Advertising in Canada: Its Theory and Practice*. McGraw-Hill Ryerson, Toronto.

Zeicher, A.(1983). "Rock 'n' Video," *Film Comment*, vol. 19, no. 4.

한나래 언론 문화 총서

1. 언론 비평, 어떻게 할 것인가
   제임스 레머트 지음 / 채백 옮김
2. 대중 매체의 이해와 활용
   강상현 · 채백 엮음
3. 언론 법제의 이론과 현실
   김동민 편저
4. 커뮤니케이션 이론과 조사 실습
   마이클 싱글터리 · 제럴드 스톤 지음 / 김재범 옮김
5. 대중 매체와 페미니즘
   원용진 · 한은경 · 강준만 편저
6. 현대 사회와 광고
   킴 라슬 외 지음 / 한상필 · 김대선 옮김
7. 대중 영화의 이해 → 시네마 시리즈
8. 광고 비평 — 광고 표현, 그 이론과 원칙
   김광수 지음
   * 1995년 한국방송광고공사에서 선정한 우수 광고 도서
9. 만화 보기와 만화 읽기 → 팝 컬처
10. 웃음의 해석학, 행복의 정치학 → 팝 컬처
11. 커뮤니케이션 사상가들
    강준만 지음
12. 언론 윤리의 모색
    유진 굿윈 지음 / 우병동 옮김
13. 정, 체면, 연줄 그리고 한국인의 인간 관계
    임태섭 편저
    * 1995년 문화체육부에서 선정한 추천 도서
14. 커뮤니케이션과 인간
    강길호 · 김현주 지음
15. 텔레비전의 이해 — 제도, 텍스트 그리고 수용자
    앤드루 굿윈 · 게리 훼널 엮음 / 하종원 · 김대호 옮김
16. 문화 연구 입문
    그래엄 터너 지음 / 김연종 옮김
17. 커뮤니케이션 혁명과 뉴 미디어
    잭 라일 · 더글러스 매클로드 지음 / 강남준 · 강태영 옮김
18. 광고 문화 — 소비의 정치 경제학
    셧 잘리 지음 / 윤선희 옮김

한나래 팝 컬처

만화 보기와 만화 읽기
정준영 지음
웃음의 해석학, 행복의 정치학
김종엽 지음
사운드의 힘 — 록 음악의 사회학
사이먼 프리스 지음 / 권영성 · 김공수 옮김
미국 문화 지도
시무라 마사오 외 지음 / 이경애 · 황순애 옮김
우리 시대의 대중 문화
허문영 엮음
뮤직 비디오, 어떻게 읽을 것인가 — 포스트모던 영상과 소비 문화
앤 카플란 지음 / 채규진 · 성기완 옮김

한나래 시네마 시리즈

대중 영화의 이해
그래엄 터너 지음 / 임재철 외 옮김
불안은 영혼을 잠식한다 — 라이너 베르너 파스빈더 평전
로날드 헤이먼 지음 / 이성복 옮김
히치콕과의 대화
프랑수아 트뤼포 지음 / 곽한주 · 이채훈 옮김
비열한 거리 — 마틴 스콜세지: 영화로서의 삶
데이비드 톰슨 · 이안 크리스티 엮음 / 임재철 옮김
할리우드 장르의 구조
토마스 샤츠 지음 / 한창호 · 허문영 옮김
스타 — 이미지와 기호
리처드 다이어 지음 / 주은우 옮김
컬트 영화, 그 미학과 이데올로기
곽한주 엮음

한나래의 책

중국의 농업과 농민 운동 / 양필승 편저
위기의 중국, 어디로 / 양필승 지음
조합주의 복지 국가 / 최경구 지음